街道漫遊攜帶版

隨身大地圖

杜布羅

## 里卡卡爾洛瓦茨地區及達爾馬提亞地區北部



## 達爾馬提亞地區中部、斯普利特及其周邊

## 達爾馬提亞地區南部、杜布羅夫尼克及其周邊



## 波士尼亞與赫塞哥維納



## 蒙特內哥羅

## 斯洛維尼亞



## 盧比雅那及尤里安阿爾卑斯



## 亞得里亞海海岸地區及

### 喀斯特地區、修太耶爾斯卡地區

## 旅遊資訊

## 專欄　想知道更多！



# 本書使用方法

## ●貨幣記號

Kn為庫納（1 Kn＝4.5台幣）、€為歐元（1 €＝約33台幣）
2019年10月現在

## ●地圖記號

H…飯店
R…餐廳
S…商店
…咖啡館
M…美術館、博物館
…機場
…醫院
…基督教堂
…猶太教堂
…觀光服務處
▲…山
路面電車
國鐵

## 隨身地圖
## 紅框和藍框＝正面和反面

隨身地圖其正面的周圍用紅框（札格雷布）、背面則用藍框（杜布羅夫尼克／盧比雅那）表示。各自的觀光景點或店家在本文中，

●**隨身地圖-15、p.105-A**
└這裡是紅色的話意指位在正面地圖的第15區。另外，所指地方也在105頁的A區裡。

●**隨身地圖-30、p.9-K**
└這裡是藍色的話意指位在背面地圖的第30區。另外，所指地方也在第 9 頁的K區裡。

◎飯店的各種住宿費用是指除套房等特別房以外的當季費用（稅另計）。
◎餐廳的數據中「預算～」是指單點前菜、主菜或甜點時（不含飲料）的基準價。
◎費用、營業時間、公休日、電話號碼或交通工具時刻表等本書刊載資訊，若無特別標示，則均指2016年7-10月時資料。由於資料有可能在採訪後變動，故重要事項請洽詢當地飯店的服務人員。
◎交通工具的班次多寡會因季節而有所變動。詳情請洽各交通工具當地窗口或各大航空公司。

斯洛維尼亞
克羅埃西亞北部
0 30km
奧地利
Austria
Republik Österreich
格拉茲 Graz
Villach
克拉堅胡爾特 Klagenfurt
穆爾斯卡索博塔 p.182 Murska Sobota
克拉尼斯卡戈拉 Kranjska Gora
特里格拉夫國家公園 Triglavski Narodni Park
布萊德湖 p.160 Blejsko Jezero
馬里博爾 p.181 Maribor
普圖伊 p.182 Ptuj
文特加爾峽谷 p.163 Vintgar
耶塞尼翠 Jesenice
特里格拉夫峰
萊斯翠 Lesce
拉多烏利查 p.163 Radovljica
渤興湖 p.166 Bohinjsko Jezero
Bohinjska Bistrica
科巴利特 Kobarid
Tolmin
莫斯特納索奇 Most na Soči
克拉尼 Kranj
修克胡亞洛卡 Škofja Loka
卡姆尼克 Kamnik
Domžale
Velenje
翠列 Celje
Trbovlje
瓦拉日丁 p.44 Varaždin
Rogaška Slatina
Krapina
雷波格拉瓦 Lepoglava
Udine
索查河 Soča
伊德利亞 p.170 Idrija
盧比雅那 p.146 Ljubljana
盧比雅那濕原 p.15 Ljubljansko Barje
斯洛維尼亞 p.139 Slovenia Slovenija
瑪利亞·比斯特利查 p.43 Marija Bistrica
戈利翠亞 Gorizia
新戈里察 p.168 Nova Gorica
p.178 洞窟城 Predjamski Grad
多波瓦 Dobova
Monfalcone
第里雅斯特 Trieste
塞札那 Sežana
利皮查 p.179 Lipica
Divača
波斯托伊那 p.177 Postojna
Novo Mesto
薩摩波爾 p.42 Samobor
薩摩波爾山丘 Samoborske Gorje
札格雷布 p.2 Zagreb
第里雅斯特灣
什科茨揚 Škocjan
什科茨揚鐘乳石洞 p.179 Škocjanske Jame
皮蘭 p.172 Piran
科佩爾 p.176 Koper
p.174 波爾特羅札 Portorož
伊佐拉 p.176 Izola
烏馬格 Umag
利瓦德 p.66 Livade
伊斯特拉溫泉 Istarski Toplice
卡爾洛瓦茨 p.74 Karlovac
庫帕河 Kupa
Grožnjan
歐帕蒂雅 p.54 Opatija
Novi Grad
p.174 瑟切烏列鹽田 Sečovljske
蒙特文 p.66 Motovun
里耶卡 p.50 Rijeka
帕准 Pazin
羅夫蘭 p.54 Lovran
科納河 Korana
波雷奇 p.63 Poreč
里姆菲尤德爾 p.60 Lim Fjord
羅維尼 p.60 Rovinj
庫爾克島 Otok Krk
Valbiska
庫爾克 Krk
斯魯尼 Slunj
水車村 p.73 Rastoke
Baška
茲雷斯 Cres
p.58 布里尤尼國家公園 Nacionalni Park Brijuni
克瓦內爾灣
普拉 p.56 Pula
茲雷斯島 Otok Cres
Lopar
拉布島 Otok Rab
拉布 Rab
普萊維斯十六湖國家公園 p.68 Nacionalni Park Plitvička Jezera
Bihać
北維雷畢特國家公園 Nacionalni Park Sjeverni Verebit
盧恩 Lun
Jablanac
Prizna
Žiglien
Novalja
p.75 斯米涼村 Smiljan
格斯畢奇 Gospić
科蘭 Kolan
帕格島 p.81 Otok Pag
帕格 Pag
帕克雷尼查國家公園 Nacionalni Park Paklenica
寧市 Nin
札達爾 p.77 Zadar
Knin
加勒斯恩傑克島 Otočić Galešnjak
Biograd
p.86 庫爾卡國家公園 Nacionalni Park Krka
科爾那提國家公園 Nacionalni Park Kornati
姆爾特爾 Murter
斯拉夫丁 Skradin
羅佐瓦茲 Lozovac
周邊諸國
奧地利
匈牙利
P.6～7
斯洛維尼亞
克羅埃西亞
波士尼亞 赫塞哥維納
塞爾維亞
義大利
蒙特內哥羅
P.8～9

巴拉頓湖
Balaton
Siófok
匈牙利
Hungary
Magyarország
Čakovec
Nagykanizsa
Kaposvar
Dombovar
Koprivinica
胡雷畢內
Hlebine
Križevci
佩奇
Pécs
Szigetvár
多瑙河
Dunav
Bjelovar
薩爾維亞
Serbia
Srbija
克羅埃西亞
Croatia
Hrvatska
p.21
Virovitica
Slatina
多拉瓦河
Drava
Sombor
•科帕尼基利特自然公園 p.47
Park Prirode Kopački Rit
畢列
Bilje
Daruvar
歐協克 p.46
Osijek
Našice
Sisak
Požega
札可沃 p.47
Đakovo
Vinkovci
夫可瓦爾
Vukovar
薩瓦河
Sava
斯拉翁斯基布洛德
Slavonski Brod
Zupanja
Novi Grad
Brčko
巴良魯卡
Banja Luka
土祖拉
Tuzla
波士尼亞與赫塞哥維納
Bosnia - Herzegovina
Bosna i Hercegovina
p.134
K
L
塞拉耶佛 p.136
Sarajevo
Rogatica
Višegrad

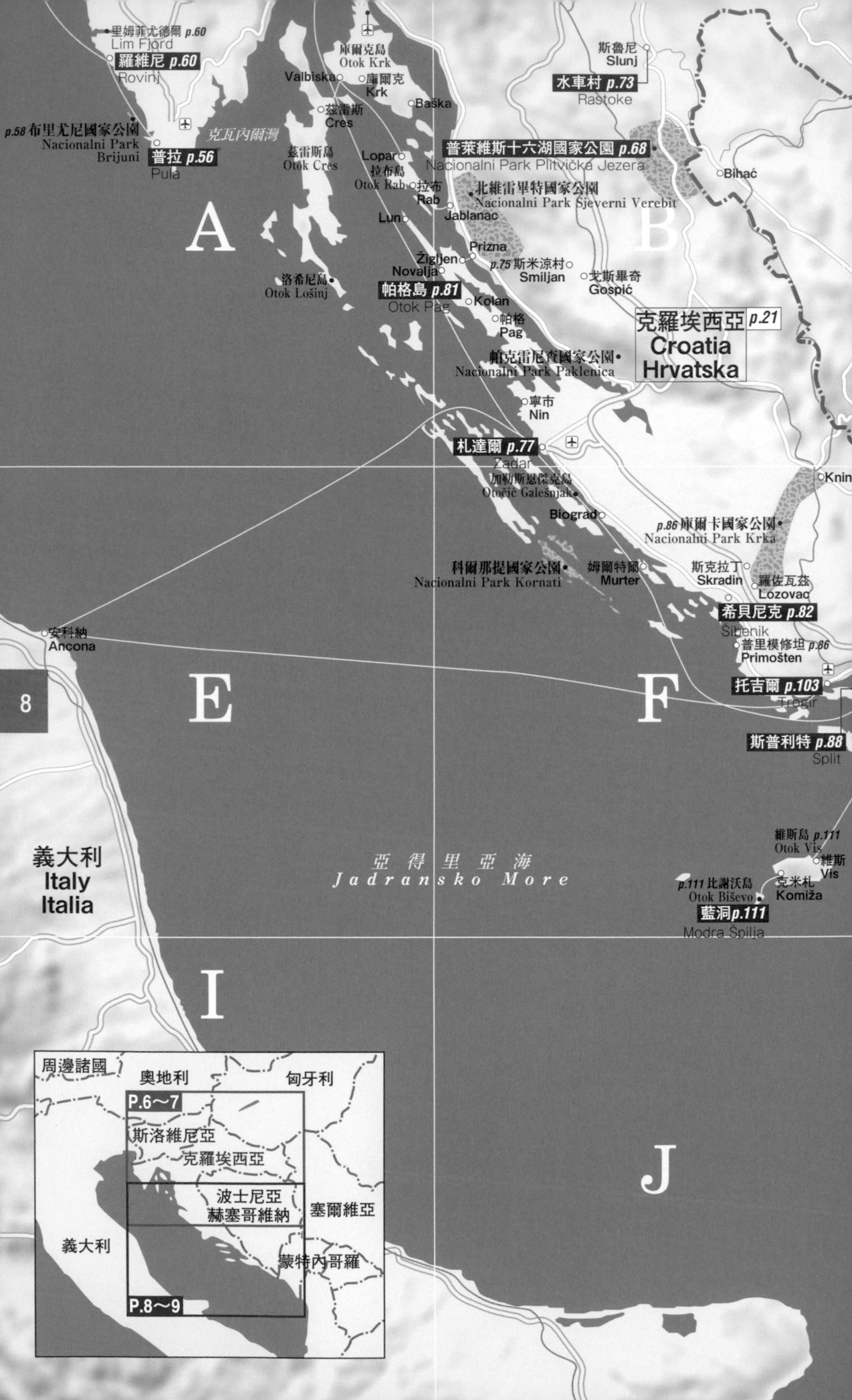

里姆菲尤德爾 p.60
Lim Fjord
羅維尼 p.60
Rovinj
p.58 布里尤尼國家公園
Nacionalni Park
Brijuni
普拉 p.56
Pula
克瓦內爾灣
庫爾克島
Otok Krk
Valbiska
庫爾克
Krk
Baška
茲雷斯
Cres
茲雷斯島
Otok Cres
Lopar
拉布島
Otok Rab
拉布
Rab
Jablanac
Lun
斯魯尼
Slunj
水車村 p.73
Rastoke
普萊維斯十六湖國家公園 p.68
Nacionalni Park Plitvička Jezera
北維雷畢特國家公園
Nacionalni Park Sjeverni Verebit
Bihać
A
B
Prizna
Žigljen
Novalja
p.75 斯米涼村
Smiljan
戈斯畢奇
Gospić
洛希尼島
Otok Lošinj
帕格島 p.81
Otok Pag
Kolan
帕格
Pag
克羅埃西亞 p.21
Croatia
Hrvatska
帕克雷尼查國家公園
Nacionalni Park Paklenica
寧市
Nin
札達爾 p.77
Zadar
加勒斯恩傑克島
Otočič Galešnjak
Knin
Biograd
p.86 庫爾卡國家公園
Nacionalni Park Krka
科爾那提國家公園
Nacionalni Park Kornati
姆爾特爾
Murter
斯克拉丁
Skradin
羅佐瓦茲
Lozovac
希貝尼克 p.82
Šibenik
普里模修坦 p.86
Primošten
安科納
Ancona
E
F
托吉爾 p.103
Trogir
斯普利特 p.88
Split
義大利
Italy
Italia
亞得里亞海
Jadransko More
維斯島 p.111
Otok Vis
維斯
Vis
克米札
Komiža
p.111 比謝沃島
Otok Biševo
藍洞 p.111
Modra Špilja
I
J
周邊諸國
奧地利
匈牙利
P.6～7
斯洛維尼亞
克羅埃西亞
波士尼亞
赫塞哥維納
塞爾維亞
義大利
蒙特內哥羅
P.8～9

克羅埃西亞南部
波士尼亞與赫塞哥維納
蒙特內哥羅
0 30km
N
Sava
斯拉翁斯基布洛德
Slavonski Brod
Novi Grad
Brčko
Banja Luka
C
D
土祖拉
Tuzla
波士尼亞與赫塞哥維納 p.134
Bosnia - Herzegovina
Bosna i Hercegovina
塞拉耶佛 p.136
Sarajevo
Rogatica
Višegrad
希尼
Sinj
Jablanica
Konjic
伊摩茲基
Imotski
薩洛納遺跡 p.96
Salona/Solin
歐米修
Omiš
G
H
內雷托瓦河
Neretva
波爾 p.106
Bol
Spetar
布拉丘島
Otok Brač
Smartin
莫斯塔爾 p.134
Mostar
馬卡爾斯卡 p.106
Makarska
史塔利格拉德 p.109
Stari Grad
赫瓦爾島 p.107
Otok Hvar
史塔利格拉德平原 p.109
Starigradsko Polje
Čapljina
普羅切
Ploče
赫瓦爾 p.107
Hvar
歐雷畢奇
Orebič
Metkovic
涅姆 p.136
Neum
維拉魯卡 p.112
Vela Luka
科爾丘拉島 p.112
Korčula
科爾丘拉島
Otok Korčula
斯頓 p.132
Ston
蒙特內哥羅 p.137
Montenegro
Crna Gora
姆列特國家公園
Nacionalni Park Mljet
拉斯托沃島
Otok Lastovo
姆列特島
Otok Mljet
杜布羅夫尼克 p.116
Dubrovnik
暗礁上的瑪利亞教堂 p.138
Gospa od Škrpjela
察夫塔特 p.132
Cavtat
波德戈里察
Podgorica
Perast
西利皮 p.133
Čilipi
科托 p.137
Kotor
Herceg Novi
Tivat
采蒂涅
Cetinje
K
L
布德瓦
Budva
斯維提史特芬
Sv. Stefan
Bar
9

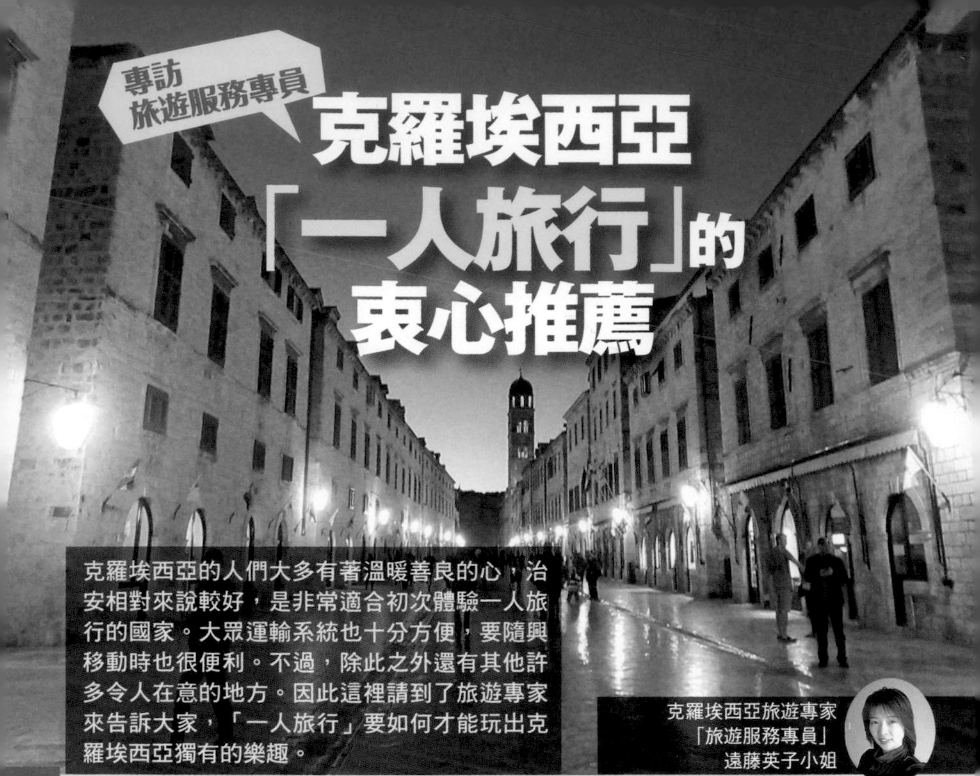

專訪
旅遊服務專員

# 克羅埃西亞「一人旅行」的衷心推薦

克羅埃西亞的人們大多有著溫暖善良的心，治安相對來說較好，是非常適合初次體驗一人旅行的國家。大眾運輸系統也十分方便，要隨興移動時也很便利。不過，除此之外還有其他許多令人在意的地方。因此這裡請到了旅遊專家來告訴大家，「一人旅行」要如何才能玩出克羅埃西亞獨有的樂趣。

克羅埃西亞旅遊專家
「旅遊服務專員」
遠藤英子小姐



**最佳旅季是?**

夏天這裡會湧進大批團體旅客及從歐美前來的度假人士。如果想要來趟「一人旅行」的話，推薦春～初夏，或是初秋時分。城鎮會恢復日常的模樣，並且還能親身感受到季節轉變的魅力。在這時期前來，建議穿著適合洋蔥式穿脫的衣服，然後要穿走在石板巷弄和坡道也不易疲累、平常穿慣的鞋子。好了，來出發吧！

## 一步一步 享受步行

克羅埃西亞，不能說它是「觀賞」的國度，比較貼切地來說，這個國家應該是「步行」的國度吧。

杜布羅夫尼克，城牆圍繞的整個舊城區都是世界遺產，在這裡的「城牆之上」逛一圈，俯瞰橘色屋瓦與藍色海洋形成的對比美景。

杜布羅夫尼克被讚譽為亞得里亞海的珍珠，照片為該城市建築（p.116）

同樣面海的斯普利特舊城區則是古羅馬皇帝的宮殿遺跡。皇帝的陵墓現在成了主教座堂，而宮殿的地下變成商店，整個遺跡在現代也成為了日常生活的舞台。一大早走在杳無人煙的巷弄，或許會感受到宛如穿越時空、不可思議的感覺吧。

斯普利特將重要的歷史傳承至今，是座美麗的港都（p.88）

首都札格雷布是兩座相鄰山丘成對的城市。爬上坡道，視野就會驟然展開，能一覽城市景色，讓人覺得努力走上來是非常值得的。登上陡斜的階梯，穿過巷弄小道，映入眼簾的是繽紛的馬賽克磚造型屋頂。見到如此可愛的教堂，就好像收到獎勵一般地令人欣喜。

連接山丘山頂與山腳的地軌式纜車（p.35）

磁磚十分美麗的聖馬可教堂（p.35）

## 輕鬆爽快 享受融入

早市裡排列著色彩繽紛的蔬菜和水果

克羅埃西亞的都市裡幾乎都有舊城區。而在那些舊城區裡的廣場，幾乎每天都會有聚集當地人們的「早市」。

新鮮的蔬菜和水果、色彩繽紛的花朵，光看就令人十分享受；當地農家的自製蜂蜜和香草、利口酒、油、薰衣草的加工產品，正好適合當成伴手禮。還有蕾絲、刺繡、古董、風景畫、陶器和玻璃製品等，在偶然發現的小店裡，意外發現珍稀、便宜的好物也是旅行的一種樂趣。

與擁有該地特色的滋味相遇

還能看見從窗戶延伸晾出的衣物

與舊城區日常風景的相遇也備具魅力。在像中庭一般的小廣場，遇見正在曬太陽取暖的貓咪，向笑著透過窗戶聊天的婦人們揮揮手。順著微微傳出的音樂聲走，就會和在窗邊練習小提琴的小女孩相視而笑。融入街區的風景之中也是「一人旅行」才獨有的醍醐味。

## 大口大口 享受吃食

有世界三大珍饈之稱的松露

種類豐富多元的克羅埃西亞菜。隔著亞得里亞海的對岸便是義大利。有鑾多城鎮在中世紀時，是屬於威尼斯共和國的勢力範圍，在飲食文化上，能感覺出受到義大利的影響。新鮮的海鮮義大利麵及燉飯、南部沿海的生蠔，在伊斯特拉半島則有松露和生火腿等。此外，在札格雷布等內陸地區有燉菜、炸肉排、燒烤等，肉類菜色也受到鄰國──匈牙利的影響。

亞得里亞海產的海鮮頂級美味

這就是有如泡芙的奶黃蛋糕

就算是一個人也一定要品味一下這裡的葡萄酒。克羅埃西亞的葡萄酒，有著不輸歐洲其他國家的釀造歷史。

甜點則推薦各種口味的義式冰淇淋。還有不可錯過的菜色──達爾馬提亞地區的羅札塔（奶黃布丁），以及發祥自薩摩波爾的可蕾姆舒尼堤（奶黃蛋糕）。所推薦的這些食物，是就算只為了吃它們才去到當地也很值得的絕品美食。

## 發呆放鬆 享受悠閒

前往眺望閃閃發亮的亞得里亞海之旅

「一人旅行」最棒的地方就是自由。步行走著，融入當地的生活，飽餐一頓後，在喜愛的景點悠閒地待到心滿意足。發呆放鬆地眺望風景、享受海風吹拂，或在寧靜的教堂沉澱心靈。只有在一人旅行時才能如此豪邁地運用旅遊的時光。

而要能度過悠閒的旅遊時光，還是推薦在觀光客較少的季節前來較適合。

若是以「發呆放鬆」為旅行目的，那麼在城鎮間的移動時光也又是旅遊的選項之一了。從列車車窗眺望到的田園景色、小村落的純樸車站、當地人們在路旁招手上下車的路線巴士。心靈受到克羅埃西亞平凡的日常光景洗滌。

讓心靈獲得療癒的寧靜教堂

此外，克羅埃西亞還有許多大大小小的島嶼，也非常推薦在這裡進行跳島旅遊，或是搭乘渡輪來趟小小船旅。

從巴士車窗望見的海邊風景

搭乘渡輪來趟發呆放鬆的船旅

# 出發去見見當季的斯洛維尼亞吧

斯洛維尼亞常會被克羅埃西亞蓋過風頭。但是在這個地小卻展現出多采多姿模樣的國家裡，仍有許多未被知曉的魅力！





## 最高速度為85km!? 從國際比賽的跳台進行高空滑索

斯洛維尼亞的冬季運動盛行，也有知名的跳台滑雪。普拉尼卡谷位在高級山區渡假勝地——克拉尼斯卡戈拉的西方11km，有著世界規模最大的跳台滑雪比賽場地，運用在世界盃比賽中也採用的跳台所設置的戶外運動非常受歡迎。從跳台上方到著陸點，以鋼索連結高低差202m、長566m的距離，在這裡能享受到40秒空中散步的高空滑索（Zip Line），滑索速度超過50km。視體格、體型不同，速度也可能高達70～80km。當然，從起點到終點設置得十分安全，讓大家能放心玩樂，試著挑戰留下旅途的紀念吧。

乘坐吊椅纜車登上跳台

要跳之前檢查滑索裝備

工作人員會教導抓握把手的方法等事項

設施的主要據點——北歐式滑雪中心

除了單人之外也有雙人滑索

往下看會令人心生恐懼的超陡坡度

下定決心，奮力一跳！

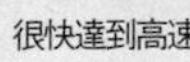

很快達到高速

**DATA**

交 克拉尼斯卡戈拉車程10分　住 Rateče, 4283 Rateče Planica　☎ 041 828 151　營 3月～12月、1月1日　休 週一～四（假日除外）　費 單人滑索€25、雙人滑索€40

## 清流！在索查河療癒＆運動

從左頁中跳台所在的克拉尼斯卡戈拉越過維斯克Vrsic山嶺，車程約1小時可抵達索查河，其源流來自朱利安阿爾卑斯山脈最高峰——特里格拉夫峰西側，流往亞得里亞海，在這裡泛舟及划艇都很受歡迎。雖然沒有車交通就不太方便，但這裡的水色風景光是眺望著就能讓人獲得療癒，相當有魅力。

天空、山峰與河川的美景雄偉呈現

國道旁可找到包辦戶外運動的公司

## 絕景!! 在Vinarium Tower一覽三國風景

這個在2015年開幕的觀景塔——Vinarium Tower，位於斯洛維尼亞東部的倫達瓦Lendava郊外，塔高有53.5m，從觀景塔可將腳下的斯洛維尼亞、匈牙利與克羅埃西亞盡收眼底！

38.5m的觀景台是攝影的好地點

總工程費€180萬。天候良好時，還有可能望見奧地利

也有附設咖啡廳

DATA

交 倫達瓦市區車程約10分 住 Dolgovaske gorice 229 ☎ 01 200 98 83 營 9:00～21:00（冬季10:00～17:00） 休 無 費 全票€7

## 美味!!! 品嘗斯洛維尼亞的火腿Šunka

借酵母之力熟成

說到斯洛維尼亞的火腿，雖然亞得里亞海側的伊斯特拉半島和喀斯特地區的生火腿很有名，但在這個國度的另一側——東邊的普雷克穆列地區也是以美味的火腿和莎樂美腸廣為人知。在位於穆爾斯卡索博塔的Sunkarna kodila，仍沿用古法人工製作此地區的傳統生火腿Šunka。因為靠近匈牙利，所以可從七間合作農家牧場購得曼加利察豬等肉品，用皮蘭的海鹽醃3週，廣義上雖與西班牙生火腿和帕馬火腿相似，不過此生火腿的特徵是最後會用煙燻完成。因為檢疫的關係，無法買來當作伴手禮，但卻可以在店內的內用區品嘗享用。

外觀為當地傳統草葺屋頂

入口有人偶迎接來客

品味綜合拼盤€8，照片為4人分

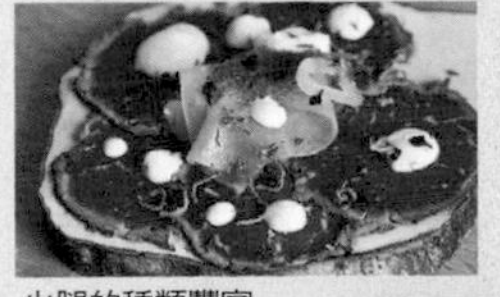

火腿的種類豐富

也有當地蛋糕等

商店裡售有生火腿Šunka、莎樂美腸、起司、蕎麥粉製的義大利麵、巧克力及熟食等品項多元豐富

DATA

交 穆爾斯卡索博塔市中心車程5分
住 Markisavci 44, Murska Sobota 9 ☎ 02 522 36 00 營 8:00～19:00 休 週日 費 全票€7

# 克羅埃西亞 斯洛維尼亞的世界遺產

The World Heritage

位於民族及文明的交會之地──巴爾幹半島上的克羅埃西亞及斯洛維尼亞，二地加起來有多達10種世界遺產（8種文化遺產、2種自然遺產）。克服了無數次的自然災害和戰火的摧殘，不論是地球賜予的美麗大自然，或是人類普遍價值所在的史跡，都受到了無微不至的照顧和保護。

## 普萊維斯十六湖國家公園

Nacionalni Park Plitvička Jezera

（1979、2000年擴大 克羅埃西亞／自然遺產） p.68

這座約200km²的國家公園位在里卡地區。從山間流出的河川形成16個大小湖泊，湖群之間由92道瀑布連結。許多觀光客為尋求這傑出的美景而來，為人氣觀光景點。

## 希貝尼克的聖雅各大教堂

Katedrala Sv. Jakoba, Šibenik

（2000 克羅埃西亞／文化遺產） p.82

建造期間是1431～1536年，初期是哥德式，後期則採文藝復興式建造。完全不用一磚一瓦及木材而只用石材打造的石砌教堂，其規模之大堪稱世界第一。

## 波雷奇歷史區裡的尤弗拉西蘇斯聖殿建築群

Eufrazijeva Bazilika u Poreču

（2000 克羅埃西亞／文化遺產） p.63

建於6世紀的教堂位在伊斯特拉半島的波雷奇，教堂內閃爍金色光芒的馬賽克畫被認為是初期拜占庭藝術的最高傑作。整個教會建築群包含聖殿、八角形洗禮堂鐘樓等。

## 史塔利格拉德平原

Starigradsko Polje

（2008 克羅埃西亞／文化遺產） p.109

位於赫瓦爾島北邊的城市──史塔利格拉德是亞得里亞海中最古老的村落之一。古希臘人於西元前4世紀用於區劃農地的石垣至今仍保存著。

## 古都——托吉爾
Romanički Grad, Trogir

(1997　克羅埃西亞／文化遺產) p.103

托吉爾位於斯普利特西邊約25公里處，是座海邊城市。舊城區裡除了有建於13世紀的聖羅夫羅大教堂外還有許多保存良好的羅馬哥德式建築群。

## 斯普利特史跡群及戴克里先皇宮
Dioklecijanova Plača, Split

(2000　克羅埃西亞／文化遺產) p.88

古羅馬皇帝戴克里先於305年退位時所隱居的宮殿遺跡。現位於斯普利特的市中心裡，遺跡本身不僅珍貴，甚至還成為居民的生活重心。

## 伊德利亞的水銀相關遺產
Dediščine Živega Srebra v Idrija

(2012 斯洛維尼亞／文化遺產) p.170

伊德利亞從15世紀末到1979年為採掘水銀的城市。作為向現代傳達當時大陸之間金、銀交易情形的遺跡，與西班牙的阿爾馬登一同登錄為文化遺產。

## 杜布羅夫尼克舊城區
Stari Grad, Dubrovnik

(1979、1994擴大 克羅埃西亞／文化遺產) p.116

位於克羅埃西亞最南邊—達爾馬提亞地區的碉堡城市。中世紀曾因海洋貿易而興盛一時，為克羅埃西亞國內數一數二的觀光勝地，城牆圍繞的舊城區被譽為「亞得里亞海的珍珠」。

## 阿爾卑斯山脈周邊的史前湖岸木樁建築
Prazgodovinska Kolišča Okoli Alp

(2011 斯洛維尼亞／文化遺產) MAP p.6-F

西元前5000年左右到前500年左右，建造於阿爾卑斯山脈周邊的湖岸及濕地上的水上房屋遺跡。跨越斯洛維尼亞、瑞士、義大利、德國、法國、奧地利六國，由111處資產構成。斯洛維尼亞在盧比雅那濕原僅有2處遺跡。而2處遺跡皆埋沒在濕原地底，因此是看不到的。

## 什科茨揚溶洞群
Škocjanske Jame

(1986　斯洛維尼亞／自然遺產) p.179

位於西南部喀斯特地區，是斯洛維尼亞唯一的一處自然遺產。全長5公里的鐘乳石洞裡有一部分開放旅遊團參觀。鐘乳石及地底湖、瀑布等地下特異景觀相當有看頭。

# 克羅埃西亞的名菜 Selection

提到克羅埃西亞菜，內陸地區菜色和奧地利或匈牙利的很像，而沿岸地區則和義大利菜較為類似，不少東西總讓人覺得似曾相識。生火腿、松露、起司、橄欖油和葡萄酒等，每個地區的特產可謂多彩多姿。

**茄汁海鮮** Brodet
用蕃茄熬煮魚蝦類所作成。這種熬煮菜色種類十分豐富，像達爾馬提亞地區的Popara就是很受歡迎的一道。

**牡蠣** Kamenice
達爾馬提亞地區南部的牡蠣養殖業相當興盛，一整年都吃得到。其中，屬馬利、斯頓的最有名。生牡蠣灑上檸檬汁再吃就是道地的克羅埃西亞吃法。

**燉飯** Rižoto
燉飯是沿岸的招牌菜。海鮮或墨魚汁等魚蝦類燉飯、香菇燉飯、松露燉飯等，種類相當豐富，區域特色很鮮明。

**札格雷布風炸肉排** Zagrebački Odrezak
炸肉排在中歐稱為Schnitzel。札格雷布風的炸肉排是長條狀的，裡面會加起司。

**焙卡** Peka
所謂焙卡是用爐灶蒸烤食材所作成的菜。內陸地區都用牛犢肉或羊肉，而沿岸地區則多用魚蝦類或章魚當食材。烹調時間需2～3小時。

**生火腿** Pršut
伊斯特拉半島及達爾馬提亞地區的生火腿最為有名。據說亞得里亞海沿岸所吹的乾風「布拉」用來作生火腿最為適合。

**切瓦普奇奇** Čevapčiči
在克羅埃西亞，連受到土耳其影響的波士尼亞與赫塞哥維納的菜色都很常見。切瓦普奇奇的意思是燒烤絞肉丸子。

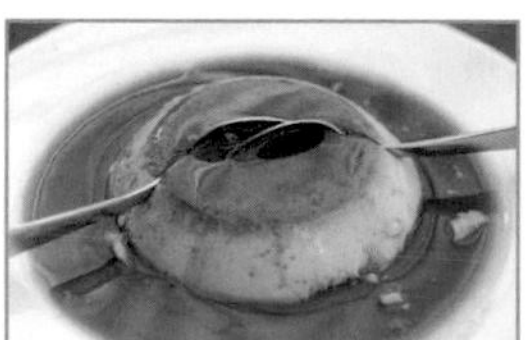

**羅札塔** Rožata
達爾馬提亞地區的奶黃布丁。以杜夫羅布尼克及斯普利特的最為出名。不會太甜，淋上焦糖後再吃。

**可蕾姆舒尼堤** Kremšnite
軟綿綿的奶黃蛋糕。薩摩波爾的最受好評。札格雷布的奶黃蛋糕是淋巧克力醬。

# 克羅埃西亞的 伴手禮 Selection

工藝品及食品等克羅埃西亞知名產品全都在伴手禮店、超市及市場裡找得到。送禮也好、自用也好，不妨前來享受從琳瑯滿目的貨品當中挑選的樂趣。

### 心型裝飾

這是在札格雷布周邊出現的一種叫作「裡脆塔Licitar」的傳統藝品。鮮艷的紅色為其特徵，而除了心型以外也有馬或人形等各種形狀。

### 刺繡・蕾絲

刺繡及蕾絲相當興盛，觀光勝地有不少店家及攤販。帕格及赫瓦爾等傳統的蕾絲已列為聯合國教科文組織文化財產。

### 領帶

克羅埃西亞是起源於17世紀的領帶的發祥地。國內各地都有分店的「Croata（→p.37）」裡甚至還有高級的絲質領帶上架。

### 巧克力

1911年創業的老字號點心店Kraš所作的巧克力超受歡迎。果仁巧克力Bajadera（照片）採個別包裝，適合送禮。

### 松露

伊斯特拉半島的名產。雖是高級食材，但比在台灣買來得便宜。其中還有用橄欖油醃漬或放入奶油的，種類相當豐富。

### 無花果

無花果是克羅埃西亞的代表性水果，主要產地是達爾馬提亞地區。無花果果醬有作成瓶裝或棒狀的（照片）。

### 橄欖油

作菜時最不能少的就是橄欖油這一味了，亞得里亞海沿岸為其主要產地。還有分成檸檬或迷迭香等多種口味。

### 葡萄酒

整個克羅埃西亞自古以來便是葡萄酒產地。內陸地區以白酒為主，而沿岸地區則以紅酒為大宗，每個地區的特徵都不同。

### 香草茶

除薰衣草與玫瑰果實外，水果茶的種類也很多。克羅埃西亞風格會加入蜂蜜和檸檬汁一起飲用。

### 薰衣草

薰衣草大多產在赫瓦爾。乾燥花（香袋）或薰衣草香皂等用薰衣草作成的產品真是琳瑯滿目。

### 小飾品

紅白市松花樣國徽紀念別章或穿著達爾馬提亞地方傳統服飾的娃娃等，獨特的小飾品多到看不完。

斯洛維尼亞菜受奧地利及匈牙利強力影響。而由於餐廳裡的餐點量都很大，所以建議可以說句「Half Portion（半人分）」，請對方給少一點，然後多吃幾種。

起司、生火腿 Sir, Pršut

酪農業相當興盛，用牛奶或羊乳作成的濃郁起司於是十分受歡迎。提到生火腿，喀斯特地區的喀拉斯基生火腿Kraski Pršut相當有名。

起司奶汁烤菜 Štruklji

小麥麵皮包酸奶軟乾酪或豆子等餡料作成的。煮一煮、烤一烤都很好吃，吃法多樣化。

烤鱒魚 Pastrv na žaru

在布萊德湖及渤興湖、索查河裡捕獲的鱒魚撒滿蕎麥粉或玉米粉後再拿去烤。渤興湖的黃金鱒魚名聞遐爾。

香腸 Klobasa

斯洛維尼亞的肉類菜色很豐富，就連香腸都還分好多種，應有盡有。血腸Krvavica味道十分獨特。

盧比雅那風炸豬排 Ljubljanski Zrezek

中歐最受歡迎的菜色Schnitzel（炸豬排）。盧比雅那風的炸豬排裡包著起司。

蕎麥粉餃 Ajdovi Krapi

斯洛維尼亞本身就是蕎麥的主產地，所以用蕎麥粉作成的美食也很多。蕎麥粉皮包酸奶軟乾酪作成的蕎麥粉餃很受歡迎。

核桃捲心蛋糕 Potica

在麵包裡挾酸奶軟乾酪或胡桃。可當主食，也可當甜點。麵包店都有賣。

香草奶油蛋糕 Kremšnite

源於德國的香草加奶黃奶油蛋糕。斯洛維尼亞的布萊德湖才有賣的布萊斯加香草奶油蛋糕最為有名。

千層蛋糕 Gibanica

把酸奶軟乾酪、核桃、蘋果切成片狀再拿去烤便成為這一道甜點。源自斯洛維尼亞最東邊的普雷姆庫列地區。

斯洛維尼亞的
# 伴手禮
Selection

斯洛維尼亞儘管面積大概只有台灣的一半，但每個地方的特產品及傳統工藝品卻都相當獨特。不妨走一趟伴手禮店、超市及市場便可全都買齊囉！

巧克力
Cukrček 公司Čokoladnica Cukrček的Prešernove kroglice（左），以及Atelje Dobnik（→p.157）的無花果巧克力Fige Prešernove（右）等很受歡迎。

心型裝飾
傳統藝品──「裡脆塔Lectar」，其鮮艷的紅色為最主要特徵。除心型外還有各種形狀，常用來送給親近的人以傳達心意。

鹽
皮蘭近郊的塞喬里耶鹽田仍依傳統製法製鹽。礦物質含量豐富，味道稍稍偏重。



南瓜子油
1929年創業的榨油工場Kocbek公司自製的南瓜子油。自然又健康，深獲好評。

蕾絲
伊德利亞的蕾絲相當知名，可看到多種主題的成品。可於伊德里利亞或盧比雅那的專賣店購入。

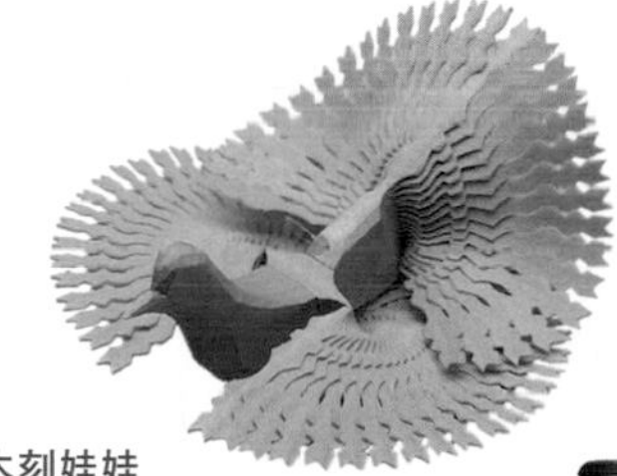

木刻娃娃
照片裡的是稱為「Sv. Duh」的鳥類精靈。在斯洛維尼亞是當作消災除厄的鳥，通常擺在家裡當裝飾。

蜂巢壁板
布萊德湖周邊的養蜂業極為興盛，也帶動其傳統工藝品蓬勃發展。題材豐富，包括聖經裡的場景、人類或動物的諷刺畫等。伴手禮店都有售其複製品。

葡萄酒
斯洛維尼亞幾乎全國都產酒。喀斯特地區及馬里博爾周邊最為有名。喀斯特地區的「Teran」又是其中最具代表性的銘酒。

郵票
由於斯洛維尼亞Slovenia的拼法裡出現「LOVE」4個字母，所以每年西洋情人節時便以愛為主題發行許多心型郵票。

克羅埃西亞樸素派藝術

# 樸素派的巨匠們

代表克羅埃西亞的繪畫「樸素派藝術」始於1930年代初期。當時是無師自通的農民畫家們所畫的畫。克羅埃西亞的樸素派藝術主要是畫在玻璃板背面，主題大多是抒情地描繪農民日常生活及農村風景，在近代美術上占有重要地位。札格雷布的國立樸素派美術館（→p.35）裡有多幅傑作等您光臨鑑賞。

「冬」1992／
Ivan LackoviC Croata （1932-2004）

## 伊凡・蓋內拉利奇

Ivan Generalić (1914-1992)

出生於克羅埃西亞中部的小村子。可謂是構成初期樸素派藝術的開山祖師「胡雷畢內村派」中的大師。他留下許多幅不管是採用1950～60年代超現實、幻影似的表達方式，或以70年代抽象化的空虛背景為特徵的傑作，大部分的樸素派畫家都受到他的影響。

「洪水」1960

## 伊凡・拉茲可畢奇・庫羅亞塔

Ivan Lacković Croata (1932-2004)

他在克羅埃西亞北邊的波德拉維納地區的派丁斯卡村出生。當郵差的同時還向在札格雷布提倡樸素派藝術的庫爾斯特・赫蓋德西奇學習。他以對故鄉的愛及自由為主題，詩情地描繪出農村風景，在國內外均受到極高評價。

（照片提供／©Lackovic Art Japan）

「紅馬」2002

## 伊凡・拉布真

Ivan Rabuzin (1921-2008)

誕生於中部克羅埃西亞的庫留丘村。1958年參加樸素藝術美術館（現國立樸素派美術館）的業餘畫家展時獲獎。他使用點畫技法運用在淡色調的纖細風景畫裡，格調獨特，相當受歡迎。和日本的樸素畫（樸素派藝術）畫家原田泰治有所交流，因而經常登上日本藝術版面。

「我的故鄉」1961

湛藍的亞得里亞海
碧綠的湖泊
紅磚屋頂的家家戶戶
充斥單純色彩的國度
克羅埃西亞
CROATIA

克羅埃西亞小檔案

# 區域快覽

克羅埃西亞同時擁有大自然豐富的內陸部分及陽光閃耀的亞得里亞海沿岸部分，是歐洲首屈一指的人氣觀光勝地。

## 克瓦內爾地區及伊斯特拉半島

Kvarner, Istra

p.49

克瓦內爾地區中心是港都里耶卡。從里耶卡有交通工具通往曾是奧地利貴族休養地而興盛一時的歐帕蒂亞、羅夫蘭及克瓦內爾灣裡的庫爾克、拉布等美麗島嶼。突出亞得里亞海、呈倒三角形的伊斯特拉半島上則錯落著古羅馬及威尼斯共和國時代遺蹟。半島又分成洋溢中歐氣氛的內陸部分及受義大利影響的浪漫海岸部分，此區就像是完全濃縮了克羅埃西亞的魅力般，極受矚目。

斯洛維尼亞

瓦拉日丁

札格雷布

里耶卡

普拉

普萊維斯十六湖國家公園

札達爾

希貝尼克

## 里卡卡爾洛瓦茨地區及達爾馬提亞地區北部

Lika-Karlovac, Sjeverna Dalmacija

p.67

此區擁有普萊維斯十六湖、庫爾卡、科爾那提等國家公園，是處罕見的自然絕美之地。內陸部分的里卡卡爾洛瓦茨地區的森林及草原裡則棲息著自然狀態底下的狼及熊等多種動物。白色的喀斯特山區及碧綠的亞得里亞海形成強烈對比的達爾馬提亞地區北部有克羅埃西亞宗教最高殿堂──札達爾的聖多那特教堂及希貝尼克的聖雅各大教堂，堪稱是克羅埃西亞人心靈的寄託之處。

## 札格雷布及克羅埃西亞中部、斯拉沃尼亞地區

Zagreb, Središnja Hrvatska, Slavonija

p.27

首都札格雷布的城市象徵——聖母蒙召大教堂的兩座尖塔高聳參天。札格雷布也以政治、經濟、文化中心之姿每天往前邁進。圍繞札格雷布的中部克羅埃西亞到處是平坦的丘陵，葡萄園綿延不絕，整體洋溢純樸田園氣氛。受肥沃的潘諾尼亞平原環抱的斯拉沃尼亞地區裡則有民族舞蹈及音樂等農村文化等遊客體會。這一帶錯落著哥德式修道院及巴洛克風城館，受鄰近的奧地利及匈牙利影響甚鉅，由此可見一斑。

歐協克

## 達爾馬提亞地區中部

Središnja Dalmacija

p.87

博物館都市斯普利特以克羅埃西亞最大的古羅馬建築——羅馬皇帝戴克里先的宮殿遺跡為其起源，而在斯普利特四周則錯落著世界遺產及海灘等風光明媚的觀光勝地。斯普利特是達爾馬提亞地區最大的港都，要前往周邊的島嶼也有水路可利用。世界聞名的避暑勝地赫瓦爾、仍看得到古典劍舞的科爾丘拉等魅力島嶼也都有船旅可到，說是克羅埃西亞旅行最最絕妙的滋味也不為過。

波士尼亞與赫塞哥維納

普利特

## 達爾馬提亞地區南部

Južna Dalmacija

p.115

克羅埃西亞南端區域。此區的中心都市是杜布羅夫尼克，從前因地中海貿易而興盛一時，而現在則是克羅埃西亞國內首屈一指的度假勝地。突出亞得里亞海面的舊城區由全長約1940公尺的壘牆守護著，其獨一無二的美也贏得「亞得里亞海珍珠」的美譽。這城市除了是前往斯頓、察夫塔特、西利皮等南部觀光景點的據點外，同時也是前往波士尼亞與赫塞哥維納及蒙特內哥羅共和國等鄰近諸國的大門城市，扮演著極重要的角色。

# 克羅埃西亞旅行 基本資訊

## ● 國名

克羅埃西亞共和國
Republika Hrvatska
官方英語記載Republic of Croatia

## ● 首都

札格雷布　Zagreb

## ● 國旗

國徽位在代表泛斯拉夫主義的紅、白、藍3色的中央位置。其設計是在稱為Šahovnica的紅白格紋上排列出構成克羅埃西亞的5區域徽章。自1991年獨立時便沿用至今。



## ● 面積

5萬6594平方公里（約台灣的1.57倍）

## ● 人口

419萬人（2016年）

## ● 國歌

Lijepa Naša Domovina
（我美麗的祖國）

## ● 政治體制

採一院制的議院內閣制。國家元首總統乃直接投票選出，任期5年，得連任一次，憲法並明令不得多選。現任總統是柯琳達·葛拉巴爾-季塔洛維奇，總理是安德烈·普蘭科維奇。於2013年7月加入歐盟(EU)，成為第28個加盟國。

## ● 民族

克羅埃西亞人占90.4%、塞爾維亞人占4.4%、波士尼亞人占0.7%。其他便是由斯洛維尼亞人、義大利人、匈牙利人、阿爾巴尼亞人等構成。

## ● 語言

通用語是克羅埃西亞語，使用率相當高（96%），而文字則採用拉丁文字。部分雖也說塞爾維亞語（1%），但塞爾維亞語頂多也只是使用西里爾字母，其他幾乎完全相同，而前南斯拉夫時代也視之為塞爾維亞·克羅埃西亞語這單一語言使用。外語方面較為常用的是英文及德文。在伊斯特拉半島及亞得里亞海沿岸說義大利語的人也不少。

## ● 宗教

羅馬天主教高達87.8%，占大多數。其他像塞爾維亞正教4.4%、伊斯蘭教1.3%及新教0.3%等。

## ● 地理

大致可分成內陸部中央的克羅埃西亞、斯拉沃尼亞、亞得里亞海沿海的伊斯特拉半島及達爾馬提亞等4個區域。而地方區劃則分成20個郡及1個直轄市。杜布羅夫尼克以南因波士尼亞與赫塞哥維納的出海口城市——涅姆Neum而和本土分離，成為一飛地。

## ● 氣候

札格雷布等內陸地區屬大陸性氣候，冬天十分寒冷，還會積雪。亞得里亞海沿岸地區則屬地中海型氣候，晴天機率很高，即使冬天也比較溫暖。

前往旅遊的最佳季節是5～9月，此時亞得里亞海的沿岸總是被觀光客擠得熱鬧滾滾。

由於亞得里亞海沿岸夏天日照很強，所以防晒乳、帽子、太陽眼鏡等可別忘了帶。而相對的，即使是夏天，晚上有時還是很冷，所以帶上一件外套會比較放心。冬天的內陸地區是絕對離不開厚外套、手套及防寒帽的，所以敬請做好禦寒準備。

## ● 從台灣前往的班機

由於台灣和克羅埃西亞之間沒有直航班機，所以都得在法蘭克福（德國）、維也納（奧地利）及巴黎（法國）等地轉機。基本飛行時間從台灣到轉機地點大約10～12小時左右。而從轉機地點到克羅埃西亞大約還有1～3小時左右的航程。

## ● 時差及夏令時間

克羅埃西亞由於採用中歐時間（CET），所以和台灣的時差是－7小時。例如，若台灣是中午12點，則克羅埃西亞就是同一天凌晨5點。克羅埃西亞若是中午12點，則台灣就是同一天的晚上7點。只不過，夏天（3月的最後一個週日深夜2點～10月的最後一個週日深夜2點）是夏令時間，和台灣的時差就暫時變成－6小時。

## ● 國定假日

1月1日　元旦
1月6日　主顯節
4月21日　復活節　※非每年同一天
4月22日　復活節週一　※非每年同一天
5月1日　國際勞動節
6月20日　聖體節　※非每年同一天
6月22日　反法西斯鬥爭紀念日
6月25日　國慶日
8月5日　解放日
8月15日　聖母蒙召升天節
10月8日　獨立紀念日
11月1日　諸聖節
12月25日・26日　聖誕節（以2019年為例）

## ● 辦公時間

●銀行　7:00～19:00（週六～12:00）週日、假日休

●郵局　7:00～19:00（週六～12:00）週日、假日休　札格雷布中央車站旁的郵局乃24小時營業

●一般商店　8:00～20:00（週六～13:00）一般是週日、假日休

●餐廳　8:00～12:00開門營業。而21:00～23:00營業的店家也不少。

8月中旬是夏季休假期間。札格雷布等都市地區的商店及餐廳等有時會暫停營業。

## ● 貨幣及換匯

克羅埃西亞的貨幣是克羅埃西亞庫納。本書均以Kn表示。輔助貨幣是利帕Lipa，1Kn=100Lipa。2010年10月匯率1Kn=約4.5元台幣。€1=約7.5Kn、US$1=約6.7Kn。

流通的紙鈔分別有1000Kn、500Kn、200Kn、100Kn、50Kn、20Kn、10Kn及5Kn的8種。硬幣則有5Kn、2Kn、1Kn及50Lipa、20Lipa、10Lipa、5Lipa，雖偶爾看得到2Lipa及1Lipa，但少於10Lipa的情況大多會被捨掉。另有發行具紀念價值的25Kn硬幣。

克羅埃西亞庫納的「庫納Kuna」意指「貂」這種動物。源自於從前貂的毛皮是用來以物易物的基本單位。而庫納硬幣上也篆刻著貂的姿態。

台灣國內無法直接兌換克羅埃西亞庫納。部分飯店由於可用歐元付款，所以帶歐元去就很方便。而在克羅埃西亞國內，不管是要從美元或歐元，換錢基本上都沒問題。要換錢時，只要在飯店或前往銀行、郵局便換得到。大都市及觀光勝地甚至會有民營的兌幣處，有時滙率還會比銀行來得好一點。用國際現金卡便可以透過ATM把存款先換成克羅埃西亞庫納再領出來。

信用卡相當普遍，大都市及觀光勝地的商店、餐廳、飯店都能使用。種類有VISA、Master、Diners、AMEX及JCB等。（→參考p.188）

## ● 小費

克羅埃西亞由於沒有給小費的習慣所以基本上不用給。餐廳餐點大多含服務費。請飯店或計程車等搬運重物或覺得對方服務不錯時，不妨加點零頭般的小費或多給5～10Kn。

## ● 物價

物價跟臺灣相比偏高。火車或巴士、渡輪等克羅埃西亞國內的公共交通工具則比較便宜。

飲用水500㎖　6Kn（＝約27元台幣）
風景明信片　5Kn（＝約26元台幣）
市街電車、巴士一站　12Kn（＝約54元台幣）
計程車起跳價　15Kn（＝約68元台幣）

## ● 出境、入境

90天以內的觀光、商務停留都不需要簽證。（→p.196）

## ● 治安

克羅埃西亞的治安和其他鄰國比起來算好很多。不過，還是要十分小心扒手及調包竊盜。近年來甚至傳出酒吧內卡片遭盜刷或假警官的事件。小心保管行李、盡量避免深夜外出等最低限度的自保策略還是有所必要。

【緊急狀況的電話號碼】
警察☎192　消防署☎193　救護車☎194

## ● 郵務

郵局叫作Hrvatska Pošta，簡稱HP。除了發送郵件、包裹及販售郵票外，有些地方還受理電話業務及外幣的兌換。到台灣的航空郵件大概4～7天就會到。郵資方面，明信片是7.10Kn、信件12.10Kn。

## ● 怎麼打電話？

公共電話或郵局附設的電話局都可以撥打克羅埃西亞國內及國際電話。公共電話則要購買電話卡才能使用，而電話卡可以在郵局或Kiosk（便利商店、販賣店）買得到。有支援國際漫遊的手機便可直接帶去使用。（→參考p.194）

## ● 度量衡

和台灣一樣，長度用公尺（m）、重量用公克（g）、容積用公升（L）表示。

## ● 電壓及插頭

電壓是220（V），周波數是50赫茲（Hz）。插頭的種類是2根圓柱的C型。台灣國內用的電氣製品由於無法直接使用，所以要記得帶變壓器及插頭轉接頭。

## ● 飲用水

雖自來水都是可以直接喝，但由於石灰成分較多，水質較硬，所以有些人會比較不適應。500㎖的保特瓶礦泉水大概台幣27元就買得到。其中又分成有加碳酸及沒有加碳酸2種，購買時請注意。

## ● 廁所

車站及遠程巴士總站都有公共廁所。門口有管理人員或打掃人員的話則要付3～5Kn左右的清潔費。有些廁所採投幣式，投入硬幣門才會打開。餐廳、咖啡館及飯店的廁所唯有消費的客人才能免費使用。搭巴士長距離移動時也一定會預留1～2次休息時間讓客人上洗手間。男廁用Gospoda或Muški、女廁則用Gospođe、Žena、Ženski或Dame表示。

## ● 住宿設施

飯店有高級、中級飯店或商務型飯店、青年旅館等可選擇。其他還有入住一般家庭空房的私人型房間，克羅埃西亞語叫作「SOBE」，觀光服務處或旅行社都有仲介服務。

## ● 喝酒吸菸及禮儀

喝酒、吸菸都得滿18歲。公共場所基本上禁菸。而餐飲店內是否能抽菸則向服務人員確認即可。

前往視為神聖場所的教堂或寺院、修道院等最好還是穿著節制點的服裝，當然行為舉止也要合宜。進出餐廳或商店時若能和店員打聲招呼會給人家比較好的印象。也最好不要漫不經心地聊政治、民族、宗教、戰爭等敏感話題。

Zagreb, Središnja Hrvatska, Slavonija

# 札格雷布及 中部克羅埃西亞、斯拉沃尼亞地區

人群及路面電車悠然交織的中歐風街道就在首都札格雷布。中部克羅埃西的街衢到札格雷布的距離剛好適合當天來回。位於內陸的斯拉沃尼亞地區和沿岸的城市不同，別有一番文化與自然可欣賞。

洋溢歷史及文化芬芳的魅惑首都

# 札格雷布

MAP p.6-F **Zagreb**



●前往札格雷布

●飛機

札格雷布有直飛歐洲各個主要城市的班機。國內則有飛往普拉、札達爾、斯普利特及杜布羅夫尼克的班機。

●火車

盧比雅那（斯洛維尼亞）、維也納、薩爾斯堡（奧地利）、布達佩斯（匈牙利）、塞拉耶佛（波士尼亞與赫塞哥維納）等地之間有國際列車行駛。國內則有火車在歐協克、里耶卡、斯普利特等地之間行駛。

●巴士

有聯結歐洲主要城市的國際路線。而國內各城市間的路線網也很完善。

●從里耶卡出發

火車：所需時間約3小時30分。1天4班

巴士：所需時間約2小時30分。1小時1～3班

●從普萊維斯十六湖國家公園出發

巴士：所需時間約3小時。1天10班

●從札達爾出發

巴士：所需時間約4小時。1天20班

●從斯普利特出發

飛機：所需時間約45分。1天3～8班

火車：所需時間約6～8小時。1天4班

巴士：所需時間約6小時。1小時2～6班

●從杜布羅夫尼克出發

飛機：所需時間約1小時。1天3～5班

巴士：所需時間約10小時。1天10班

## 城市概略

札格雷布是克羅埃西亞的首都同時也是最大都市。這座城市剛好位於聯結中歐及亞得里亞海的交通要衝上，占有國政主導地位。

札格雷布的起源是建立於鄰近山丘上、名喚卡普托Kaptol及格拉戴茲（現在叫作格魯尼格拉德Gornji Grad）的2座城市。尚且是在匈牙利統治底下的1094年，當時匈牙利國王拉斯洛一世在卡普托設置了主教區，卡普托這名字才開始載於史冊。1242年，匈牙利國王貝拉四世宣布格拉戴茲成為王國自由都市，進而帶動了工商繁榮。這雙城在相互競爭下發展並於1850年合併，後再改名為札格雷布，進而成為克羅埃西亞的中樞。現今，山丘上的城（舊城區）稱為上城，政府機關或文化設施大多設在此區。

隨著始於1860年鐵路的建設，上城南邊的一座名喚格魯尼格拉德Gornji Grad的新市街於是開始發展。井然有序如同棋盤的街衢上座落著美術館、博物館等文化設施，咖啡店、餐廳、廣場及公園等也像雨後春筍般一一出現，發展得相當蓬勃。1991年，克羅埃西亞獨立，札格雷布便成為名符其實的首都了。人口直逼100萬人，近年來國際性商業活動也都這裡舉辦，這都市不僅在國內，甚至於在巴爾幹半島一帶也已躍居中樞地位，持續不斷向前邁進。

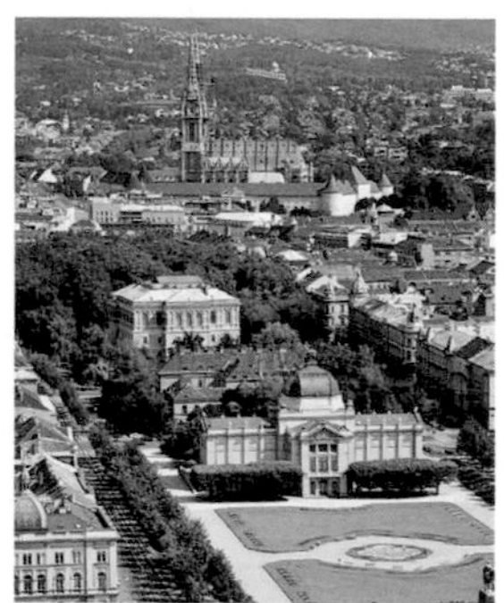

從新市街望向上城方面。
照片來源／©克羅埃西亞政府觀光局

## 到達札格雷布後前往市區

### 搭飛機抵達

札格雷布國際機場Zracna Luka Zagreb（又稱Pleso）是空中運輸的大門。這機場位於從札格雷布中心地區往南約17公里、開車30分鐘的地方。國內線及國際線的入境、出境都設在1樓。也同樣在1樓出發。

大廳裡有札格雷布銀行及支援國際現金卡的ATM且可以換錢。也有其它像郵局、租車公司的受理櫃台及咖啡廳等設施。

從機場前往市區可利用以下的接駁公車或計程車。

**■接駁公車**

克羅埃西亞航空的巴士往返於機場及札格雷布中心地區東南方的長途巴士總站Autobusni Korodvor之間。走出入境大廳，就會看到車體上寫著Croalian Airlino的大型巴士等候著客人，確認目的地後就可以向司機購買車票。

從機場前往巴士總站在7:00～20:00之間，每隔30分～1小時會有1班車，一共行駛24個班次。除此以外的時間則有配合飛機抵達時間行駛的巴士。

從巴士總站前往機場則是在4:30～20:00之間，每隔30分～1小時會有1班車，一共行駛30個班次。週一、日的最後一班會在21:00開出。

路程所需時間約30分。單程全票30Kn。

從長途巴士總站要前往中央車站或市中心搭路面電車較快。到中央車站約需5分。要前往耶拉齊洽廣場Trg Bana Josip Jelačića等，市中心地區約需10分。

此外，也有從機場直達里耶卡的巴士。

**■計程車**

一出入境大廳正面出口的右手邊就看得到計程車在排隊等客人。車資採跳表制。到市內的車資基本上約200Kn～230kn（依公司而異）。週六、日及夜間（22:00～凌晨5:00）會加收2成。

### 搭火車抵達

前往札格雷布的火車全部都會停靠中央車站Zagreb Glavni Kolodvor。特徵是非常有克羅埃西亞火車中心車站的莊嚴外觀。車站裡設有克羅埃西亞國鐵的相關資訊櫃台、售票處、兌幣處及ATM等。正面出口就面對著托米斯拉夫廣場Trg Kralja Tomislava，再往北徒步走個15分鐘左右便是市中心耶拉齊洽廣場。搭路面電車的話就只要5分鐘。

接駁巴士往返於札格雷布及長途巴士總站之間，相當方便。

**●札格雷布國際機場**
☎01-4562170
HP http://www.zagreb-airport.hr
●機場內的兌幣處
札格雷布銀行Zagrebačka Bank
營7:00～21:00　休無
郵局Hrvatska Pošta
營8:00～19:00　休無

●接駁巴士
☎ 01-6331999
HP http://www.plesoprijevoz.hr
●機場→里耶卡
1天1班（15:30），單程全票150Kn

❶機場內沒有行李寄放處。不妨利用中央車站及長途巴士總站的行李寄放處。

**●札格雷布中央車站**
MAP●隨身地圖-10、p.32-F
☎ 01-3782532
HP http://www.hzpp.hr
●中央車站的行李寄放處
營24小時
費15～25kn、投幣式寄物櫃5Kn／4小時

中央車站就面對著托米斯拉夫廣場而建。

●UBER
UBER在札格雷布逐日擴大。2016年起引進固定收費，機場與市內之間的距離，南部為70Kn、北部為90Kn，可好好利用。
https://www.uber.com/cities/zagreb

## 搭巴士抵達

長途巴士會停靠位於市中心東南方的長途巴士總站Autobusni Kolodvor。建築物1樓是巴士出發暨抵達處。2樓則是售票處、兌幣處、觀光服務處及咖啡廳。從札格雷布國際機場出發的接駁巴士會停在建築物的北側。要前往機場的接駁巴士也同樣是從這裡出發。

從長途巴士總站到札格雷布中央車站步行約20分。搭乘經過巴士總站前方道路的路面電車則5分左右可抵達。面對巴士總站往右側行進的路面電車2號是往中央車站的；而路面電車6號則是會行經中央車站，開往耶拉齊洽廣場。在巴士總站的販售亭購買車票吧。

## 札格雷布的市內交通

### ■路面電車

路面電車路線幾乎涵蓋著札格雷布的市中心。總共有15條路線，從耶拉齊洽廣場到中央車站，或從中央車站到長途巴士總站等都非常方便。市內的大眾運輸系統是由札格雷布電氣路面鐵道（簡稱ZET）營運，車票是巴士、地軌式纜車通用。要事先在販售亭購買車票。1次票10Kn、1日票30Kn。記得一搭上路面電車就要到車尾的刻印機印上日期及時間。1次票可在90分鐘的有效時間內自由搭乘。儲值卡30Kn，每搭乘1次扣10Kn。也可在販售亭儲值，經常搭乘路面電車的話，可好好利用。

開往耶拉齊洽廣場的新型路面電車

### ■市巴士

要前往郊外的觀光地區或飯店時，搭乘市巴士會很方便。市巴士的主要出發暨停靠處在札格雷布中央車站的南側。要前往位於市區北部的米若哥耶墓園（→p.36），建議在聖母蒙召升天大教堂旁搭106路巴士。車票與路面電車通用。

### ■電纜車

纜車站「Uspinjača」就在伊利查Ilica街上，從這裡可搭往格魯尼格拉德Gornji Grad的山丘。纜車全長66公尺，高低差大約30公尺，據說是世界上最短的電纜車。由ZET營運，可用和路面電車及市公車共通的車票搭車。

### ■計程車

由於隨招隨停的計程車較少，不妨搭乘在中央車站、長途巴士總站或高級飯店待客的計程車。若想把車叫來某地點也有無線計程車滿足需求。車資採跳表制。起跳價是25Kn，以後每1公里跳8Kn。價格視公司不同而異。

國際巴士及機場巴士也都在此發抵。

**●長途巴士總站**
MAP●隨身地圖-12
☎ 06-0313333
HP http://www.akz.hr
●長途巴士總站的行李寄放處
營 24小時
費 1小時5Kn～

**●札格雷布電氣路面鐵道(ZET)**
☎ 01-3651555
HP http://www.zet.hr
1日乘車券30Kn
路面電車的行駛時間
營 4:00～24:00。0:00～4:00的深夜時間帶有深夜路面電車行駛。

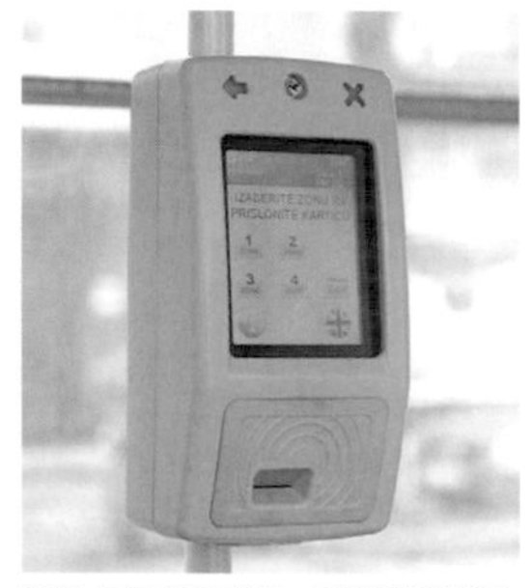

儲值卡在下方感應，車票則要插入票口印上日期及時間

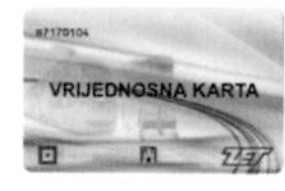


儲值卡比單程票便宜

市區巴士聯結著札格雷布中心地區及郊外。

**●地軌式纜車的運行時間**
營 6:30～22:00
費 單程全票4Kn

**●無線計程車**
☎ 970

## 街道魅力及遊逛方法

札格雷布的觀光重點是耶拉齊洽廣場Trg Bana Josipa Jelačića。廣場東邊設有觀光服務處，蒐集資訊相當方便。東西橫貫耶拉齊洽廣場南邊的是伊利查街Ilica。這條街裡盡是時尚咖啡館及店面。而廣場北邊的山丘（上城）其東邊是卡普托Kaptol地區、西邊稱為格魯尼格拉德Gornji Grad，兩區合起來就是札格雷布的舊市。聖母蒙召升天大教堂及聖馬可教堂等著名景點全在舊城區裡。在舊城區觀光，基本上都是徒步然後繞個半天就可以看完。想要從廣場前往舊城區不妨搭位於伊利查街上的電纜車。

耶拉齊洽廣場裡的觀光服務處。

從耶拉齊洽廣場一路上到中央車站之間有好幾座美術館及博物館，雖說走路15分鐘左右即達，但搭路面電車將更為方便省時。耶拉齊洽廣場周邊到處是市民休憩的咖啡館，走累了不妨把自己也當成札格雷布市民混進去歇歇腿。

傍晚時伊利查街的人潮。

### ⓘInformation

**觀光服務處（耶拉齊洽廣場）**
**Turistički Infomativni Centar**
MAP●隨身地圖-6、p.32-D
住 Trg Bana Josipa Jelačića 11
☎ 01-4814052
營 8:30～21:00（週六、日9:00～18:00）
休 無
HP http://www.zagreb-touristinfo.hr

**●札格雷布卡**Zagreb Card
路面電車、部分巴士、電纜車全都無限搭乘。美術館及博物館的門票、有合作關係的餐廳或商店裡的付款時也可以享有折扣優惠。可在觀光服務處及飯店購買。
費24小時60Kn、72小時90Kn

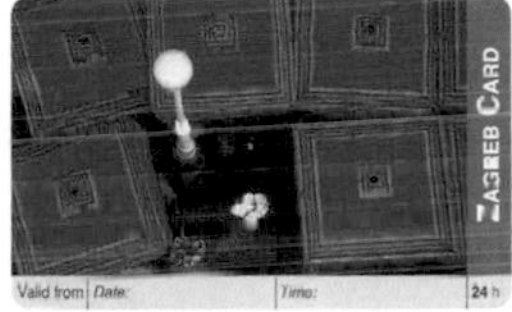

對於行動派觀光人士來說，有這張真是方便！

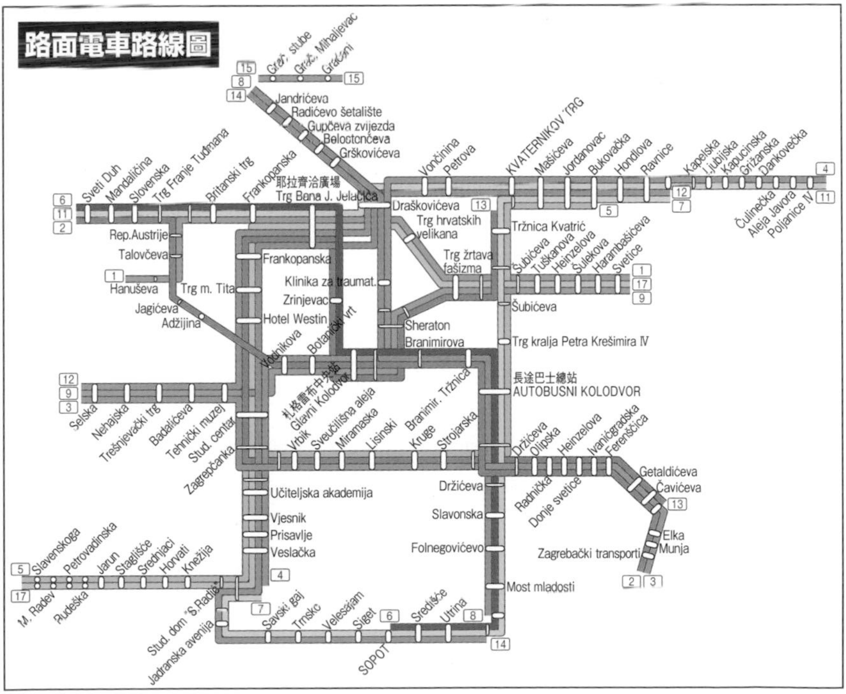

### 路面電車路線圖

耶拉齊洽廣場 Trg Bana J. Jelačića
Grač. stube, Grač. Mihaljevac, Gračani
Jandrićeva, Radićevo šetalište, Gupčeva zvijezda, Belostenčeva, Gškovićeva
Sveti Duh, Mandaličina, Slovenska, Trg Franje Tuđmana, Britanski trg, Frankopanska
Vončinina, Petrova, KVATERNIKOV TRG, Mašićeva, Jordanovac, Bukovačka, Hondlova, Ravnice, Kapelska, Ljubijska, Kapucinska, Grižanska, Dankovečka
Čulinečka, Aleja Javora, Poljanice IV
Draškovićeva, Trg hrvatskih velikana, Trg žrtava fašizma
Tržnica Kvatrić, Šubićeva, Tuškanova, Heinzelova, Šulekova, Harambašićeva, Svetice
Rep.Austrije, Talovčeva, Hanuševa, Trg m. Tita, Jagićeva, Adžijina
Frankopanska, Klinika za traumat., Zrinjevac, Hotel Westin, Vodnikova, Botanički vrt
Sheraton, Branimirova, Šubićeva, Trg kralja Petra Krešimira IV
長途巴士總站 AUTOBUSNI KOLODVOR
Selska, Nehajska, Trešnjevački trg, Badalićeva, Tehnički muzej, Stud. centar, Zagrepčanka
札格雷布中央站 Glavni Kolodvor, Vrbik, Sveučilišna aleja, Miramarska, Lisinski, Branimir. Tržnica, Kruge, Strojarska
Držićeva, Olipska, Heinzelova, Ivanićgradska, Ferenščica, Getaldićeva, Čavićeva, Elka, Munja
Radnička, Donje svetice, Zagrebački transporti
Učiteljska akademija, Vjesnik, Prisavlje, Veslačka
Držićeva, Slavonska, Folnegovićevo, Most mladosti
Slavenskoga, Petrovaradinska, Jarun, Stagliše, Srednjaci, Horvati, Knežija, M. Radev, Rudeška
Stud. dom "S.Radić", Jadranska avenija, Savski gaj, Trnsko, Velesajam, Siget, Središće, Utrina, SOPOT

札格雷布市中心
Zagreb Central
0
200m
N
A
B
C
D
E
F
往米若哥耶墓園
Groblje Mirogoj
札格雷布市立博物館
Muzej Grada Zagreba
格魯尼格拉德
Gornji Grad
自然史博物館
Hrvatski Prirodoslovni Muzaj
梅史托維奇的畫室
Atelijer Meštrović
聖馬可教堂
Sv. Marka Crkva
Trg Sv. Marka
石之門
Kamenita Vrata
克羅埃西亞歷史博物館
Hrvatski Povijesni Muzej
國立樸素派美術館
Hrvatski Muzaj Naivne Umjetnosti
卡普托
Kaptol
Adoriana Etno
往米若哥耶墓園106路巴士搭乘處
舊城區(上城區)
Baltazar
聖母蒙召升天大教堂
Katedrala Marijina Uznesenja
德拉茲廣場(果菜市場)
Tržnica Dolac
羅特爾休洽克塔
Kula Lotrščak
失戀博物館
Muzej Prekintih Veza
電纜車搭乘處
Stari Fijaker900
Slastičarnica Vincek
Jögerhorn
Nama
Aromatica
耶拉齊洽廣場
Trg Bana Josipa Jelačića
伊利查街 Ilica
Hotel Jadra
Petka Dubravica (麵包)
Choco bar Bonbonnière Kraš
Kavabica
ZET Office
Croata
F. Petrića
Bonbonnière Kraš
中央郵局
兌幣處
Cvjetni
花之廣場
P. Preradovića Trg
Millennium
Hotel Dubrovnik
Praška
札格雷布觀光服務處(耶拉齊洽廣場)
兌幣處
Restaurant Vinodol
Kavana & Restaurant Boban
Cafe Orient Express
Korčula
Deliiicije
Ribice i Tri Točkice
考古學博物館
Arheološki Muzej
Natura Croatica
札格雷布大學
Trg Šubića Zrinjskog
Old Town
Stan Arhitekta Viktora Kovačića
美術工藝博物館
Muzej za Umjetnost i Obrt
多尼格拉德
Donji Grad
新市街
克羅埃西亞國家劇院
Hrvatsko Narodno Kazalište
日本大使館
近代美術館藝廊
Moderna Galerija
Palace Hotel Zagreb
Strossmayerov Trg
民俗學博物館
Etnografski Muzej
Trg Braće Mažuranić
Sheration Hotel Zagreb
Best Western Premier Hotel Astoria
HI Hostel Zagreb
藝術展覽館
Marulićev Trg
托米斯拉夫廣場
Trg Kralja Tomislava
Arcotel Allegra Zagreb
Hotel Central
往長途巴士總站[Hotel Sliško]與
往[The Westin Zagreb]
往[Pub & Restaurant K. Pivovari]
Rokov Perovoj
植物園
Botanički Vrt
The Regent Esplanade Zagreb
電扶梯
郵局
Importanne Centar
地下道
札格雷布中央車站
觀光服務處
月台
市巴士搭乘處
Dubravkin Put
Basaričekova
Tuškanac
Demetrova
Opatička
Radićeva
Tkalčićeva
Jurjevska
Medvedgradska
Nova Ves
Medvešćak
Vinkovićeva
Ribnjak
Novakova
I. Gorana Kovačića
Mletačka
Visoka
Matoševa
Opatovina
Skalinska
Krvavi Most
Rubetićeva
Palmotićeva
Bakačeva
Pod Zidom
Splavnica
Dežmanova
Mesnička
Cesarčeva
Preobraž.
Margaret.
Bogovićeva
Jurišićeva
Draškovićeva
Račkoga
Frankopanska
Varšavska
Gundulićeva
Amruševa
Teslina
Dalmatinska
Masarykova
Berislavićeva
Gajeva
Preradovićeva
Đorđićeva
Petrinjska
Boškovićeva
Držislav
Hebrangova
Mislavo
Hatzova
Vukotinovićeva
Žerjavićeva
Kumičićeva
Haulikova
Šenoina
Vodnikova
Mihanovićeva
Branimiro
Runjaninova
Koturaška
Bednjanska
Miramarski Podvožnjak
Paromlinska

One Day Sightseeing

札格雷布內散布著新舊景點。路面電車跑在緩緩的坡道上，舊城區有著熱鬧又似乎帶點悠閒的氛圍。在這裡悠哉地走走遊逛也十分享受。

# 札格雷布 遊逛的 經典路線

SRART

耶拉齊洽廣場

步行3分

聖母蒙召升天大教堂

步行3分

德拉茲廣場（水果市場）

步行2分

石門

步行3分

聖馬可教堂

步行1分

國立樸素派美術館

步行1分

羅特爾休洽克塔

搭電纜車1分

耶拉齊洽廣場

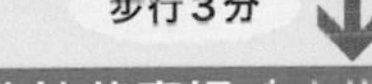

從市中心耶拉齊洽廣場爬坡前往卡普托地區。大教堂的象徵為參天的尖塔工程，現長期修復中。

位於大教堂西邊的德拉茲廣場每天都有水果市場熱鬧登場。看看札格雷布市民的生活日常吧。

石門位在卡普托地區及格魯尼格拉德地區之間。供奉著聖瑪莉亞肖像，信仰篤實的人所點的燭火不停搖曳。

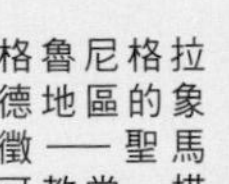

格魯尼格拉德地區的象徵——聖馬可教堂。描繪在屋頂上的徽章相當漂亮。只要有開放，就千萬別忘了入內參觀一下。

羅特爾休洽克塔位於舊城區及新市區的交界處。從塔的所在之處的山丘眺望市區，其漂亮自不待言，而塔頂的風光更是美上加美。

展覽著在中部克羅埃西亞及斯拉沃尼亞相當盛行的繪畫——樸素派Naive Art。

展館規模雖不大，但國內知名巨匠們的作品全都在這裡看得到。

## Sight Seeing 景點

### 耶拉其洽廣場
Trg Bana Josipa Jelačića
MAP p.32-D ●隨身地圖-6

這廣場位於札格雷布中心地區。咖啡店、餐廳及商店等如同包圍廣場似地四周林立，人聲鼎沸，經常是熱鬧滾滾。廣場裡矗立著活躍於19世紀的民族獨立運動先驅耶拉齊洽總督的騎馬鑄像；此外還有成為「札格雷布」此名稱由來的泉水遺址（現為噴水池）。

札格雷布的起源之泉

札格雷布市中心裡常有各種活動。



### 聖母蒙召升天大教堂
Katedrala Marijina Uznesenja
MAP p.32-D ●隨身地圖-7

交 耶拉齊洽廣場步行3分
住 Kaptol 31　☎ 1-4814727　營 0:00～17:00（週日、假日13:00～）休 無　費 免費

高度超過100公尺的雙尖塔讓人印象深刻，可謂是札格雷布的象徵。建造過程從13世紀一直延續到18世紀，1880年震災後以哥德式樣式重建。包圍大教堂的堅固城牆是1512年到1521年之間為準備奧斯曼王朝進軍而建，屬文藝復興樣式的寶貴建築遺產。

參天的雙塔。

### 德拉茲廣場（水果市場）
Tržnica Dolac
MAP p.32-D ●隨身地圖-6

交 耶拉齊洽廣場步行3分
住 Dolac　營 8:00～14:00（視店鋪而異）

從1926年開始便在德拉茲廣場開市的水果市場又稱為「札格雷布的胃」，深受市民喜愛。自克羅埃西亞各地集合於此的新鮮蔬菜、水果及各地特產等每天早上登場亮相，等待客人惠顧。廣場裡還有室內型魚市、耶拉齊洽廣場旁的花市等，光看看繞繞都很有意思。

攤販的鮮紅大陽傘是札格雷布的市容印象。

### 石門
Kamenita Vrata
MAP p.32-A ●隨身地圖-6

交 耶拉齊洽廣場步行7分

格魯尼格拉德地區於中世時原本由城牆包圍著，而城門中唯一留存至現在的就是這座石門。大門雖於1731年時因大火而燒毀，但由於聖母瑪莉亞的肖像（聖像）竟奇跡似地毫髮無傷出現在遺跡裡，故後來收到了祭壇裡。自此以來，石門的聖母瑪莉亞便成為札格雷布的守護聖人，每年5月31日在石門這地方都會盛大舉行聖母瑪莉亞的慶典。

居民對著肖像祈福。

石門就位在聖喬治聖像對面。

## 聖馬可教堂
Sv. Marka Crkva

MAP p.32-A ●隨身地圖-6

交 耶拉齊洽廣場步行10分
住 Trg Sv. Marka ☎ 01-4851611 營 7:00～8:00、10:00～12:00、17:00～18:30 休 無 費 免費

這座教堂據說建於13世紀。用彩色磁磚描繪出來的馬賽克屋頂為其特徵，右邊的是札格雷布的市徽，左邊則是克羅埃西亞王國、達爾馬提亞地區及斯拉沃尼亞地區的徽章。教堂內部還收藏著克羅埃西亞雕刻家伊凡．梅史托維奇Ivan Meštrovic的作品。

這座教堂的磁磚屋頂裝飾相當漂亮、可愛。

## 羅特爾休洽克塔
Kula Lotrščak

MAP p.32-C ●隨身地圖-6

交 耶拉齊洽廣場步行10分
住 Strossmayerovo Šetalište 9 ☎ 1-4851768
營 9:00～19:00（週六、日10:00～）
休 不定休 費 全票20Kn

建於格魯尼格拉德山丘，是以往的瞭望塔。位於格魯尼．格拉德及新市區交界處，從塔頂眺望出去的景色堪稱絕景。塔本身從1877年開始每天中午都會發射大砲。響徹札格雷布的巨大聲音會嚇您一跳吧？塔所聳立的山丘及山麓間由短短的電纜車聯結，每隔10分鐘1班往返。單程不到1分鐘就到，千萬別錯過！

中午報時的砲聲。

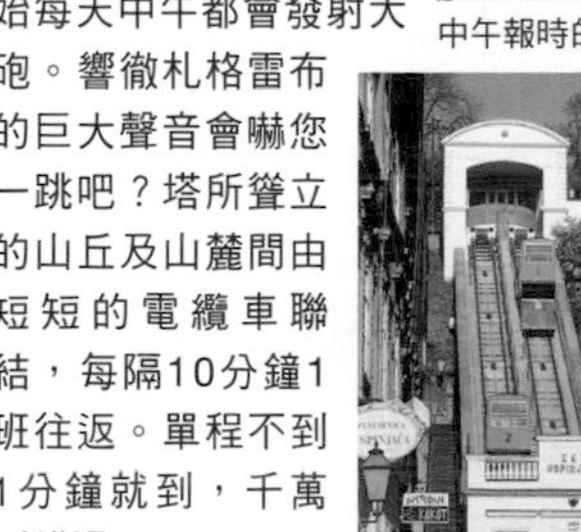

聯結山丘及山麓的小小交通工具。

## 國立樸素派美術館
Hrvatski Muzaj Naivne Umjetnosti

MAP p.32-A ●隨身地圖-6

交 耶拉齊洽廣場步行10分 住 Sv. Ćirila i Metoda 3 ☎ 01-4851911 營 10:00～18:00（週日～13:00） 休 假日 費 全票25Kn、學生票15Kn

這座美術館展出在克羅埃西亞相當受歡迎的樸素派畫作。美術館本身規模雖小，但館藏卻相當豐富，包含從1930年代初期到80年代為止的約80件代表性作品。除了看得到被稱為「胡雷畢內村派」的克羅埃西亞樸素派重鎮的作品外，其他傑出之作也等您前來欣賞。

享譽國內外畫家的作品及立體作品琳瑯滿目。

## 札格雷布市立博物館
Muzej Grada Zagreba

MAP p.32-A ●隨身地圖-2

交 耶拉齊洽廣場步行12分 住 Opatička 20 ☎ 01-4851361 營 10:00～18:00（週六11:00～19:00、週日～14:00） 休 週一 費 全票30Kn、學生票20Kn

介紹札格雷布歷史的博物館。於札格雷布挖掘到的史前時代土器、中世繪畫及擺設品等都依年代展覽，可一窺札格雷布的演進過程。而有關市標──聖母蒙召大教堂及聖馬可教堂歷史的展覽及依時代變遷而不斷改變的市街的樣子也都做成模型忠實再現。寬廣的館內有許多值得看的地方。

獨特的展覽讓人瞭解札格雷布的過去與現在。

## 梅史托維奇的畫室

Atelijer Meštrović　**MAP p.32-A**　●隨身地圖-2

交 耶拉齊洽廣場步行12分　住 Mletačka 8　☎ 01-4851123　營 10:00～18:00（週六、日～14:00）　休 週一、假日　費 全票30Kn、學生票15Kn

此藝廊改建自世界知名的克羅埃西亞雕刻家——伊凡・梅史托維奇（1883-1962）於1922年到1942年作為畫室兼住家使用的建築。展示許多以神話、宗教等為題材，由大理石、銅，或木頭雕刻而成的作品。斯普利特也有展出梅史托維奇作品的美術館（→請見p.96）。

陳列著代表克羅埃西亞的雕刻家作品

## 米若哥耶墓園

Groblja Mirogoj　**MAP p.32-B外**　●隨身地圖-2外

交 靠近聖母蒙召升天大教堂的Kaptol巴士站搭106路約10分，Mirogoj下車即到　住 Mirogoj 10　營 6:00～20:00（冬季7:30～18:00）　休 無　費 免費

由經手修復聖馬可教堂等札格雷布市內多處建築的赫曼・波雷Herman Bolle打造出的外牆，是此公園墓地的特徵。拱頂迴廊和馬賽克磚裝飾的地板相當漂亮，被譽為「歐洲最美的墓園」。國內外多位偉人長眠在此。

入口的巨蛋穹頂與拱廊十分漂亮

## 考古學博物館

Arheološki Muzej　**MAP p.32-D**　●隨身地圖-6

交 耶拉齊洽廣場步行5分　住 Trg Šubića Zrinskog 19　☎ 01-4873101　營 10:00～18:00（週四～20:00、週日～13:00）　休 週一、假日　費 全票20Kn、學生票10Kn

展出國內各地挖掘的史前土器及石器。斯拉沃尼亞地區的夫可瓦爾Vukovar近郊出土的西元前3000年的鳩型土器（20Kn紙鈔的圖案），以及被稱為「不幸的普拉烏提爾」的羅馬時代雕像，十分有名。還有法老王棺槨等有關古埃及的展覽。

## 民俗學博物館

Etnografski Muzej　**MAP p.32-E**　●隨身地圖-6

交 耶拉齊洽廣場步行10分
住 Trg Mažuranića 14　☎ 01-4826220
營 10:00～18:00（週六、日～13:00）　休 週一、假日
費 全票20Kn、學生票15Kn

此博物館以介紹生活用品、樂器等克羅埃西亞傳統的生活型態及文化為主。民族服飾與織品的展覽品也十分豐富。

### 想知道更多！ CROATIA

**心形零食——裡脆塔**

走在札格雷布街頭，就會發現家家戶戶或店舖簷下的紅色心型裝飾。這是札格雷布及克羅埃西亞中部的傳統零食（工藝品），名為「裡脆塔Licitar」，是在要向親近的人表達愛意或祝福時的贈禮。這其實是將加了蜂蜜的麵團固定成心型後再加以裝飾的薑餅，所以真的可以拿來吃。現在已成為札格雷布的伴手禮，並有各種不同的形狀。

裝飾在店鋪前的裡脆塔

http://www.licitar.hr

# Shopping 購　物

不愧為克羅埃西亞的首都，商店數量及種類都很豐富。耶拉齊洽廣場、大教堂、果菜市場周邊有許多伴手禮店。

## Aromatica

化妝品

V M D A J

MAP p.32-D
●隨身地圖-7

**天然美妝製造商的直營店**

位於聖母蒙召升天大教堂附近，是天然美妝製造商的直營店。不傷肌膚的護手霜35Kn、添加薰衣草或巧克力的香皂30Kn等很多人會買來當伴手禮。在羅維尼和科爾丘拉也有分店。

住 Vlaška 7　☎ 01-4811584　營 8:00～21:00（週日9～20時）
休 無

## Natura Croatica

食品

V M D A J

MAP p.32-C
●隨身地圖-6

**克羅埃西亞各地名產應有盡有**

伊斯特拉半島的松露、達爾馬提亞地區的葡萄酒及橄欖油等，小小的店裡擺滿克羅埃西亞各地的名產。札格雷布名產——胡椒餅乾29Kn～，以及被稱為黑色鑽石的黑松露罐頭69Kn～都很搶手。

住 Petra Preradovićeva 8　☎ 01-4855076　營 9:00～21:00（週六10:00～16:00）　休 週日、假日

## Bonbonnière Kraš

巧克力

V M D A

MAP p.32-D
●隨身地圖-6

**克羅埃西亞具代表性的老字號零食店**

位在耶拉齊洽廣場對面。牛軋糖巧克力「Bajadera」及長期熱銷的巧克力餅乾「Domaćica」非常受歡迎。也可秤重購買。

住 Trg Bana Josipa Jelačića 12　☎ 01-4810443　營 8:00～20:00（週六～15:00）　休 週日

## Croata

領帶

V M D A J

MAP p.32-C
●隨身地圖-6

**克羅埃西亞・領帶總店**

位在面向伊利查街的拱廊商場內。除了絹絲製的高級領帶400Kn～、Y領襯衫、袖扣、錢包等商品，也有販售女用絲巾及包包。

住 Ilica 5　☎ 01-6457052　營 8:00～20:00（週六～15:00）
休 週日

# Restaurant 餐 廳

札格雷布的餐廳種類很多，除了有提供亞得里亞海的海鮮及義大利菜的餐廳之外，還有中部克羅埃西亞及斯拉沃尼亞地區的家鄉菜餐廳等等，首都才有的豐富美味。不但好吃，價格也相對平易近人。

## Stari Fijaker 900

克羅埃西亞菜

V M D A J

MAP p.32-C ●隨身地圖-6

**在當地從古早就廣受顧客喜愛的鄉土菜餚餐廳**

2010年時是第一家獲得克羅埃西亞政府觀光局認證為「傳統菜餚推薦餐廳」的店家。用經濟實惠的價格提供以克羅埃西亞中部和斯拉沃尼亞地區為主的菜餚。店內的名菜是札格雷布風炸肉排Zagrebački Odrezak 80Kn。

住 Mesnička 6　☎ 01-4833829　營 11:00～23:00（週日、假日～22:00）　休 無　預算 50～200Kn

## KorČula

海鮮

V M D A J

MAP p.32-C ●隨身地圖-6

**札格雷布首屈一指的海鮮餐廳**

以亞得里亞海海鮮為主，還吃得到達爾馬提亞地區的菜色。人氣菜單是長臂蝦燉飯90Kn及焗烤章魚馬鈴薯125Kn等。

住 Teslina 17　☎ 01-4872159　營 11:00～23:00　休 無　預算 90Kn～

## Kavana & Restaurant Boban

義大利菜

V M D A J

MAP p.32-D ●隨身地圖-6

**紅磚造的拱型天花板讓人印象深刻**

克羅埃西亞前足球國手Boban老家所經營的古典氣氛餐廳。招牌菜是燉飯，共有海鮮、烏賊墨汁及蘑菇3種。面對大街的咖啡館氣氛也很到位。

住 Gajeva 9　☎ 01-4811549　營 11:00～23:00　休 無　預算 50～100Kn

## Restaurant Vinodol

克羅埃西亞菜

V M D

MAP p.32-C ●隨身地圖-6

**要吃傳統美食Peka來這裡就對了**

羔羊及小牛肉等肉類菜色在地型的美味很受好評。用碳火加熱的鐵鍋來蒸烤的傳統美食Peka88Kn就是這家店的招牌菜，由於大多在下午就會售罄，所以建議最好事前訂位。

住 Teslina 10　☎ 01-4811427　營 10:00～24:30　休 無　預算 50～180Kn

## Cafe Orient Express

咖啡酒吧

不接受刷卡

MAP p.32-C

●隨身地圖-6

### 以豪華列車——東方快車為主題

店裡從桌椅到廁所，處處採用富有光澤的鑲崁木工藝裝飾，流淌著優美又經典的氛圍。令人有就像身在東方快車車廂內的錯覺。BGM是舒適好聽的70～80年代美式音樂，店內可吸菸這點也讓人感受到時代的氣氛。夏天會在店前擺出露天座位，從一早到深夜都有常客光顧，十分熱鬧。咖啡12Kn、義式濃縮咖啡9Kn。

住 Teslina 10 ☎ 098-725245 營 7:30～24:00（週日12:00～23:00） 休 無 預算 10Kn～

## Pub & Restaurant K Pivovari

克羅埃西亞菜

V M A

MAP p.32-C外

●隨身地圖-5外

### 由國內具代表性的啤酒公司經營

位於札格雷布的啤酒——Ozujsko工廠旁。在這裡能品嘗到使用黑啤酒製作的肉類菜餚及蛋糕。在耶拉齊洽廣場搭6、11號路面電車於Mandaličina下車即到。

住 Ilica 222 ☎ 01-3751808 營 8:00～24:00（週五、六～翌4:00、週日9:00～17:00） 休 無 預算 80Kn～

## Choco Bar Bonbonnière Kraš

咖啡廳

V M D

MAP p.32-C

●隨身地圖-6

### 老字號巧克力・精品咖啡

Kraš公司（→p.37）所經營的咖啡館。特製巧克力飲品其甜度之濃厚就連愛吃甜食的人都咋舌。菜單全都有圖片，一看就懂。蛋糕、聖代等應有盡有。

住 Ilica 15 ☎ 01-4876362 營 8:00～22:00 休 週日 預算 25Kn～

## SlastiČarnica Vincek

咖啡廳

不接受刷卡

MAP p.32-C

●隨身地圖-6

### 市內擁有好幾家分店的西點店

面向伊利查街的咖啡廳，有提拉米蘇12Kn、分量滿滿的聖代25Kn～等，平實價格深具魅力。成為女士們喜愛的聚集場所。

住 Ilica 18 ☎ 01-4833612 營 8:30～23:00 休 週日、假日 預算 15Kn～

# Hotel 飯店

從國際性連鎖型高級飯店、廉價商務飯店到青年旅館全都在札格雷布找得到，住宿型態齊全，應有盡有。落腳札格雷布，每人每晚加收7Kn（€1）的觀光稅。

## Esplanade Zagreb Hotel

V M D A

MAP p.32-E
●隨身地圖-10

### 令人回憶往昔的宮殿般居所

1925年為豪華列車東方快車的乘客而蓋的、歷史悠久的飯店，擁有莊嚴的外觀及現代化設備。包含地中海菜色在內備有4種餐廳供住客選擇。

住 Mihanoviceva 1　☎ 01-4566666　FAX 01-4566050
費 T/€112～　208間　HP http://www.esplanade.hr

## Palace Hotel Zagreb

V M D A J

MAP p.32-F
●隨身地圖-6

### 分享傳統與現代的高級感

位於可俯看廣場及林蔭大道的靜謐環境裡，於1907年開幕的老字號。具有歷史感的外觀及用古色古香的擺設裝點的大廳讓人印象深刻。洋溢懷舊氣息的客房機能性也強。

住 Trg Josipa Jurja Strossmayera 10　☎ 01-4899600
FAX 01-4811357　費 S/€90～、T/€105～　118間
HP http://www.palace.hr

## Hotel Dubrovnik

V M D A

MAP p.32-D
●隨身地圖-6

### 兼具1929年創業時的傳統與嶄新

矗立在耶拉齊洽廣場的一隅，地理位置極佳。分成有整面落地窗的摩登新館及面對廣場的古典舊館，舊館的1樓還進駐連當地民眾都愛來的咖啡館。

住 Ljudevita Gaja 1　☎ 01-4863555　FAX 01-4863550
費 S/€85～、T/€92～　245間
HP http://www.hotel-dubrovnik.hr

## Arcotel Allegra

V M D A J

MAP p.32-F
●隨身地圖-11

### 中央車站及客運總站都在附近

路面電車停靠站Branimirova站就在眼前。以地中海生活為主題的裝飾是又清爽又時尚。也準備了能吃到各國料理的餐廳。

住 Branimirova 29　☎ 01-4696000　FAX 01-4696096
費 S/T/€67～　150間　HP http://www.arcotelhotels.com

## Hotel Jadran

V M D A　　MAP p.32-D　●隨身地圖-7

### 設定為商務用途的實惠飯店

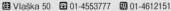

外觀給人感覺簡潔典雅。近年整修後，內部裝潢變得洗鍊高雅。從中央車站可搭乘會經過飯店前方的4號路面電車。步行5分抵達耶拉齊洽廣場，交通也蠻方便的。

住 Vlaška 50　☎ 01-4553777　FAX 01-4612151
費 T/€62～　49間　HP http://www.hotel-jadran.com.hr

## Hotel Central

V M D A　　MAP p.32-F　●隨身地圖-11

### 觀光、商務及交通都方便

路面電車就從眼前行駛而過，也可立即步行到中央車站，地理位置極佳。新家具齊全的客房簡便又好用。有電腦租賃服務，輸入密碼可以自由使用WiFi。

住 Kneza Branimira 3　☎ 01-4841122　FAX 01-4841304
費 S/€60、T/€75　76間　HP http://www.hotel-central.hr

## Hotel Sliško

V M D A J　　MAP p.32-F外　●隨身地圖-12

### 對於要搭巴士的人而言位置極佳

距長途巴士總站200公尺，不管是一大早要出發還是半夜才到達都相當方便。由於位於住宅區內所以環境靜謐，客房也相當乾淨。

住 Dunićeva 3　☎ 01-6184777　FAX 01-6194223
費 S/€56、T/€70　49間　HP http://www.slisko.hr

## Omladinski Hostel

V M　　MAP p.32-F　●隨身地圖-11

### 地點位在中央車站步行 3 分之處

雖然這裡沒有早餐可吃，但附近有超市，十分方便。房間和浴室都很乾淨。員工態度也很友善。也有附專用浴室的房間。

住 Petrinjska 77　☎ 01-4841261　FAX 01-4841269
費 S/€24.7～、T/€32.8～、多人房/€10.30～　214床
HP http://www.hfhs.hr

### 可電話預約的飯店

**Sheraton Hotel Zagreb**

MAP p.32-F　●隨身地圖-11
免付費 0120-003535
住 Kneza Borne 2
☎ 01-4553535　FAX 01-4553035
費 S/T/€135～　306間
HP http://www.sheratonzagreb.com

**The Westin Zagreb**

MAP p.32-E外　●隨身地圖-9
免付費 0120-925956
住 Izidora Kršnjavoga 1
☎ 01-4892000　FAX 01-4892001
費 S/T/€115～　385間
HP http://www.westinzagreb.com

**Hotel Astoria Zagreb**

MAP p.32-F　●隨身地圖-11
免付費 0120-563200
住 Petrinjska 71
☎ 01-4808900　FAX 01-4808908
費 S/€80～、T/€106～　102間
HP http://www.hotelastoria.hr

搭巴士不到1小時，
卻飄盪著不同的風情，
充滿魅力的小鎮


# 前往品嘗名點——可蕾姆舒尼堤…薩摩波爾

Samobor

MAP p.6-F

●前往薩摩波爾
●從札格雷布出發
巴士：所需時間約40分。
1小時1～3班

**ⓘInformation**

**薩摩波爾觀光服務處**
**Turistički Informativni Centar**
住 Trg Kralja Tomislava 5
☎ 01-3360044
營 8:00～17:00（週六9:00～、週日10:00～）
休 無
HP http://www.tz-samobor.hr

位在托米斯拉夫廣場上的觀光服務處

**U Prolazu**
住 Trg Kralja Tomislava 5
☎ 01-3366420
營 7:00～23:00
休 無
費 可蕾姆舒尼堤8 Kn

味道濃郁的薩摩波爾著名甜點

## 這小鎮留存著古樸的克羅埃西亞

薩摩波爾的中心地區托米斯拉夫廣場

薩摩波爾位於札格雷布西邊約20公里處、受大自然環抱的丘陵地帶。13世紀繁華一時的市區及恬靜的風情正是所謂「古樸的克羅埃西亞」的氣氛。光是在留存中世面貌的街上散步都很有趣，許多觀光客都會從札格雷布當天來回玩上一趟。一旦來到薩摩波爾，無論如何得嚐嚐的是當地著名點心Samoborske Kremšnite。而面對鎮上中心地區托米斯拉夫廣場的咖啡館「U Prolazu」其蛋糕相當有名，客人很多。

## 健行到山丘上的古城

聖安娜塔西亞教堂

薩摩波爾的西邊有處名喚「薩摩波丘」的丘陵地區。此區的自然景觀實在豐富，主要是平穩的山巒地形，深受想好好享受健行樂趣的遊客喜愛。其中有條輕鬆的路線很值得推薦，那就是到位在鎮上西邊山丘上的古城Stari Grad為止的路線。從托米斯拉夫廣場過了格拉多那河上的架橋後，經過廣場南邊的聖安娜塔西亞教堂便進入山路。爬上平緩的上坡約40分便來到蓋在山頂的古城山麓。從山路群樹間的縫隙可將薩摩波爾的可愛街景盡收眼底。

13世紀的古城廢墟。謝絕參觀

# 瑪利亞・比斯特利查

## Marija Bistorica

MAP p.6-F

巡禮者從世界各地來訪
克羅埃西亞數一數二的天主教朝聖地。
在山丘上和黑色聖母像面對面

## 吸引群眾的奇蹟聖母聖子像

安置於主祭壇的黑色聖母聖子像

瑪利亞・比斯特利查為克羅埃西亞的聖母信仰聖地。位於村落中心的瑪利亞・比斯特利查聖母教堂的主祭壇供俸著黑色聖母聖子像。人們受到此雕像屢次展現的奇蹟所吸引，每年約有85萬名朝聖者前來朝聖。週末禮拜時，會有眾多朝聖者從札格雷布周邊前來，擠滿教堂廣場。面對廣場的山丘被稱為「十字架之路」，斜坡路上排立著重現耶穌苦路14處的雕像。從山丘上望見的教堂與村落風景也十分美麗。

## 傳承地域文化的木頭玩具製作

教堂朝聖路線旁相連成排的攤販

瑪利亞・比斯特利查聖母教堂的朝聖路線上，有著相連成排的伴手禮攤販。除了聖母聖子像及禮拜商品之外，還有販售裡脆塔（→p.36）和木製玩具的專賣店。木製玩具是瑪利亞・比斯特利查的札格列地區傳統工藝品，還獲登錄為聯合國教科文組織的無形文化遺產。現在有20名左右的職人，製作出配色繽紛、裝飾可愛的家具、馬、笛、蝴蝶等木製玩具。滿溢著樸素與木頭溫潤感的玩具，也非常受到克羅埃西亞兒童的喜愛。可作為前往瑪利亞・比斯特利查禮拜的紀念。

攤位中陳列著多彩的木製玩具
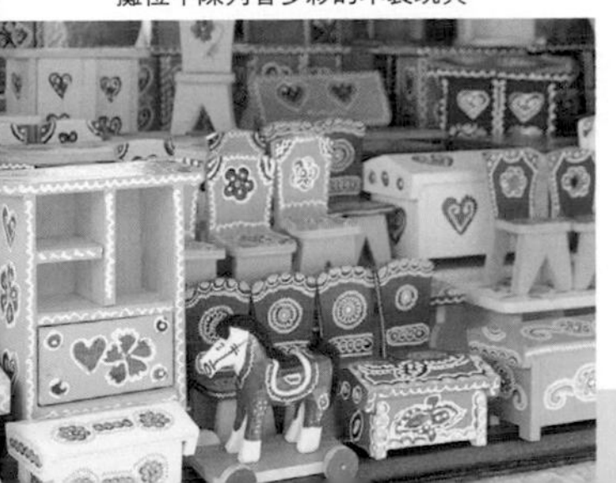

●前往瑪利亞・比斯特利查
●從札格雷布出發
巴士：搭乘往茲拉塔爾Zlatar的巴士，於瑪利亞・比斯特利查Marija Bistrica下車。所需時間1小時。1天10班（週六、日為5班）

**ⓘInformation**

**瑪利亞・比斯特利查觀光服務處所**
**Turistička Zajednica Općine Marija Bistrica**
住 Zagrebačka bb
☎ 049-468380
營 7:00～17:00
休 週六、日
HP http://www.marija-bistrica.hr/

**瑪利亞・比斯特利查聖母教會**
**Majke Božje Bistričke**
禮拜時間
週一～週五10:30、18:00
週六10:30或11:00、18:00
週日、假日7:30、9:00、11:00、16:00或18:00
HP http://www.svetiste-mbb.hr

一群扛著聖母聖子像的朝聖者

華麗的巴洛克之都

# 瓦拉日丁

MAP p.6-B **Varaždin**

●前往瓦拉日丁
●從札格雷布出發
火車：所需時間2～3小時。
1天12班
巴士：所需時間約2小時。
1天9班

**ⓘInformation**

**觀光服務處**
**Turističko Informativni Centar**
MAP p.44
住 Ivana Padovca 3
☎ 042-210987
營 8:00～16:00（週六10:00～13:00）
休 週日、冬季的週六
HP http://www.tourism-varazdin.hr

觀光服務處也走巴洛克風

**休邦翠爾．嘉年華**
**Špancirfest**
HP http://www.spancirfest.com

**巴洛克之夜**
**Barokne Večeri**
HP http://www.vbv.hr

巴洛克之夜的演唱會
照片提供／©Koncertni ured Varaždin

## 城市概略

瓦拉日丁位於札格雷布北邊約80公里處，是聯結札格雷布、維也納及布達佩斯的重要通商道路，以商業城之姿也曾繁盛一時。13世紀初變成王國自由都市後其經濟便急劇發展，隨即修築碉堡，進而成為中部克羅埃西亞的經濟、軍事中心。18世紀時也曾短暫擔任克羅埃西亞首都一職，其間多數貴族在此購地，蓋出許多巴洛克風宮殿及教堂，而之所以這裡會被稱為「巴洛克之都」，也就不言而喻了。目前這裡的工藝及貿易相當發達，繁榮景象和往昔比起來一點都不遜色。

城市中心為托米斯拉夫廣場。每天7時～13時會有市場，人多又熱鬧。市政廳位於廣場北側，是城市的象徵建築。正門有衛兵站崗，4～9月的每週六11時到正午會有衛兵交接儀式。建議可以此處為中心，遊逛史塔利格拉德、昆蟲博物館及宮殿等景點。

位於廣場一角的市政廳

瓦拉日丁於夏末會有兩個活動登場。一個是8月下旬～9月初的「休邦翠爾．嘉年華Špancirfest」，是具傳統的露天音樂節慶，市內廣場或路上會有各種演奏或舞蹈表演。而9月登場亮相的則是「巴洛克之夜Barokne Večeri」，是古典音樂節慶，歌手或演奏家會打扮成中世紀感覺的造型，舉辦演唱會或搬出一齣齣歌劇，整個鎮全籠罩在中世紀氣氛裡。

# Sight Seeing 景點

## 史塔利格拉德

Stari Grad

MAP p.44

交 托米斯拉夫廣場步行5分
住 Strossmayerovo Šetalište 7　☎ 042-658773
營 9:00～17:00（週一、假日～13:00）　休 週六、日　費 全票25Kn、學生票15Kn

這城塞位於鎮的西北邊，建於13世紀。堪稱瓦拉日丁最古老的建築，現以瓦拉日丁市立博物館文化・歷史部之姿開放參觀。文藝復興、巴洛克、洛可可、裝飾美術等各時代樣式的擺設把房間裝點得美侖美奐，相當值得一看。

座落碉堡中心的白牆城堡

## 昆蟲博物館（海爾翠宮）

Entomološka Zbirka (Palača Hercer)

MAP p.44

交 托米斯拉夫廣場步行3分　住 Franjevački Trg 6
☎ 042-658760　營 9:00～17:00（週六、日～13:00）
休 週一、假日　費 全票25Kn、學生票15Kn

這宮殿建於1791年。入口處就看得到以郵務致富的海爾翠家族的石製家徽。當地的生物老師庫薩克自1990年起擁有這座宮殿，自此便搖身一變成為昆蟲博物館，固定展出他的昆蟲蒐集。4500種以上的標本及照片等展覽品依昆蟲生態整理，堪稱是歐洲最美麗的館藏。

視為瓦拉日丁市立博物館的昆蟲博物館開放參觀

# Hotel 飯店

8月下旬～9月音樂節時人會相當多，最好提早訂房。

## Hotel Turist

V M D A

MAP p.44

**規模堪稱瓦拉日丁最大**

設備完善的現代化飯店。餐廳不用說，美容室、ATM、酒吧、賭場等應有盡有。客房全可以免費Wi-Fi上網。到長途巴士總站走路也只要5分鐘。

住 Aleja Kralja Zvonimira 1　☎ 042-395395　FAX 042-215028
費 S/330Kn～、T/660Kn～　109間
HP http://www.hotel-turist.hr

## Hotel Varaždin

V M D A

MAP p.44

**小而整潔的可愛飯店**

這家小巧飯店座落在瓦拉日丁車站前面。規模雖不大，但基本設備可是一樣不缺。客房、餐廳在在洋溢溫馨氣氛。

住 Kolodvorska 19
☎ 042-290720　FAX 042-201915
費 S/388Kn～、T/576Kn～　30間
HP http://www.hotelvarazdin.com

美麗的巴洛克式城市景觀

# 歐協克

MAP p.7-H **Osijek**

●前往歐協克
●從札格雷布出發
火車：所需時間4～5小時30分。1天5班
巴士：所需時間4小時。1天9班
●從斯普利特出發
飛機：所需時間約55分鐘。1週1班（僅夏季）
●從杜布羅夫尼克出發
飛機：所需時間約1小時。1週1班（僅夏季）



**ⓘInformation**

**歐協克觀光局**
**Turistička Zajednica Grada Osijeka**
MAP p.46
住 IŽupanijska 2
☎ 031-203755
營 8:00～20:00（週六～12:00）
休 週日
HP http://www.tzosijek.hr

**歐協克觀光服務處（托夫爾札）**
**Turistička Informativni Centar**
MAP p.46
住 Trg Sv. Trojstva 5
☎ 031-210120
營 10:00～16:00（週六9:00～13:00）
休 週日

**歐協克路面電車**
☎ 031-228300
HP http://www.gpp-osijek.com
1次票
區間1 35Kn
區間2 35Kn

## 城市概略

受多瑙河、多拉瓦河及薩瓦河等大河環繞而形成肥沃大地的斯拉沃尼亞地區。中樞都市地位的歐協克是沿著多拉瓦河而建設，自17世紀末便受到哈布斯堡帝國占領影響故而呈現出奧地利及匈牙利風格建築樣式及飲食文化。哈布斯堡帝國時代的碉堡都市——托夫爾札Tvrđa及其他巴洛克風格街衢本身就是景點。

值得前往一看的景點有以安提斯塔爾維奇廣場Trg Ante Starčevića為中心的聖西蒙．保羅教堂、托夫爾札舊城區等。從火車站及長途巴士總站雖可徒步前往市區或托夫爾札地區，但搭路面電車會更方便。另外，歐協克也是通往周邊各地的交通要衝，搭火車可前往札可沃Đakovo及夫可瓦爾Vukovar等斯拉沃尼亞地區的城市以及匈牙利等國。

# Sight Seeing 景點

## 聖西蒙・保羅大教堂
Župa Sv. Petra i Pavla
MAP p.46

交 安提斯塔爾維奇廣場即到
住 Pavla Pejačevića 營 8:00～12:00（7、8月的週六11:00～12:00）、15:00～18:00（7、8月16:00～） 休 9～6月週六下午

建造於19世紀末的新哥德式教堂。位於市區中心，高90公尺、看來格外醒目的尖塔僅次於札格雷布聖母蒙召大教堂，乃克羅埃西亞第2高。

紅磚色的外觀令人印象深刻

## 托夫爾札
Tvrđa
MAP p.46

交 安提斯塔爾維奇廣場搭1號路面電車3分

歐協克的舊城區。18世紀前半整設成軍事碉堡。整設當初是兼具城市與軍事碉堡功能的區域，不過在軍事地位的重要性下降時，軍用設施便轉型為公共機關和大學。區域中心的托羅依斯托夫廣場Trg Sv. Trojstva中間立有三位一體雕像。保存狀態良好的巴洛克風格建築宛如包圍廣場似地櫛比鱗次，營造出美麗的街區。散步時順道去看看斯洛沃尼亞博物館Muzej Slavonije和考古學博物館Arheološki muzej等處吧。

托羅依斯托夫廣場是歷史重鎮托夫爾札的中心

# EXCURSION

## 札可沃
Đakovo
MAP p.7-H

### 夏天的風物詩──傳統民俗秀

札可沃這小鎮位於歐協克西南方約37公里處。聖西蒙・保羅大教堂（札可沃大教堂）除了是鎮上的地標外更是斯拉沃尼亞地區最重要的教堂。每年6月下旬～7月上旬都會舉行名喚Đakovački vezovi的傳統民俗秀。穿著斯拉沃尼亞各地民族服飾的人們聚集起來又唱又跳，儼然就是一大慶典。

大教堂是札可沃的地標

交 歐協克有密集的電車與巴士前往札可沃。所需時間約45分

## 科帕丘基利特自然公園
Park Prirode Kopački Rit
MAP p.7-H

### 面積之大傲視歐洲的野鳥樂園

位於歐協克東北邊約12公里，多納夫河及多拉瓦河匯流處約2.4平方公里的濕地（入園費10Kn）。白尾海鵰、東方白鸛等稀少種及其他大約300種的野鳥、鹿、山豬等動物等都在這裡棲息。濕地可搭周遊船遊覽（約1小時）。從歐協克出發的巴士由於只到鄰鎮比列Bilje而已，所以不妨參加旅遊團從歐協克出發，或者是騎腳踏車會比較方便。

這濕地讓鳥類也不禁歌頌野生之美

交 於歐協克的市內巴士搭乘處，搭往比列的巴士，於比列Bilje下車，步行約50分。

# Restaurant 餐廳

## Restoran Kod Ruže

克羅埃西亞菜

V M D A

MAP p.46

**在建於1758年的建築裡享用斯拉沃尼亞菜**

2007年開幕。掛在牆上的舊照片、古代的陶器、厚實的木桌等裝潢在在讓人感到歷史的悠遠。忠實再現一如往昔的家常菜美味，相當受歡迎。克羅埃西亞的銘酒種類也很豐富。

住 Kuhačeva 25a ☎ 031-206066 營 10:00～23:00（週四～六為～翌1:00、週日10:00～16:00） 休 無 預算 99Kn～

## Slavonska Kuča

克羅埃西亞菜

V M D A

MAP p.46

**位於舊城區的家庭式家鄉菜**

忠實再現斯拉沃尼亞地區古早時代民藝風的餐廳氣氛。透過魚或豬肉享受用季節食材作成的傳統美味。炸狗魚65Kn等。

住 Kamila Firingera 26a ☎ 031-369955
營 10:00～23:00（週五、六為～翌1:00） 休 無 預算 35～80Kn

# Hotel 飯店

## Hotel Waldinger

V M D A

MAP p.46

**外觀洋溢19世紀美好年代的氣氛**

位於聖西蒙．保羅大教堂附近，建築物本身呈現新藝術派風格。儘管洋溢歐洲古色古香的氣息，但三溫暖及健身房等現代化設備可是一樣也不少。鋪酒紅色地毯的客房相當有質感，身心得以安頓。另附設大眾化的公寓式飯店。

住 Županijska 8 ☎ 031-250450 FAX 031-250453
費 S/550Kn～、T/750Kn～ 16間
HP http://www.waldinger.hr

## Hotel Vila Ariston

V M D A

MAP p.46

**時髦的設計深獲好評**

距歐協克車站相當近。取花的名字且走淺色調的客房裡配置著手工製作的義式家俱。正因為是家族企業底下的小小飯店，所以真的很有居家氣氛。

住 Zrinjevac, Kačićeva 6 ☎ 031-251351 FAX 031-251350
費 S/525Kn～、T/678Kn～ 10間
HP http://www.hotelaristonosijek.hr

# 克瓦內爾地區及伊斯特拉半島

以港埠都市里耶卡為中樞的克瓦內爾地區裡，有歐帕蒂雅及羅夫蘭等高級度假勝地。伊斯特拉半島其義大利風味濃的沿岸，及走中歐風的內陸區，兩者間的對比讓人難以忘懷。

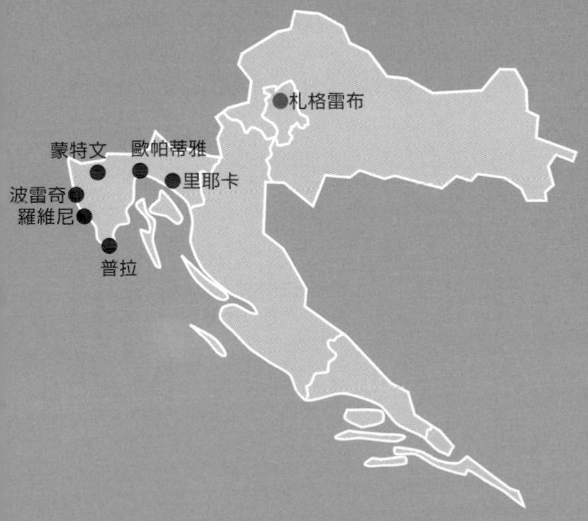

大船如織的港都

# 里耶卡

MAP p.6-E **Rijeka**

●前往里耶卡
●從札格雷布出發
火車：所需時間3小時30分～4小時30分。1天5班
巴士：所需時間約3小時。1小時1～2班
●從斯普利特出發
巴士：所需時間約8小時。1天8班
船：所需時間約11小時。1週2班（僅夏季）

**ⓘInformation**

**觀光服務處**
**Turistički Informativni Centar**
MAP p.51-A
住 Korzo 14　☎ 051-335882
營 8:00～20:00（週日、假日～14:00、冬季～19:30、冬季的週六～13:30）
休 冬季的週日
HP http://www.tz-rijeka.hr

黃色鐘塔乃是市標

## 城市概略

里耶卡是克瓦內爾地區的中樞都市，位於伊斯特拉半島根部，擁有克羅埃西亞國內最大的貿易港，而整體排名第3大。里耶卡用克羅埃西亞語來說就是「河」的意思，表示這都市一開始是在南北流經整個都市的里切納河Rječina河口發展起來的。15世紀時以哈布斯堡帝國的貿易港之姿蓬勃發展起來，故街上盡是奧地利或匈牙利風格等具有威嚴感的建築物。

里耶卡的主要街道是科佐街Korzo，裡面有很多家咖啡館及商品，全長400公尺，同時也是行人徒步區。街上仍保留了原本蓋在城門上的黃色鐘塔Gradski Toranj，儼然是座市標。從位於中心位置的公共廣場Trg Republike Hrvatske可搭巴士前往歐帕蒂雅及羅夫蘭方向；而從沿著港邊走的海濱大道──里瓦大道Riva也有巴士負責載客至托爾薩特地區。

里耶卡的港灣裡有克羅埃西亞最大汽船公司Jadrolinija的總公司坐鎮。以里耶卡為起點停靠亞得里亞海各島海港，同時又可一路到杜布羅夫尼克全程享受搭船旅行的樂趣，真的很棒！

里耶卡的繁華大街──科佐街。觀光服務處也在這裡

# Sight Seeing 景點

## 聖維特大教堂

Katedrala Sv. Vida MAP p.51-A

交 科佐街鐘塔步行3分 住 Trg Grivica 11
☎ 051-330879 營 6:00～17:00（週六～12:00、週日9:00～13:00）。6～8月6:00～19:00（週日9:00～18:00） 休 無 費 免費

供奉里耶卡的守護聖者──聖維特的圓型古老教堂。基於主祭壇裡的基督受難像碰到石頭便出血來的傳說，這座教堂又被稱為「奇蹟教堂」。基督像的旁邊裝飾著該傳說中的石頭，而流出來的鮮血也用小瓶子保管著。

也畫在100Kn紙鈔上，可謂代表克羅埃西亞的教堂

## 托爾薩特城

Trsatska Gradina MAP p.51-B

交 Riva巴士站搭2路巴士約10分，於Trsat下車
住 Trsat 營 9:00～24:00
休 假日 費 免費

古都──托爾提卡的凱爾特人在城市的北邊山丘上（即現在的托爾薩特地區）蓋了座碉堡。中世時又於該碉堡上蓋了座城，19世紀時便改建成目前的樣子。這裡經常於夏夜舉辦演唱會或戲劇等活動。從城上可將里耶卡的市區及克瓦內爾灣的美景盡收眼底。

看得到各時代的建築樣式

坐鎮城邑上的雞頭蛇身怪獸──巴基里斯克

## 托爾薩特聖母教堂

Crkva Gospe Trsatske

MAP p.51-B

交 Riva巴士站搭2路巴士約10分，Crkva Trsat下車
住 Trsat　☎ 051-452900　費 免費

和聖維特教堂並稱「奇蹟教堂」。建於托爾薩特山丘上的聖母之家據說是1291年時由天使從帕雷斯奇納的納札雷搬來的。房子本身於1294年消失後，雖出現在義大利安科納附近的羅雷特村，但留有這個傳說的里耶卡依然吸引了大量的朝聖者。虔誠的信徒會跪拜著去爬長達500多階的佩塔爾・克爾集奇階梯Trsatske Stube Petra Kruzica進行禮拜。

教堂正面矗立著前羅馬教宗的像，他正虔誠祝禱

## 海洋・歷史博物館

Pomorski i Povijesni Muzej Hrvatskog Primorja

MAP p.51-A

交 科佐街鐘塔步行7分
住 Muzejski Trg 1　☎ 051-213578
營 9:00～20:00（週一～16:00、週日16:00～）
休 假日　費 全票15Kn

除了主要展示船模型、海圖的海洋部門外還有歷史、民俗及考古學等部門，是一座綜合性博物館。建築物是於19世紀末由匈牙利建築家一手打造的宮殿，堪稱里耶卡最美的建築。占地內緊鄰里耶卡市立博物館Muzej Grade Rijeke，主要展覽美術品及工藝品等企劃展。

館内中央部の吹き抜けも見事

## 自然史博物館

Prirodoslovni Muzej

MAP p.51-A

交 科佐街鐘塔步行8分　住 Lorenov prolaz 1
☎ 051-553669　營 9:00～19:00（週日～15:00）
休 假日　費 全票10Kn、學生票5Kn

1876年設立的小型博物館，展出和克瓦內爾地區及亞得里亞海的海洋生物、昆蟲、動植物、礦物等相關資料，連鯊魚及翻車魚等大型魚種的標本也在館藏之列。另附設小型水族館及植物園。

## 皮克波克電腦博物館

Peek & Poke

MAP p.51-A

交 科佐街鐘塔步行5分　住 Ivana Grohovca 2
☎ 091-7805709、051-562100
營 預約開館　費 全票20Kn

2007年開幕，在克羅埃西亞十分稀有的電腦博物館。展出許多1960年代的舊型電腦及計算機等具有年代的電腦相關物品。還有1995年發售的任天堂3D遊戲機──VIRTUAL BOY。參觀要事先預約。

### 想知道更多！ CROATIA

**整座城市都在扮裝遊行**
**里耶卡嘉年華**

遊行在科佐街上的扮裝團體之一

里耶卡最為熱鬧的時節是每年1月底～2月舉行的嘉年華。為慶祝春天造訪而設的這個慶典除了會舉辦嘉年華女王選拔外，連日還會有小孩們組成的遊行隊伍、舞會等活動。而最後一天的扮裝遊行主會場就在科佐街。扮裝的人們及大型花車的隊伍綿延長達3公里，可謂是慶典的最高潮。

里耶卡嘉年華 Riječki Karneval
HP http://www.ri-karneval.com.hr
照片提供／©Turistička Zajednica Grada Rijeke

# Restaurant 餐廳

## Zlatna Školjka

海鮮

V M D A　MAP p.51-A

### 里耶卡第一的呼聲極高

連在地人都推薦，是里耶卡首屈一指的義大利餐館。菜色以亞得里亞海的海鮮為主，從科佐街彎進小路後就在盡頭。價格稍稍偏貴。

住 Kruzna 12　☎ 051-213782　營 11:00～23:00　休 週日
預算 120Kn～

## Konoba Nebuloza

海鮮

V M D A　MAP p.51-B

### 位於里耶切納河旁，時尚的人氣店家

在這裡能品嘗到新鮮海鮮與當地菜餚。菜單結合傳統與摩登，在當地廣受好評。視野良好的靠窗座位常排滿預約。俐落的服務與沉靜的氛圍也令人感到非常舒適。

住 Titov trg 2　☎ 051-374501　營 11:00～23:00　休 週日
預算 150Kn～

# Hotel 飯店

里耶卡中心地區的飯店數量不多。而嘉年華期間則人特別多，最好提早訂房。

## Grand Hotel Bonavia

V M D A　MAP p.51-A

### 位於舊城區，交通超方便的四星級飯店

雖是間於1876年開幕的老字號，但客房及設備都十分現代化，1樓還有餐廳。位於舊城區，到科佐街徒步約1分鐘即到，相當方便。頂樓可將港灣美景盡收眼底。

住 Dolac 4　☎ 051-357100　FAX 051-335969
費 S/€104～、T/€128～　121間
HP http://www.bonavia.hr

## Hotel Continental

V M D A　MAP p.51-B

### 可眺望運河、歷史悠久的老字號

位於通往港邊的運河沿岸。於2008年重新裝潢。到科佐街徒步約3分鐘，相當方便，人氣指數一直很高。位於1樓的咖啡店在夏天時會推出露天座位，格外熱鬧。

住 Šetalište Andrije Kačića Miošića 1　☎ 051-372008
FAX 051-372009　費 S/€72～、T/€90～　69間
HP http://www.jadran-hoteli.hr/

美麗的東歐海岸

# 歐帕蒂雅

MAP p.6-E **Opatija**

●前往歐帕蒂雅
●從札格雷布出發
巴士：所需時間約3小時。1天8班
●從里耶卡出發
巴士：從公共廣場搭32號巴士約30分鐘。
1小時1～3班

**ⓘInformation**

**歐帕蒂雅觀光服務處**
**Turistička Zajednica Grada Opatije**
MAP p.54-A
住 Maršala Tita 128
☎ 051-271310
營 8:00～21:00（週日11:00～20:00）冬季營業時間會縮短
休 冬季的週六、日
HP http://www.opatija-tourism.hr

歐帕蒂雅的鄰鎮羅夫蘭的舊城區。有些人家門扉上還留著浮雕

## 城市概略

歐帕蒂雅位於里耶卡西邊大約13公里，是克羅埃西亞國內首屈一指的度假勝地。即使是冬天氣候都相當溫暖，難怪奧地利貴族自哈布斯堡帝國時代開始便在此蓋別墅。城市的主要道路奇托街Maršala Tita裡仍殘存19世紀的瀟灑度假村，其大多數現在都化身飯店對外營業。高雅的街景又稱為「克羅埃西亞海岸」或「克羅埃西亞貴婦」，吸引不少人前來。

在歐帕蒂雅有潛水與滑水等水上運動、釣魚和健行等戶外活動可供玩樂。市區裡有多家旅行社，會舉辦各種行程活動，不妨試著詢問看看。

來到歐帕蒂雅可別忘了玩玩潛水等水上活動或從事健行等活動。城裡有多家旅行社且提供各式各樣的旅遊團，不妨詢問看看。

從歐帕蒂雅再往南走約6公里便來到羅夫蘭Lovran，她也和歐帕蒂雅一樣是名聞遐爾的度假勝地，同時也是著名的栗子產地，每年10月分都會舉辦栗子節。從里耶卡有巴士經由歐帕蒂雅行駛到羅夫蘭。歐帕蒂雅到羅夫蘭的沿岸有觀光步道相連，可一邊眺望平坦的克瓦內爾灣邊散步，好不愜意。

山海之間盡是度假村

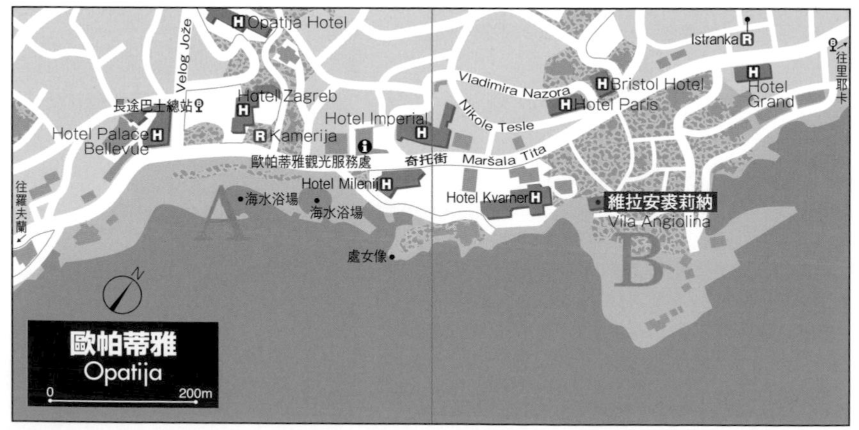

# Sight Seeing 景點

## 維拉安裘利納
Vila Angiolina

MAP p.54-B

交 長途巴士總站步行7分
住 Park Angiolina 4　營10:00～20:00(冬期～18:00)
休 週一　費免費

維拉安裘利納是歐帕蒂雅度假區的發祥地。1844年，里耶卡的富豪──伊集尼歐・斯卡爾巴在克瓦內爾地區的小漁村歐帕蒂雅蓋起別墅。據說在冠上妻子名字的海邊豪宅裡每每招待著奧地利的王公貴族及歐洲上流人士，進而打響歐帕蒂雅名聲。別墅前的庭園種植著船員從世界各地帶回來的異國植物。

館內有展覽照片等資料

# Restaurant 餐廳

## Istranka
克羅埃西亞菜

V M　MAP p.54-B

**裝潢相當可愛的家鄉菜專賣店**

吃得到克瓦內爾地區及伊斯特拉半島的家鄉菜。除了手桿義大利麵Fuzi外，章魚沙拉55Kn及各種排餐70Kn等，菜色應有盡有。

住 Bože Milanovića 2　☎ 051-271835　營10:00～23:00
休 無　預算70Kn

# Hotel 飯店

## Hotel Milenij

V M D A　MAP p.54-A

**簡直像住在貴族住的宮殿**

算是歐帕蒂雅最高等級的飯店。海水浴場就在旁邊，泳池及三溫暖等飯店內設備也相當完善。客房寬闊裝潢又高雅，深受度蜜月的佳偶們喜愛。

住 Maršala Tita 109　☎ 051-278007
FAX 051-278021　費S/€96～、T/€144～　99間
HP http://www.milenijhoteli.hr

## Hotel Kvarner

V M D A　MAP p.54-B

**可眺望亞得里亞海的歐帕蒂雅最古老飯店**

建於1880年的古典外觀及裝潢令人印象深刻。離海水浴場及維拉・安裘利納公園很近。在2014年經過整修，設備也整備得很摩登。

住 P. Tomašića 2　☎ 051-271233　FAX 051-271202
費S/€64～、T/€62～　86間　HP http://www.liburnia.hr

古羅馬遺跡長眠於此

# 普拉

MAP p.6-I **Pula**



●前往普拉
●從札格雷布出發
飛機：由克羅埃西亞航空營運。所需時間約45分、1天1～2班。機場～長途巴士總站之間有配合飛機起降的班次。
巴士：所需時間4～5小時、1天4～6班
●從里耶卡出發
巴士：所需時間約2小時，1天14班
●也有從義大利的第里雅斯特、威尼斯等地出發的國際巴士。

●從舊城區欲前往維爾黛拉地區可搭2A號巴士約10分鐘

前往維爾黛拉地區的2A號巴士

**ⓘInformation**

**普拉觀光服務處**
**Turistički Informativni Centar**
MAP p.57-A
住 Forum 3
☎ 052-219197
營 8:00～22:00（冬季9:00～16:00）
休 無休
HP http://www.pulainfo.hr

## 城市概略

伊斯特拉半島長期受到威尼斯共和國統治，而街景及飲食文化則洋溢濃濃義大利味。位於伊斯特拉半島先端的普拉是享譽三千年歷史的亞得里亞海東岸最古老的城市。自古便是行政中心的這件事由遍布市內的遺跡便可得到證明。

普拉自西元前177年被羅馬人征服後便以港都之姿繁榮一時。西元1世紀興建的圓形劇場（羅馬競技場）、神殿、大門、市牆等古羅馬遺跡仍在市內展現風貌。12～18世紀時原本受到威尼斯共和國統治，但當共和國一垮台竟又受到其他國家覬覦，一直處於你爭我奪的情況。多樣化歷史的結果，普拉便成為地中海、中歐文化及語言融合的特異之地，為何擅長外語的居民如此之多便不言而喻了。

主要的觀光名勝是圓形劇場及史跡錯落四處的舊城區。羅馬時代的公共廣場「佛拉姆Forum」就是舊城區的重點廣場，裡面還保存著奧古斯都神殿及建於13世紀的市政廳。原本有十座城門，目前只剩塞爾基門、赫拉克雷斯門及雙子門。

位於舊城區南邊的半島上有多家度假飯店、美麗海灘及公園，稱為維爾黛拉區Verudela，和舊城區間有市公車行駛，交通很方便，無論如何一定要前來逛逛。

聳立於舊城區的塞爾基門，亦稱為黃金之門

# Sight Seeing 景 點

## 圓形劇場
Amfiteater

MAP p.57-B

交 佛拉姆廣場步行12分　住 Amfiteaterska Ul.
☎ 052-219028　營 8:00～20:30（冬季9:00～19:00）
休 無　費 全票40Kn、學生票20Kn

建於西元1世紀的圓形劇場乃是普拉的市標。以往這裡是鬥劍士及獅子們廝殺的羅馬競技場，現在則用來舉辦演唱會及當作電影節的會場使用，最大可容納5000人，規模約是同時期羅馬圓形劇場的二分之一。

也經常當作電影節的會場使用

## 奧古斯都神殿
Augustov Hram

MAP p.57-A

交 佛拉姆廣場即到　住 Forum
☎ 052-218603　營 9:00～21:00（週六、日10:00～15:00）　休 10月～復活節前日
費 全票10Kn、學生票5Kn

這座神殿就面對著佛拉姆廣場，正面有4根、旁邊有2根柯林特式列柱，相當美麗，是西元前2年到西元後14年時為羅馬第一代皇帝奧古斯都的治世而興建。這神殿同時也進行基督教傳教，現在則大多當成考古學博物館分館使用。

中世時也曾當作穀物糧倉使用

普拉
Pula
0　100m
N
往普拉車站
Hotel Riviera
Ul. 43. Istlaske Divizije
長途巴士總站
Ul. Starih Statuta
Hotel Scaletta
Riva
Flavijevska
往布里尤尼國家公園的船隻搭乘處
貨物線
圓形劇場
Amfiteater
Amfiteatarska Ul.
Istraska Ul.
貨物線
大教堂
Riva
Kandlerova Ul.
Carrarina
Hotel Amfiteatar
Teslina Ul.
Rakovčeva Ul.
Dolce Vita
雙子門
地下隧道
Podzemni Hodnici
Ul. Castropola
小劇場遺跡
奧古斯都神殿
Augustov Hram
伊斯特拉考古學博物館
Arheološki Muzej Istre
舊城區
市政廳
赫拉克雷斯門
佛拉姆
Forum
觀光服務處
伊斯特拉歷史博物館
Povijesni Muzej Istre
Sorso Wine Bar
Epulonova Ul.
Sergia Dobriča
往維爾德拉地區的2A路巴士站
Kunstcafe Cvajner
Hamo（名產品店）
Hotel Galija
Hotel Omir
Ul. Sergijevaca
塞爾基門
Slavoluk Sergijevaca
Zagrebačka Ul.
Caffe Bar Uliks
往維爾德拉地區

## 伊斯特拉考古學博物館

Arheološki Muzej Istre MAP p.57-B

交 佛拉姆廣場步行10分 住 Carrarina 3 ☎ 052-218603 營5～9月9:00～20:00（週日～15:00）、10～4月9:00～14:00 休 10～4月的週六、日 費全票20Kn、學生票10Kn

展出在伊斯特拉半島挖掘到的史前時代到中世時期出土文物。馬賽克地板、硬幣、壺及金屬製品琳瑯滿目，羅馬時代的館藏相當豐富。有時會推出圓形劇場及奧古斯都神殿的出土文物企劃展。

聳立在舊城區的山丘上

## 地下隧道

Podzemni Hodnici MAP p.57-B

交 佛拉姆廣場步行10分 住 Carrarina 3 ☎ 052-211566（伊斯特拉歷史博物館） 營 8:00～20:00（冬季～17:00） 休 無 費15Kn、學生票10Kn



建於哈布斯堡帝國時代，在戰爭時作為防空壕用的地下隧道。總長度達50km的地下隧道網絡遍布市內。現在在靠近雙子門的地方有個入口，開放長900m的部分隧道供一般民眾參觀。就算夏天，隧道內的溫度也會在20℃以下，十分舒適。

可參觀中央大廳等一部分的地下隧道

## 伊斯特拉歷史博物館

Povijesni Muzej Istre MAP p.57-A

交 佛拉姆廣場步行7分 住 Gradinski Uspon 6 ☎ 052-211566 營 8:00～21:00（冬季9:00～17:00） 休 無 費全票20Kn、學生票10Kn

為準備和奧斯曼帝國打仗而於1630年著手興建的城塞現在搖身一變成為博物館。主要展出中世到近代的海洋、軍事史料。位於舊城區山丘上，站在城牆邊便可將圓形劇場及普拉市區盡收眼底。

利用從前城塞改成的博物館。中央的塔是瞭望塔

EXCURSION

## 布里尤尼國家公園

Nacionalni Park Brijuni MAP p.6-E

**殘留羅馬遺跡、風光明媚的國家公園**

布里尤尼群島位於普拉西北方約7公里的海面上。由14座大大小小的島嶼組成，彎曲的海岸線及豐富的動植物實在魅力十足。自古羅馬時代開始，普拉的王公貴族便在這裡蓋別墅，也留下不少神殿及教堂遺址。就度假勝地來看此地的歷史也很悠久，前南斯拉夫聯邦的國父──奇托Josip Broz Tito的避暑山莊也在此地。

目前有2座島開放遊客參觀，夏季時，普拉過來的遊覽船真是數不勝數。

綠意盎然的島嶼上散布著古羅馬時代的遺跡

交 參加旅行社從普拉出發的行程。

# Restaurant 餐廳

松露、生火腿、海鮮、葡萄酒等伊斯特拉半島名產全都在這裡啦！

## Dolce Vita

海鮮

V M D A　MAP p.57-A

### 港邊的時尚餐廳

以義大利菜為基調但走克羅埃西亞風味的一道道佳餚。用當地食材作成的魚、肉料理及自製義大利餃、松露菜色等都很受歡迎。

住 Riva 2　☎ 052-219229　營 夏季10:00～24:00。冬季11:00～14:00、18:00～23:00（週日12:00～）　休 無　預算 80Kn～

## Caffe Bar Uliks

咖啡廳

不接受刷卡　MAP p.57-A

### 詹姆士・喬伊斯的銅像和你一起坐

氣氛古典，連當地居民都很愛光臨。店頭的露天咖啡座裡看得到往昔停留普拉一段時間的20世紀小說家詹姆士・喬伊斯座像。咖啡拿鐵8Kn。

住 Trg Portarata 1　☎ 052-219158　營 6:30～翌2:00（冬季的週五、六～翌2:00）　休 冬季的週日　預算 10Kn～

# Hotel 飯店

舊城區周邊散布著中小規模的飯店。夏季一定要預約。

## Hotel Amfiteatar

V M D A　MAP p.57-B

### 近距離眺望圓形劇場的好地點

位在普拉市中心、距圓形劇場約100m處的摩登精品飯店。裝潢簡潔，部分客房還能望見大海。飯店內有克羅埃西亞頂尖主廚經營的餐廳。

住 Amfiteatarska 6　☎ 052-375600　FAX 052-375601
費 €62～　18間　HP http://www.hotelamfiteatar.com/

## Hotel Galija

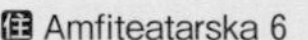

V M D　MAP p.57-B

### 房型種類豐富

靠近塞爾基門。客房舒適乾淨，有配置古董風家具的別緻客房，以及裝潢都會摩登的客房。在飯店內有免費Wi-Fi可用。飯店兼營的海鮮餐廳＆披薩店廣受好評。

住 Epulonova 3　☎ 052-383802　FAX 052-383804
費 S/€55～、T/€73～　27間　HP http://www.hotelgalija.hr

令人想起義大利的小港都

# 羅維尼

MAP p.6-E **Rovinj**

●前往羅維尼
●從札格雷布出發
巴士：所需時間5～6小時。1天4～5班
●從里耶卡出發
巴士：所需時間3小時。1天4～5班
●從普拉出發
巴士：所需時間約45分。1天9班。週六、日會減班

**ⓘInformation**

**羅維尼觀光服務處**
**Turisitčka Zajednica Rovinj**
MAP p.61-A
住 Pina Budicina 12
☎ 052-811566
營 8:00～22:00（冬季～15:00）
休 冬季的週日
HP http://www.tzgrovinj.hr

要從羅維尼前往里姆・菲尤爾德不妨參加旅行社的旅行團。從波雷奇也有出團

石砌的小碉堡Istarski Kažun。唯有在羅維尼周邊等伊斯特拉半島才常看得到

## 城市概略

羅維尼的浪漫街道在伊斯特拉半島很具有代表性

羅維尼位於普拉及波雷奇之間，面對著亞得里亞海，擁有伊斯特拉半島首屈一指的景觀，是一座如畫一般美麗的港都。羅維尼自13世紀一直到18世紀長達500年都被編制在威尼斯共和國下。即使到了近代，1918～47年間也仍在義大利統治底下，目前，這都市的人口約有1成是義大利系居民。當然，義大利語及克羅埃西亞語都是官方語言，招牌等等的也都用雙語標示。這城市用義大利語也叫作Rovigno。

舊城區從前是蓋在島岬上的城塞都市，之後便以港都之姿蓬勃發展，1763年時海峽被填平於是和本土相聯結，形成現在的半島。剛好位於往昔的海峽上的奇托廣場Trg M. Tita就相當於舊城區的入口。從廣場到聖尤菲米婭教堂所處的山丘一路上都是石板路。舊城區多是這種細細彎彎的小路，很難搞清楚自己到底身在何處。一來到位舊城區南邊的港口，視野便一下子寬廣起來，以聖尤菲米婭教堂的鐘樓為頂點平緩擴展的羅維尼市街盡在眼前。港邊盡是色彩鮮艷的建築以及搬出露天座位的餐廳，整個洋溢一種義大利港都風情。浮在羅維尼海面上的是著名的度假島嶼──聖凱瑟琳島Sv. Katarina，港邊的船塢有航班載客前往。到了對岸後，回首眺望羅維尼舊城區則又是另一番美景。

羅維尼北邊約5公里處有個名喚里姆・菲尤爾德Lim Fijord的溪谷，可在羅維尼參加旅遊團前往一遊。部分聯結普拉、羅維尼及波雷奇的巴士車班還會開到溪谷上面，車窗外美景一定讓您留連忘返。

寧靜的奇托廣場

# Sight Seeing 景點

## 巴爾畢門

Balbijev Luk

MAP p.61-B

交 奇托廣場即到　住 Trg Maršala Tita

羅維尼在威尼斯共和國時代受到由三座門所構成的市牆護衛。而奇托廣場裡至今還保存著建於1680年的巴爾畢門。門上尚且雕刻著威尼斯守護聖者「聖馬可之獅」像，顯示這裡曾經是威尼斯共和國的一部分。

聖馬可的獅子像

一穿過門便進入舊城區。細細彎彎的小巷綿延不絕

## 聖尤菲米婭教堂

Sv. Eufemija

MAP p.61-A

交 奇托廣場步行7分　住 Trg Sv. Eufemije
☎ 052-815615　營 10:00～17:00　休 不定休
費 免費（鐘樓為全票20Kn）

蓋在羅維尼舊城區山丘上的白牆教堂。其高60公尺的鐘樓堪稱伊斯特拉半島上最高，儼然成為羅維尼的市標。教堂裡安置著聖女尤菲米婭的棺槨。尤菲米婭在戴奧里先稱帝的時代受到迫害，在競技場裡被獅子咬死因而殉教。之後，尤菲米婭的棺槨竟突然間在羅維尼海面上出現，後被安置於山丘上的聖尤萊教堂，以後該教堂便改名為聖尤菲米婭教堂。描繪這段軼事的2張繪畫就裝飾在教堂深處。

描繪尤菲米婭殉教過程的繪畫

從教堂前的廣場眺望亞得里亞海也相當美麗

# Restaurant 餐廳

## Restaurant Dream

克羅埃西亞菜

V M D A

MAP p.61-B

**評為克羅埃西亞百大名店的餐廳**

就位在從海岸邊的馬路彎進來的巷子裡，專賣伊斯特拉半島的家鄉菜。烤長臂蝦168Kn～、自製松露義大利麵125Kn等，山珍海味應有盡有。

住 J. Rakovac 18　☎ 052-830613　營 12:00～22:00（7、8月～23:00）　休 冬季的週一　預算 85Kn～

## Gostilna La Vela

克羅埃西亞菜

V M D A

MAP p.61-B

**挑戰直徑48公分的巨無霸披薩！**

在地人氣名店！各式披薩40Kn～有海鮮及生火腿等口味，令人吮指回味樂無窮，也可以點一半一半，同時享受2種口味。巨無霸尺寸夠3～4個人吃。

住 Mazzini 1　☎ 052-841616　營11:00～23:00(冬季～22:00)　休 不定休　預算 60Kn～

# Hotel 飯店

**舊市街的飯店較少，夏天必須要預約。可以多加利用位在長途巴士總站南方的大型飯店與分布在東側的民宿。**

## Villa Valdibora

V M D A

MAP p.61-A

**摩登又舒適的床鋪房型**

改裝17世紀屋宅而成的藝術飯店。位於舊城區中央，環境安靜。除了一般客房之外，也有附有廚房的公寓型客房。有Wi-Fi可用。

住 Ul. S. Chiurco 8　☎ 052-845040　FAX 052-493305
費 S/€119～、T/€158～　11間
HP http://www.valdibora.com/

## Hotel Adriatic

V M D A

MAP p.61-B

**洋溢威尼斯風、市內歷史最悠久**

位於舊城區中心，面對著熱鬧的奇托廣場。具休閒風格的空間設計，海景房可將漁火點點的港灣盡收眼底。1樓還有深受當地居民喜愛的咖啡露台店進駐。

住 P. Budicin 16　☎ 052-803510　FAX 052-803520
費 €91　18間　HP http://www.maistra.com

金光閃閃的拜占庭式美術至寶

# 波雷奇

MAP p.6-E **Poreč**

## 城市概略

波雷奇是西元前2世紀～西元1世紀時興建於小小半島上的古羅馬城市，現在則以度假勝地之姿占有一席之地。於13世紀威尼斯共和國時代時被稱為帕蓮佐Parenzo，漸漸開始都市化，19世紀的哈布斯堡帝國時期則是伊斯特拉半島的縣都，負責地方行政。

波雷奇最大的景點是世界遺產尤弗拉西蘇斯聖殿。聖殿於4～5世紀時建造出原型，543～554年時由擔任波雷奇神父的尤弗拉西蘇斯於6世紀時重新打造。聖殿以兼具身廊與側廊的巴西利卡樣式建造，內牆盡是精緻的馬賽克裝飾。其中描繪於6世紀拜占庭帝國時代的「基督與十二門徒」及「天使報喜」等的馬賽克畫據說是現存初期拜占庭藝術中最高傑作，蔚為聖殿最大魅力。

舊城區的馬路及區劃都依照羅馬時代都市計劃建構。主要道路戴克馬努斯街Decumanus從東邊的自由廣場Trg Sloboda一路橫貫到到西邊的馬拉佛爾廣場Trg Marafor，上面的石板路想必從前的羅馬人民也都走過吧。馬路兩邊有「哥德之家」及「羅馬之家」等歷史性的宅邸，而五角形塔及地方博物館等景點也是錯落四處，醞釀出悠閒氣氛。海邊步道兩旁咖啡館及餐廳林立，已成為觀光步道，眺望著出入港口的船隻散散步，真是太愜意了。

戴克馬努斯街Decumanus的石板路

●前往波雷奇

●從札格雷布出發
巴士：所需時間4～6小時。1天3～4班

●從里耶卡出發
巴士：所需時間1小時30分。1天5～6班

●從普拉出發
巴士：所需時間1小時30分。1天3班

●從羅維尼出發
巴士：所需時間50分。1天4～5班

●也有國際巴士班次前往斯洛維尼亞的科佩爾、義大利的第里雅斯特。夏季甚至有船班開往威尼斯

**Information**

**波雷奇觀光服務處**
**Turistička Zajednica Poreč**
MAP p.63-B
住 Zagrebačka 9
☎ 052-451293
營 8:00～21:00（週二、三8:00～15:00、18:00～21:00、週日13:00～17:00），冬季營業時間會縮短
休 冬季的週日
HP http://www.to-porec.com

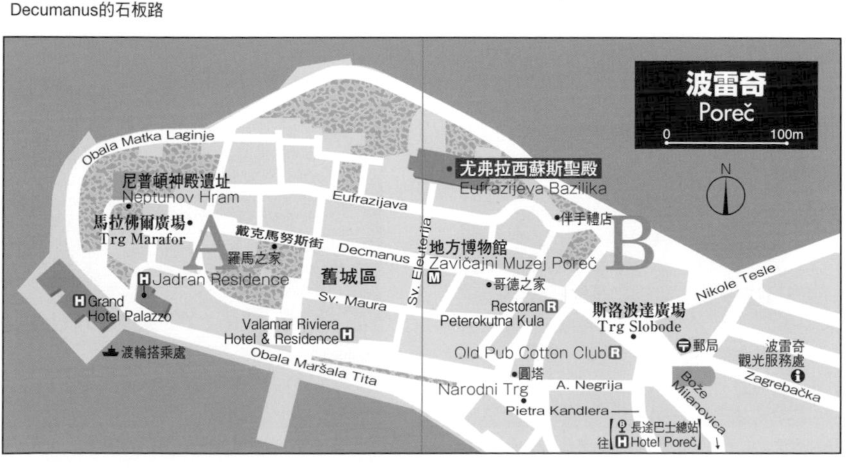

Sight Seeing 景點

## 尤弗拉西蘇斯聖殿

Eufrazijeva Bazilika　MAP p.63-B

交 斯洛波達廣場步行６分　住 Eufrazijeva　營 7:00～20:00（博物館與塔10:00～17:00）　休 無（博物館與塔為11～３月）　費 博物館與塔，全票各10Kn

這座聖殿於1997年註冊為世界文化遺產。聖殿內牆上精巧的馬賽克畫及浮雕相當引人矚目。一排排列柱最裡面就是金碧輝煌的莊嚴祭壇。有「奇波利晤姆」之稱且附天蓋的四腳祭壇及其後面就是用馬賽克繪成的聖母瑪利亞及興建教堂的尤弗拉西蘇斯等聖人畫像。和從後方陣地的窗子灑進來的陽光閃成金黃色，美到令人屏息。

聖殿旁邊就是博物館，展出古宗教畫作及馬賽克畫。遊客可爬上教堂的塔，將突出海面的波雷奇市及亞得里亞海盡收眼底。

從聖殿回廊眺望教堂的塔

精雕細琢的聖殿──奇波利晤姆及後方陣地

## 地方博物館

Zavičajni Muzej Poreč　MAP p.63-B

交 斯洛波達廣場步行５分　住 Decumanus 9
☎ 052-431585　營 8:00～16:00　休 週六、日
費 全票10Kn、學生票５Kn

這座博物館設立於1884年，是伊斯特拉半島上歷史最悠久的博物館。位於巴洛克樣式的申奇奇宮殿內，主要展出在波雷奇及其周邊挖掘到的文物，考古學上的要素相當強烈。館藏還包括羅馬時代雕像、石造祭壇、中世權貴者肖像及傢俱等。

博物館位於主要道路戴克馬努斯街旁

## 尼普頓神殿遺址

Neptunov Hram　MAP p.63-A

交 斯洛波達廣場步行10分　住 Trg Marafor
休 無　費 免費

位於波雷奇舊城區西邊山丘上、祭祀海神尼普頓的神殿遺跡。這神殿建於西元2世紀，部分牆垣及柱子仍保存著。神殿當時雖傲視亞得里亞海東部、規模首屈一指，但現在也只剩下斷垣殘壁。附近還有座馬爾斯神殿遺址。

神殿遺址就位於舊城區市郊住宅區後面

# Restaurant 餐廳

## Restoran Peterokutna Kula

海鮮

V M

MAP p.63-B

**在塔頂邊眺望舊市街邊享受優雅餐點**

聳立在舊城區入口的五角形塔裡有這麼一家餐廳。以魚、義大利麵及燉飯為主盡享伊斯特拉半島美食。塔內及頂樓都有座位，氣氛相當內斂。屋頂雖可眺望舊城區，但同時也得小心海鷗來搶食物哦！

住 Decumanus 1　☎ 052-451378　營12:00～24:00　休 冬季（11月～3月中旬）　預算 70Kn～

# Hotel 飯店

## Valamar Riviera Hotel & Residence

V M D A

MAP p.63-A

**位於舊城區，國內首屈一指的度假飯店**

這家近代化的飯店就位在舊城區海岸路邊。完善的健身設備及支援各種需求的服務人員等無微不至的服務據說是克羅埃西亞國內最高等級。附設2間時尚餐廳。11月～3月停業。

住 Obala Maršala Tita 15　☎ 052-465000　FAX 052-451440　費 S/€82～　105間　HP http://www.valamar.com

## Grand Hotel Palazzo

V M A

MAP p.63-A

**位於半島前端，地點寧靜**

從海景房陽台可望見亞得里亞海及波雷奇海上的聖尼可拉島。飯店有專用的室外泳池、面海的餐廳等，設備充實。服務人員友善又親切。12～1月不營業。

住 Obala Maršala Tita 24　☎ 052-858800　FAX 052-858801　費 S/€85～　74間　HP http://www.hotel-palazzo.hr

## Hotel Poreč

V M D A

MAP p.63-B外

**距舊城區很近、終年無休的方便型飯店**

長途巴士總站走路即到。環境綠意盎然又幽靜，從客房的陽台還看得見港口。在波雷奇地區算是經濟型的飯店，客房設備也較簡單。

住 Rade Končara 1　☎ FAX 052-451811　費 S/€45～、T/€64～　54間　HP http://www.hotelporec.com

# 前往尋找松露的美食之旅

# 蒙特文、利瓦德

## Motovun, Livade

MAP p.6-E

松露素有「黑鑽石」美譽，跑一趟伊斯特拉半島內陸地區，來這松露產地來個美食之旅

●前往蒙特文
●從波雷奇出發
巴士：由於沒有直達車，所以得在帕准Pazin換車。從帕准出發的車班是1天2班。週六、日停駛
●從普拉、里耶卡出發巴士同樣也只到帕准，所以得在帕准換車、租車或搭計程車



**ⓘInformation**

**蒙特文觀光服務處**
**Istra magica**
住 Trg Andrea Antico 1
☎ 052-681726
營 8:00～17:00
休 週六日、假日
HP http://tz-motovun.hr/

**蒙特文的餐廳**
**Konoba Mondo**
住 Barbakan 1
☎ 052-681791
營 12:00～15:30、18:00～22:00
休 冬季的週二、1～2月

●前往利瓦德
●由於沒有公共交通工具往返蒙特文及利瓦德之間，所以不妨租車或搭計程車

**利瓦德的餐廳**
**Restaurant Zigante**
住 Livade 7　☎ 052-664302
營 12:00～23:00（冬季～22:00）
休 無

## 松露森林裡的小城蒙特文

建於舊城區最高地的聖斯泰帕諾教堂

帕准Pazin是前往伊斯特拉半島內陸地區的玄關，從帕准搭車約半小時左右就會看到聳立著聖斯泰帕諾教堂Crkva su. Stjepana鐘樓、風光明媚的蒙特文山丘。山丘周圍盡是釀酒用的葡萄田，再外圍則是一片稱為「松露森林」的森林，專供採松露。爬上蒙特文舊城區徒峭的石板路便來到「Mondo」餐廳。這裡提供伊斯特拉半島名產——生義大麵「Fuži」灑松露。從城牆上的露天座位可將環抱蒙特文的山巒風景盡收眼底。

## 在高級餐廳盡享松露美味！

不僅高級，就連服務都屬一流

從蒙特文搭車約10分鐘即達鄰鎮利瓦德。利瓦德裡有家專做克羅埃西亞及義大利松露生意的Zigante公司所直營的餐廳，名字就叫作「Zigante」。這是家洋溢古典氣氛的高級餐廳，連餡餅及麵包都不惜本地用松露，整個來說儼然就是松露全餐，魅力無限。而點到自製義大利麵或烤小牛肉等主餐時，服務人員還會在旁表演把松露切薄片後再幫客人大量灑進餐點裡，深獲好評。記得要來嚐嚐味道濃郁的伊斯特拉半島逸品哦！

當場切片的松露香氣四溢

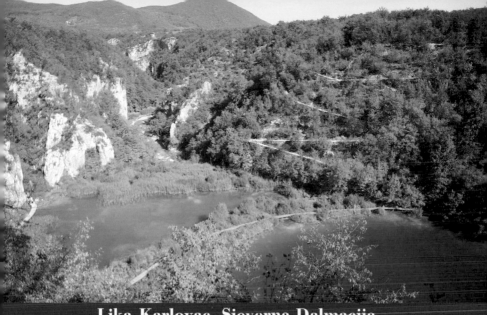

Lika-Karlovac, Sjeverna Dalmacija

# 里卡、卡爾洛瓦茨地區及達爾馬提亞地區北部

普萊維斯十六湖國家公園及擁有文藝復興城市——卡爾洛瓦茨的里卡卡爾洛瓦茨地區乃克羅埃西亞首屈一指的水鄉地帶。達爾馬提亞地區北部的札達爾及希貝尼克的教堂建築群都是著名景點。

翁鬱的森林及湛藍的湖泊競相華麗演出

# 普萊維斯十六湖國家公園

MAP p.6-J　Nacionalni Park Plitvička Jezera

●前往普萊維斯十六湖國家公園
●從札格雷布出發
巴士：所需時間2小時。1天7班
此外，從札格雷布開往札達爾、斯普利特等地的巴士也會在此停靠
●從卡爾洛瓦茨出發
巴士：所需時間1小時30分。1天7班
●從札達爾、斯普利特開往札格雷布等地的巴士也會在此停靠



**ⓘInformation**

**普萊維斯十六湖國家公園**
**Nacionalni Park Plitvička Jezera**
住 Plitvička Jezera
☎ 053-751015
營 7:00～20:00（春、秋季8:00～18:00、冬季8:00～16:00）
休 無（積雪多時關閉）
HP http://www.np-plitvicka-jezera.hr
普萊維斯十六湖國家公園門票
12～3月全票55Kn、4～6月及9～10月全票110Kn、7～8月全票180Kn
門票含電動船、電動巴士的費用

入口2距離公車站及飯店很近

## 公園概略

普萊維斯十六湖國家公園隸屬里卡地區、位於札格雷布南方約110公里處。喀斯特台地的溪谷裡有大小16個湖相連，共有92座瀑布。上游的上湖群及下游的下湖群間高度差最大達150公尺，水流形成湖泊、河川、瀑布或急湍等各種形態一起往科拉那河Korana流去。碧綠的湖泊及白色的溪谷創造出的傑出自然之美於1979年註冊為世界自然遺產。是目前克羅埃西亞的世界遺產中唯一的一座自然遺產，是和杜布羅夫尼克同享人氣的一大觀光勝地。

這極具特色的景觀是由某一帶地質所創造。喀斯特台地的石灰成分在水中沉澱，和稱為石灰花的堆積物質化合而形成天然的水壩涵養住湖水。一看湖底的植物及流木就會發現上面布滿石灰花。現階段的湖泊可是大自然花費數十萬年所營造出來的成果！

藉由石灰岩層而淨化的湖水其透明度真是高得驚人。悠游淺灘的鱒魚彷彿是飄在半空中。湖水呈現碧綠、淺綠、藍綠等各種色調。根據水中的礦物質及有機物質量的增減、日照角度的不同而千變萬化、風情萬種的湖水，其表情委實耐人尋味。受翁鬱森林覆蓋的一帶棲息著珍貴動物及鳥類，儼然是座保護動物的樂園。

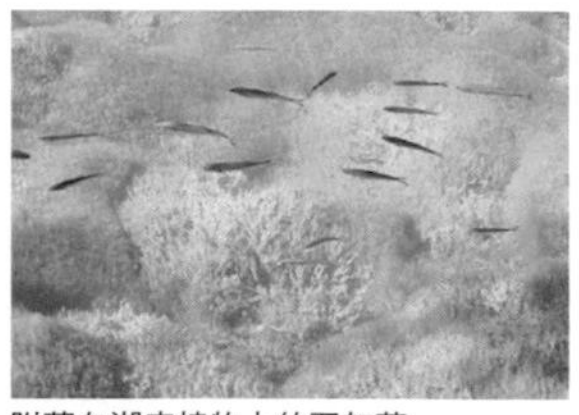
附著在湖底植物上的石灰花

從前，這和平的公園也於1990年代獨立戰爭時受到武力摧殘而一度登錄在「曝露在危機底下的世界遺產名單」裡，但之後，其內部的地雷撤去，於是便自名單中除名了。2000年時再次擴大登錄範圍。

橫渡科札克湖的電動船。湖上便可飽覽普萊維斯眾湖及森林。冬季（12月～3月）停航

## 公園的結構及遊逛方法

普萊維斯十六湖國家公園的入口分成兩個地方。從札格雷布或斯普利特出發的巴士是停靠入口2附近。而鄰近普萊維斯十六湖國家公園的3家飯店也在入口2附近。廣闊園內的觀光步道或林中小路皆十分完善，而雖然走路也可以遊逛，不過搭聯結整座園區的遊船或巴士就更方便了。科札克湖Jezero Kozjak湖岸P1～3有船接駁；兩個入口及上湖群、下湖群間則有ST1～4巴士往返載客。不管哪種交通工具都能欣賞到風景且很環保，故深受遊客喜愛。

為數不少的湖泊分成受樹林環抱、大又廣闊的上湖群以及岩場較多、小且多急湍的下湖群。而由於普萊維斯大瀑布、米爾卡托爾妮娜瀑布等名勝及橫渡碧綠湖泊的Board Walk等景點多在下湖群，所以不太有時間的話只在下湖群繞繞也很不錯。從峽谷上的林道俯看湖群感覺也格外不同。在綠意盎然的林道裡走路健行也值得推薦。在科札克湖北邊的電動船乘船處P3也有露天餐廳、店家及休息站，剛好可以吃午餐或散步休息一下。國家公園內的動植物由於受到法律條例保護，所以請小心別把牠（它）帶回家也不要加以餵食。

雖然從札格雷布或卡爾洛瓦茨可以當天來回普萊維斯十六湖國家公園，但如果能夠的話，還是留下來住一晚，好好將這譽為「克羅埃西亞珠玉」的自然美抱個滿懷！

從靠近普萊維斯大瀑布的觀景台所眺望到的美景

穿梭於峽谷林道間的電動巴士。從樹群縫隙間窺見的湖真的美不勝收。這是園內唯一於冬季還營運的交通工具

**❶健行時所穿的服裝**

公園內的觀光步道是由森林道路、Board Walk及石階等構成，穿高跟鞋會很難走，所以請換著穿慣的跑鞋或運動鞋。服裝則盡量選擇好活動的。若上衣是那種可以調節體溫的就更棒！

電動船乘船處P3裡的休息站。店家、桌子、長椅一應具全，所以用野餐的心情來此享受午餐的人也不少

# Sight Seeing 景點

## 普萊維斯大瀑布
Veliki Slap

MAP p.69

在森林中蜿蜒蛇行的普萊維斯河Plitovica Potok和普萊維斯湖群在匯流處形成瀑布繼續向溪谷流去。高低差多達78公尺，是克羅埃西亞境內規模最大的瀑布。具有「大瀑布Veliki Slap」愛稱的同時也是國家公園的象徵。和湖泊匯流的普萊維斯河是科拉那河Korana的源流，春天和晚秋由於水位增高，於是瀑布看起來更加氣勢磅礴。

在瀑布底附近眺望氣象萬千的瀑布

## 洞窟
Špilja

MAP p.69

國家公園一帶是石灰岩的喀斯特台地。因石灰岩的溶蝕作用而生成的洞窟則散布在園內四處。米爾卡．托爾妮娜瀑布附近有梯子可爬上位於溪谷中腹的洞窟。洞窟雖只能進去約20公尺便無法再前進，但由於是園內唯一開放進入的洞窟，所以不妨好好享受一下靜謐的洞穴氣氛。延著爬往洞窟的梯子再往上爬便來到森林道路。

從洞窟內眺望普萊維斯湖群



## 米爾卡托爾妮娜瀑布
Slap Milke Trnine

MAP p.69

米爾卡托爾妮娜瀑布的梯子狀地形上急湍連連

米拉諾瓦茲湖Miranovac到卡瓦諾瓦茲湖Gavanovac之間呈階梯狀流動的瀑布。因深受國際知名的克羅埃西亞女高音──米爾卡．托爾妮娜（1863－1941）喜愛所以更加名聞遐爾。瀑布旁的岩盤還有她的紀念碑。她把於1879年在札格雷布公演所得的收入全數捐給國家公園保護協會，因此這瀑布才以其命名。

對自然保育有所貢獻的歌手紀念碑

## 普爾修塔瓦茲瀑布
Slap Prštavac

MAP p.69

從上湖群的加洛瓦茲湖Galovac流往格拉丁斯可湖Gradinsko的瀑布。分成高低差有27公尺的大瀑布Veliki Prštavac及高低差18公尺的小瀑布Mali Prštavac兩部分。從位於上游的湖泊的石灰花水壩隙縫間流淌而下的幾縷飛瀑堪稱壯觀。所謂Prštavac，原來就是指「彈開」的意思。瀑布在岩石上濺開形成飛沫便是其名字的由來。

岩縫間流淌而下的幾縷飛瀑

# 公園內的探索！

## 經典健行行程

為了讓初次造訪普萊維斯十六湖國家公園的遊客也可以有效率地遊逛園內，園內共有10個經典行程，按造A～K的字母順序顯示，園內設有路標，可作為遊逛時的參考。

### 下湖群精華行程＜A行程＞

所要2～3小時

以景點四處散布的下湖群為中心繞行遊逛行程。從入口1進入公園，走走橫貫湖泊的Board Walk，欣賞完米爾卡托爾妮娜瀑布後走到設有休息站的P3後便折返。之後，通過森林道路從溪谷上欣賞碧綠湖泊及普利特維翠大瀑布，拾階而下後前往湖邊再回到入口1。這行程適合當天來回、停留時間較少的遊客參加。

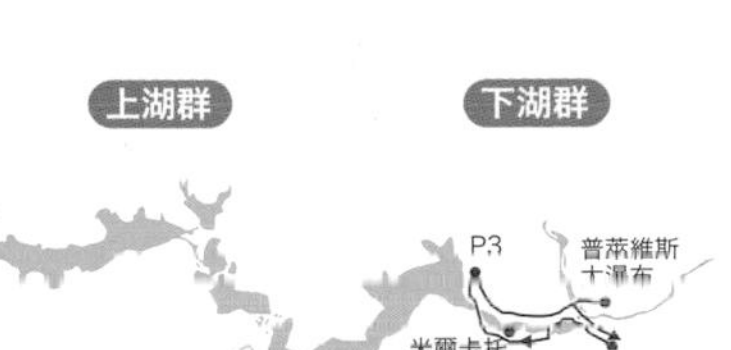


### 搭電動船遊下湖群行程＜F行程＞

所要3～4小時

欣賞下湖群景點同時搭人氣交通工具有效率地遊逛行程。從入口2進入公園，搭電動船從P1移往P3。向下游走去，參觀一下米爾卡托爾妮娜瀑布及普萊維斯大瀑布等景點。之後，沿溪谷往入口1方向走，從ST1搭電動巴士穿過森林道路。在入口2附近的ST2下車再回到入口2。

### 上下湖群飽覽行程＜K行程＞

所要6～8小時

環遊上湖群、下湖群，將國家公園魅力抱個滿懷。從入口2進入公園，順著森林道路往下湖群走去。經過普萊維斯大瀑布後走回上游。在上湖群區則是欣賞完普爾修塔瓦茲瀑布等景點後便前往電動船搭船處P2，搭電動船從P2移動到P1再回到P2。這行程適合能在公園內飯店留宿等，時間及體力都較充裕的遊客參加。

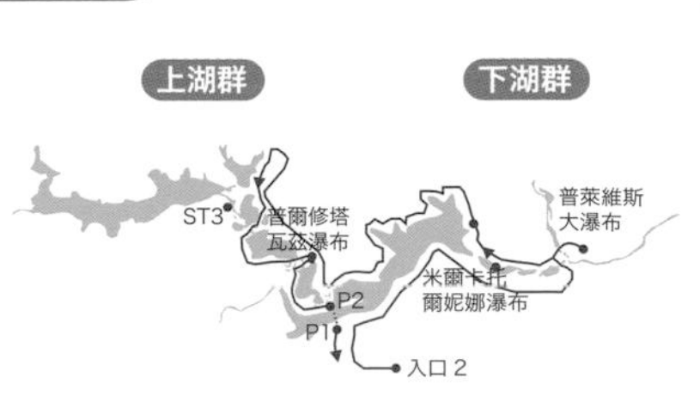

# Restaurant 餐 廳

## Restoran Poljana

克羅埃西亞菜

V M D A

MAP p.69

**敬請品嘗里卡地區的名菜——鹽烤鱒魚**

位於Hotel Bellevue旁。在這裡有能品嘗到傳統鄉土菜餚的餐廳、自助服務的食堂及咖啡酒吧，有不少參觀湖群後順道光臨的顧客。名菜是當地產的烤鱒魚65Kn。在食堂40Kn就吃得到。

住 Plitvička Jezera ☎ 053-751092 營 8:00～22:00（冬季8:00～15:00） 休 11～3月 預算 50Kn～

# Hotel 飯 店

## Hotel Jezero

V M D A

MAP p.69

**距離科札克湖300m的地理位置頗具魅力**

位在國家公園內，也是排名最高的飯店。園內巴士的停靠處ST2就在旁邊。泳池、網球場、健身房、三溫暖等設施十分豐富。有Wi-Fi可用。

住 Plitvička Jezera ☎ 053-751500 FAX 053-751600
費 S/€61～、T/€86～ 229間
HP http://www.np-plitvicka-jezera.hr



## Hotel Plitvice

V M D A

MAP p.69

**離公車站及售票中心好近，好方便！**

雖是國家公園內歷史最悠久的飯店，不過已於1997年重新裝潢，設備也很現代化，窗明几淨。設有餐廳、大廳酒吧，而客房裡則備置衛星電視。隔間寬敞，住起來相當舒適。亦提供Wi-Fi無線上網服務。

住 Plitvička Jezera ☎ 053-751200 FAX 053-751165
費 S/€50～、T/€70～ 51間
HP http://www.np-plitvicka-jezera.hr

## Hotel Bellevue

V M D A

MAP p.69

**適合小資旅遊的簡約飯店**

街道旁巴士站即到。建築走樸素的小木屋風格。客房的設備非常簡單，雖然沒有網路與Wi-Fi可用，但也因此價格十分經濟實惠。

住 Plitvička Jezera ☎ 053-751800 FAX 053-751165
費 S/€40～、T/€54～ 70間
HP http://www.np-plitvicka-jezera.hr

# 童話般的水鄉之村
# 水車村
## Rastoke

MAP p.6-F

位於普萊維斯十六湖下游，有著河川、瀑布，水車轉動的小村莊

## 有如繪本世界的水畔村落

水車村距離普萊維斯十六湖國家公園搭巴士約30分，位於斯魯尼Slunj旁，是座人口約60人的小村莊。源自斯魯尼的斯魯尼河流至此處形成瀑布，並與科拉那河在此匯流。水流在村莊內的家家戶戶間流過，宛如繪本的田園景色所形成的氛圍非常有魅力。

位於河川匯流地的水鄉

水車村的歷史是從約300年前，利用瀑布製作水車開始的。現在約20處房屋的地下都設有水車，部分水車現今仍用來磨麥。

## 與妖精一起遊逛水鄉之村

近年水車村因小仙子傳說企劃而觀光人氣高漲。仿照流傳於水車村的小仙子（妖精）傳說，由打扮成小仙子的導覽員為旅客介紹水車村的景點。非常適合童話般的村莊氛圍，而廣受好評。

由小仙子帶領觀光水車村

在村莊內的Slovin Unique區內，除了能走到靠近落差10m的瀑布旁之外，還有展示水車、家具，也可參觀河邊洞窟等處。在這裡的熱門餐廳能品嘗到里卡地區的鄉土菜餚。在水車村幾乎大多數居民的房子都有經營民宿，因此如果喜歡這裡，建議可悠閒地在此停留多些時間。

里卡地區的經典菜餚。享用美味的烤鱒魚

●前往水車村
●從普萊維斯十六湖國家公園出發
巴士：搭往札格雷布方向的巴士約30分，斯魯尼Slunj下車，往札格雷布方向步行約10分
●從札格雷布、卡爾洛瓦茨出發
巴士：搭往普萊維斯十六湖國家公園的巴士，於斯魯尼Slunj下車

**水車村的小仙子傳說**
**Fiarytale of Rastoke**
由飯店兼遊客中心的Mirjana Rastoke舉辦。需預約
住 Donji Nikšić 101, Slunj
☎ 047-787205
費 人數到齊時出發。 1 人17.50Kn
HP http://mirjana-rastoke.com

在小仙子傳說活動中，可參觀到村內最古早的水車等

**Slovin Unique Rastoke**
住 Rastoke 25b, Slunj
☎ 047-801460
營 9:00～21:00（週六、日～22:00）
休 週二
費 入場費全票25kn

## 六角星型的文藝復興碉堡都市

# 卡爾洛瓦茨

MAP p.6-F **Karlovac**

**●前往卡爾洛瓦茨**

●從札格雷布出發

火車：所需時間40～50分。1天16班

巴士：所需時間約1小時。1小時1～6班

●從普萊維斯十六湖國家公園出發

巴士：所需時間約1小時30分。1天6班

●從札達爾出發

巴士：所需時間4小時。1天3班

除此以外，也有班次往返里耶卡及斯普利特

卡爾洛瓦茨的長途巴士總站

**ⓘInformation**

**卡爾洛瓦茨觀光服務處**

**Turistički Informativni Centar**

MAP p.74

住 Petra Zrinskog 3

☎ 047-600602

營 8:00～20:00

休 週日

HP http://www.karlovac-touristinfo.hr

Karlovačko是全國名酒

## 城市概略

卡爾洛瓦茨地區的中心就是卡爾洛瓦茨。該市位於札格雷布西南邊約55公里處，是聯結內陸及沿岸的交通要衝。

卡爾洛瓦茨於16世紀時為神聖羅馬帝國當作防禦奧斯曼軍侵略的據點而建造，而基於文藝復興式的都市計劃，最後便形成現在的六角星型碉堡都市。這碉堡固若金湯，奧斯曼大軍連續7次都屢攻不下，因此聲名大噪。碉堡周圍原本有挖戰壕，不過後來就填平蓋公園，綠意盎然。其中心就是耶拉齊洽廣場Trg Bana Josipa Jelačića。

另外卡爾洛瓦茨周圍有庫帕河、多布拉河、科拉那及姆雷珠尼查等四條河流經，又以「四河之市」聞名。除當作玩水處外，水量豐沛的4條河川供人們體驗釣魚、泛舟及獨木舟等自然活動，這些活動也極受民眾歡迎。

卡爾洛瓦茨的名產是啤酒。「Karlovačko」和札格雷布的「Ožujsko」並稱克羅埃西亞2大名酒，名聞遐邇。

耶拉齊洽廣場

# Sight Seeing 景點

## 卡爾洛瓦茨市立博物館
Gradski Muzej Karlovac
MAP p.74

交 耶拉齊洽廣場步行３分
住 Strossmayerov Trg 7　☎ 047-615980　營 8:00～16:00（週三～19:00、週六10:00～、週日10:00～12:00）　休 週一、假日　費 全票10Kn、學生票５Kn

展出從史前到20世紀初期卡爾洛瓦茨及其周邊歷史、考古學、民俗及文化方面的史料。建築物本身原屬於17世紀前半卡爾洛瓦茨的司令官——夫克・赫蘭克潘Vuk Frankopan所有，堪稱是卡爾洛瓦茨歷史最悠久的建築物。

陳列18世紀歷史地區的古地圖等珍貴史料

## 多博瓦茲城
Stari Grad Dubovac
MAP p.74外

交 市中心區步行約30分　住 Dubovac
☎ 047-615980　營 10:00～19:00（週一、日14:00～）
休 10～４月（僅限事先預約）
費 全票10Kn、學生票５Kn（與市立博物館通用）

卡爾洛瓦茨西邊約2公里的多博瓦茲鎮其歷史比卡爾洛瓦茨還要悠久。13世紀時建於小山丘上的古城代代皆歸卡爾洛瓦茨貴族或權貴所有。每年5月下旬在城裡都會舉辦中世貴族慶典Sajam Vlastelinstva，而穿著中世服飾的人們還會進行射擊或舞蹈等表演。從高聳入雲的瞭望塔便可將卡爾洛瓦茨的街景盡收眼底。

城堡內部已成為市立博物館別館



## MORE ABOUT CROATIA

### 和愛迪生齊名的天才科學家——尼可拉・泰斯拉

發明交流發電系統及無線通信技術的科學家——尼可拉・泰斯拉Nikola Tesla（1856-1943）是出生於里卡地區斯米涼村Smiljan的塞爾維亞人。他於大學完成電工學位後便於1884年到美國的愛迪生的公司任職。他雖讓交流電源發電系統臻於完成階段，但卻和指示直流電的愛迪生意見相左進而辭職。他所提倡的交流發電系統仍在現今的世界中受到廣泛的運用。儘管如此，他的知名度卻仍遠遠不及愛迪生，命運多舛。

位於札格雷布泰斯拉街Telina上的泰斯拉銅像

之後，他突發奇想地把各種發明丟到這個世界。他還開發所謂泰斯拉線圈等高周波發射裝置，進行了一個100萬伏特的放電實驗進而被稱為「閃電博士」。尼可拉・泰斯拉紀念館在他150年冥誕時於故鄉斯米涼村開幕。不妨前來參觀一下他的豐功偉業及不被人知的驚異發明？

矗立在紀念館前的泰斯拉像

斯米涼村 Smiljan　MAP p.8-B
交 搭往卡爾洛瓦茨或札格雷布到戈斯皮奇Gospić的巴士，再轉搭當地巴士。所需時間約３小時

# Restaurant 餐廳

## Pod Starimi Krovovi

克羅埃西亞菜

V M D A

MAP p.74

### 氣氛、服務在在讓人感到溫暖

這餐廳由專辦學校營養午餐的公司所經營。用新鮮食材作成的美食是一道接一道。招牌菜是酸果蔓醬小羊排。自製蛋糕及冰淇淋也很自豪。

住 Radićeva 8-10　☎ 047-615420　營 9:00～22:00　休 無
預算 30Kn～

## Caffe Slastičarnica Mozart

咖啡廳

不接受刷卡

MAP p.74

### 卡爾洛瓦茨甜食黨聚集的場所

位於卡爾洛瓦茨之星入口廣場、附露天座位的可愛版咖啡店。裝潢讓人不禁回想起往昔的維也納。冰淇淋共有7種口味，人氣蛋糕甚至多達20幾種，任君挑選。

住 Trg Matije Gupca 1　☎ 091-1611205　營 7:00～23:00（週五、六～24:00）　休 無　預算 10Kn～



# Hotel 飯店

## Hotel Korana Srakovčić

V M D A

MAP p.74外

### 科拉那河邊、風景極佳

總有一種庭園小宅邸的感覺。設計高雅的客房相當寬敞，Wi-Fi等設備也很完善。能眺望河川美景的露天咖啡座、提供餅乾及蛋糕的酒吧等讓人身心安頓的空間都在等著客人光臨。

住 Perivoj Josipa Vrbanića 8　☎ 047-609090　FAX 047-609091　費 S/€105～、T/€123～　19間
HP http://www.hotelkorana.hr

## Hotel Carlstadt

V M D A

MAP p.74

### 簡約、毫無矯飾但功能十足

距卡爾洛瓦茨之星走路約2分鐘。服務人員相當友善。該有的基本設備還是一應具全，很方便。在附設的露天咖啡座來杯晨喚咖啡，喝起來格外舒服。

住 A. Vraniczanya 1　☎ 3047-611111　費 S/310Kn～、T/455Kn～　41間　HP http://www.carlstadt.hr

克羅埃西亞黎明期的基礎

# 札達爾

MAP p.6-J **Zadar**

## 城市概略

札達爾於10世紀時以達爾馬提亞地區中心都市之姿興盛一時。從歷史上看，古伊利里亞的里布魯尼族及羅馬人都興建過這座城，歷史相當悠久，建於西元前1世紀的羅馬廣場「Forum」的周邊都還看得到許多遺跡。而來到誕生於10世紀的中世克羅埃西亞王國時，這城市與當時首府所在地——近郊的寧市Nin均扮演著王國中樞的重要角色。舊城區裡還殘存著許多重要遺址，同時是傳承初期克羅埃西亞文化的據點。

威尼斯共和國時代所建的城門

13世紀初時由於第4次十字軍襲擊而淪陷。而促使十字軍去攻擊同為基督教徒的，就是和匈牙利爭奪海上霸權的威尼斯共和國。而當札達爾一淪陷，亞得里亞海沿岸諸城也一個一個地淪為威尼斯共和國的屬地，其影響仍於現今各處感受得到。

札達爾舊城區蓋在突出海面1公里的半島上。這小小的區域裡竟有聖多那特教堂、聖斯托夏大教堂及聖克爾歐芬教堂等歷史價值極高的教堂，密集度相當驚人。再加上羅馬廣場周邊的羅馬遺跡、威尼斯共和國時代的城門、凱旋門等錯落四處，所以景點真的不少。舊城區的中心是人民廣場Narodni Trg。

位於舊城區中心的人民廣場

近年來在札達爾聚集不少人氣的是設在舊城區西北方海岸上、稱為「海洋風琴Morske Orgulje」的音樂裝置。這是建築家尼可拉・巴希奇Nikola Bašić的作品，原理是埋在水裡的風管因浪潮動向產生反應，進而演奏出不可思議的旋律。每到黃昏，就會聚集一堆人前來欣賞。從舊城區望出去的夕陽十分美麗，電影巨匠希區考克便曾讚譽說是「全世界最美」。海洋風琴旁邊的石階上還有同一建築師的另一作品「向太陽打招呼Pozdrav Suncu」，這是由一大片玻璃所組合成的作品，一到晚上便放射出各種顏色及形狀的光芒，為神祕的夕陽增添色彩。

札達爾的住宿設施大多集中在距舊城區稍遠的波利克地區Borik。建議在札達爾多停留幾天，前往近郊的帕格島及希貝尼克、科爾那提國家公園好好玩上一趟。

●前往札達爾

●從札格雷布出發

飛機：克羅埃西亞航空飛航。所需時間約50分。1天2班。機場及舊城區之間由機場巴士接駁。

巴士：所需時間約３～４小時。1天20班

●從普萊維斯十六湖國家公園出發

巴士：所需時間2～3小時。1天5班

●從里耶卡出發

巴士：所需時間約4～5小時。1天8班

●從希貝尼克出發

巴士：所需時間1小時30分。1小時1～3班

●從斯普利特出發

巴士：所需時間約3小時。1小時1～2班

從札達爾的火車站或長途巴士總站可搭2號、4號市公車前往舊城區，約5分鐘即到。在Kiosk（販賣店）買的話2次券是16Kn。有效時間是50分鐘。

**ⓘInformation**

**札達爾觀光服務處**
**Turistička Zajednica Grada Zadra**
MAP p.78-B
住 Mihovila Klaića 1
☎ 023-316166
營 8:00～20:00（週六、日～13:00）
休 無　HP http://www.tzzadar.hr

尼可拉・巴希奇Nikola Bašić的作品——海洋風琴（上）及「向太陽打招呼」（下）

## 聖多那特教堂

Crkva Sv. Donata

MAP p.78-A

交 人民廣場步行３分　住 Zeleni Trg
營 ４、５、10月9:00～17:00、６月9:00～21:00、７、８月9:00～22:00
休 11～３月　費 全票20Kn

9世紀時以前羅馬樣式建造的教堂。建築本身呈圓形，面對佛拉姆廣場及伊瓦納．帕夫拉二世廣場，宛如是札達爾市標。建造之際，有可能是把佛拉姆廣場周邊的列柱遺跡及羅馬神殿拿來當建材，因為教堂內部的圓柱等都還看得到這些痕跡。教堂內部呈圓筒型，音響效果極優，經常當作演唱會會場使用。

圓形的教堂。背後的鐘樓屬於聖斯托夏大教堂

教堂裡的天花板挑高

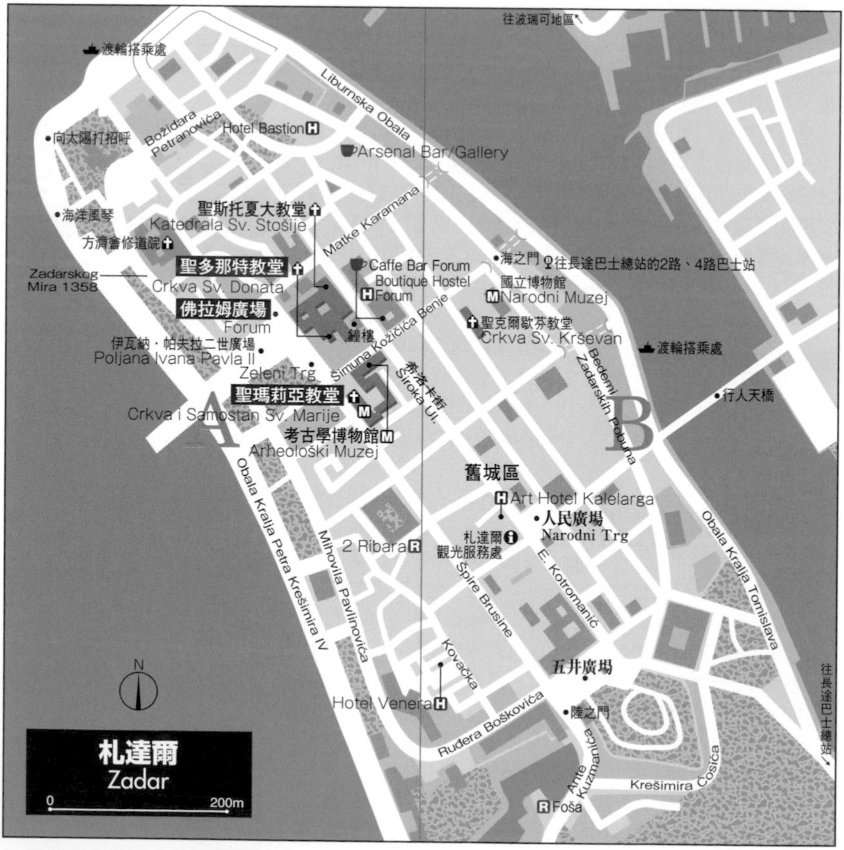

## 佛拉姆廣場（羅馬廣場）
Forum　MAP p.78-A

交 人民廣場步行3分　住 Forum

西元前1世紀蓋到3世紀，長90公尺、寬45公尺的大型廣場。原屬羅馬時代的公共廣場，同時也是行政及商業中心，興盛一時。曾經某段時間，雕欄畫棟的列柱環繞廣場三面，而除此之外也有祭祀丘比特及米奈爾娃的神殿，但現在卻只剩2根柱了。廣場西北邊的那根柱子稱為「恥辱之柱」，在中世紀是用來把犯人綁在上面，以達殺雞儆猴之效。

廣場的一隅還矗立著稱為「恥辱之柱」的柱子

## 聖瑪莉亞教堂・修道院
Crkva i Samostan Sv. Marije　MAP p.78-A

交 人民廣場步行3分　住 Trg Opatice Čike 1
☎ 023-250496　營 10:00～13:00、18:00～20:00　休 週日的午後、假日　費 全票20Kn

文藝復興式的教堂兼修道院。由附設的本篤修道會的修女們所經營的宗教美術館（寶物館）本身就是個景點。館藏素有「札達爾寶庫」之稱，包括用金銀精雕細琢的聖遺物寶盒、十字架及聖畫像等，8～18世紀的閃耀美術品是一樣接一樣。裝有聖人手、頭形狀遺物的箱子裡甚至還有札達爾主教聖多那特、寧市的寧斯基主教及札達爾的守護聖人克爾歐芬等的遺物。

收藏著各種金碧輝煌的宗教美術品

## 聖斯托夏大教堂
Katedrala Sv. Stošije　MAP p.78-A

交 人民廣場步行3分　住 Trg Sv. Stošije
營 8:00～12:00、17:00～19:30（塔9:00～22:00）
休 無（塔11～3月）　費 免費（塔全票10Kn）

鐘樓入口位於希洛卡街上

從12世紀蓋到14世紀、是達爾馬提亞地區規模最大的大教堂。於1202年建造中途遇到第4次十字軍襲擊而暫時停止興建，受此影響，基底部分是用羅馬式，而上半部卻採用哥德式建造，風格迴異。教堂正面上部（立面）的拱型裝飾及玫瑰花窗相當漂亮，裡面甚至也有濕壁畫。從背後的鐘樓便可將半島上的札達爾市街盡收眼底。

## 國立博物館
Narodni Muzej Zadar　MAP p.78-B

交 人民廣場步行3分　住 Poljana Pape Aleksandra Ⅲ bb　☎ 023-251851　營 視季節及部門而異　休 季視季節及部門，有時會休週六、日
費 全票20Kn、學生票10Kn

博物館規模雖小，但展出了羅馬時代及威尼斯統治時代的出土物品，以及近代家具、繪畫等物品。1樓入口附近展出的羅馬時代～近代之札達爾城市模型不容錯過。

## 考古學博物館
Arheološki Muzej　MAP p.78-A

交 人民廣場步行3分　住 Trg Opatice Čike bb
☎ 023-250516　營 9:00～14:00（夏季～21:00。會因季節與星期有些許差異）　休 10～5月的週日
費 全票30Kn

於1832年開幕，就歷史悠久度來看是克羅埃西亞排名第2。主要展出羅馬時代的札達爾及達爾馬提亞地區的遺跡或在周邊諸島所挖掘到的出土文物、羅馬時代的石像等。正因為札達爾擁有3000年歷史，所以值得一看的館藏極多。

羅馬時代的雕像

# Restaurant 餐廳

## Foša

海鮮

V M D A

MAP p.78-B

**位於舊城區入口處的海鮮名店**

地處舊城區正門附近港口，店內洋溢高級氣氛，甚至有面對著港口的露天座位。海鮮義大利麵及燉飯等海鮮可是有口皆碑。葡萄酒種類也很豐富。

住 Kealja Dimitra Zvonimira 2　☎ 023-314421
營12:00～翌1:00　休 無　預算 80Kn～

## Caffe Bar Forum

咖啡酒吧

不接受刷卡

MAP p.78-A

**望著遺跡與大海，喝杯咖啡休息一下**

位於佛拉姆廣場一角的店家。可在廣場的露天座位眺望聖多那特教堂和亞得里亞海，稍作休息。這裡也有提供可頌麵包和甜甜圈等輕食。

住 Široka Ul.　☎ 023-250705　營 7:00～24:00　休 無
預算 15Kn～



# Hotel 飯店

舊城區雖然有高級飯店和青年旅館，但數量較少。散布在舊城區周邊的大型飯店幾乎不在步行可達的距離，不妨好好利用巴士吧。

## Hotel Bastion

V M D A

MAP p.78-A

**位於半島北部的高級飯店**

這是札達爾舊城區唯一的1家飯店。每件傢俱都很有質感，裝潢相當高級。飯店內部的豪華餐廳及城牆上的露天座位也很有氣氛。

住 Bedemi Zadarskih Pobuna 13
☎ 023-494950　FAX 023-494951　費 S/€99～、T/€124～
28間　HP http://www.hotel-bastion.hr

## Boutique Hostel Forum

V M D A

MAP p.78-A

**眺望古代廣場與教堂的青年旅館**

飯店於2012年開幕，位置是面對佛拉姆廣場的舊政廳建築處。內部裝潢摩登，很受年輕人歡迎。有單人房與2～4床的多人房。

住 Široka Ul. 20　☎ 023-250705　FAX 023-250795
費 T/€64～、多人房/€16～　35間、74床
HP http://www.hostelforumzadar.com

閃耀的派對島嶼
帕格島
Otok Pag
MAP p.6-J
具有歷史風情的帕格與
華麗的諾瓦利亞。
擁有2種面貌的島嶼


## 帕格女性紡出的細緻蕾絲

位於札達爾北邊約30km。島嶼南邊與本土之間有橋梁連接，可從札達爾搭巴士前往。因亞得里亞海沿岸吹著的強風——拉布之影響，氣候乾燥，島嶼上的風景大半有如月球表面般荒涼。島嶼的主要中心區域為南部的帕格Pag，為建於15世紀的城鎮，街區井然有序，令人印象深刻。城鎮中心——佩特拉格雷斯米爾4世廣場Trg P. Krešimira IV的一角有關於傳統工藝——蕾絲的蕾絲博物館。1907年創辦的蕾絲學校為開端，獲登錄為聯合國教科文組織的無形文化遺產。北部的諾瓦利亞Novalia是歐洲觀光客會前來的一大夏季度假勝地。

展示蕾絲作品及民俗服飾

## 敬請試試帕格島的3大美食

帕格的東側有大片鹽田，傲人的生產量為國內最大。島嶼中央區域，科蘭Kolan有起司工廠——Sirana Gligora。在這裡有使用帕格島羊乳製作的帕格起司，是在世界各地品評會受到高度讚賞的逸品。在Gligora除了可購買起司之外，還能參觀工廠及試吃品嘗起司。此外，位於島嶼北部的盧恩Lun則是種植了高達約8萬棵橄欖樹。在帕格的餐廳可品嘗到使用島上的起司、鹽巴、橄欖油所製作的菜餚，請一定要試試看。

帕格的製鹽展覽館

在工廠試吃比較7種不同風味的起司

●前往帕格
●從札達爾出發
巴士：所需時間約1小時。1天3～4班
●前往科蘭
●從帕格出發
巴士：所需時間約20分。1天3班

**ⓘInformation**

**帕格觀光服務處**
**Turistička Zajednica Grada Paga**
住 Od Špltala 2, Pag
☎ 023-611301
營 8:00～21:00（冬季8:00～15:00、16:00～19:00） 休 無
HP http://www.tzgpag.hr

**蕾絲博物館**
**Galerija Paške Čipke**
住 Trg P. Krešmira Ⅳ, Pag
營 10:00～13:00、19:00～22:00（冬季10:00～12:00）
休 不定期
費 全票10Kn

**Sirana Gligora**
住 Figurica 20, Kolan
營 7:30～21:00（週一8:00～17:00、冬季8:00～16:00）
休 無
費 參觀工廠活動（10人以上舉行）

在Gligora的商店也能買到伴手禮

擁有獨特的白牆教堂

# 希貝尼克

MAP p.8-F **Šibenik**



●前往希貝尼克
●從札格雷布出發
巴士：所需時間5～6小時。
1天10班
●從札達爾出發
巴士：所需時間1小時30分。
1小時1～3班
●從斯普利特出發
巴士：所需時間1小時30分。
1小時1～3班
●從托吉爾出發
巴士：所需時間1小時。
1天12班

**ⓘInformation**

**觀光服務處**
**Turistički Informativni Centar**
MAP p.83-B
住 Obala Franje Tuđmana 5
☎ 022-214448
營 7～8月8:00～22:00（6、9月～20:00、10～5月～16:00）
休 冬季的週日
HP http://www.sibenik-tourism.hr

廣場旁的入口「獅子之門」

## 城市概略

希貝尼克位於札達爾及斯普利特中間、庫爾卡河Krka的河口處，是座歷史相當悠久的港都。11世紀時在中世克羅埃西亞王國的彼得．克雷西米爾四世治理下日漸繁榮。

這城市裡的最佳景點是聖雅各大教堂，已註冊為世界遺產，儼然是希貝尼克的象徵。石砌建築顯得威風凜凜，讓人印象深刻。建造期間從1431年 跨到1535年，細數起來，竟要百年的歲月。而由於建築師及工匠也換了好幾代，所以下半部採哥德式，上半部便用文藝復興式打造，形成一種特殊的組合。建材方面則完全不用木頭或磚瓦，是世界上規模最大的純石砌教堂。石材則採用布拉丘島（→p.106）產的石灰岩及大理石。布達佩斯的國會大廈及美國的白宮等著名建築物也都用這些高級石材；把大教堂襯托得很白、很顯眼。

舊城區中心是位於大教堂北邊的公共廣場Trg Republike Hrvatska。廣場北邊有棟有9座拱門的文藝復興式建築，這是威尼斯共和國時代的市議會，現在則當作市政府使用。廣場東邊分布著聖伊凡教堂等景點，聳立在北邊山丘上的則是聖米加勒碉堡。舊城區沿著海岸斜坡而建，細小的巷弄及樓梯蜿蜒其中，宛如是座迷宮。從聖米加勒碉堡便可將港都希貝尼克盡收眼底。

公共廣場的市政府拱門裝飾相當美麗

# Sight Seeing 景點

## 聖雅各大教堂

Katedrala Sv. Jakova

MAP p.83-A

交 公共廣場步行即到　住 Trg Republike Hrvatske
營 8:30～19:00（冬季8:30～12:00、17:00～19:00）
休 冬季為不定休　費 免費（受洗室為15Kn）

這座天主教堂從15世紀一路蓋到16世紀。原本是用哥德式建造，但自1441年後由建築巨匠Juraj Dalmatinac（1410-1473）接手，於是又轉變成文藝復興式。各入口皆有精緻雕刻，北邊入口又稱為「獅子之門」，外牆上表情豐富的男男女女也是他的作品，據說是以當時的市民為模特兒。他死後由建築師Nikola Fiorentinac接手，完成巨蛋型屋頂及立面工程。1555年時竣工，而雖然最大功臣Juraj Dalmatinac沒能親眼看到，但面對聖堂的廣場裡矗立著他的雕像，驕傲似地仰望著教堂。

Dalmatinac的石像

仰望從大教堂的內部透光進來的穹頂

哥德式拱門及文藝復興式屋頂竟協調地結合，而教堂內部裝飾也很漂亮。受洗室天花板上的三位一體浮雕是Juraj Dalmatinac及Nikola Fiorentinac共作的。

1991年時因克羅埃西亞獨立戰爭而受到砲擊，後來迅速進行修復，2000年註冊為教科文組織的世界文化遺產。

外牆上的人物雕刻其表情值得玩味

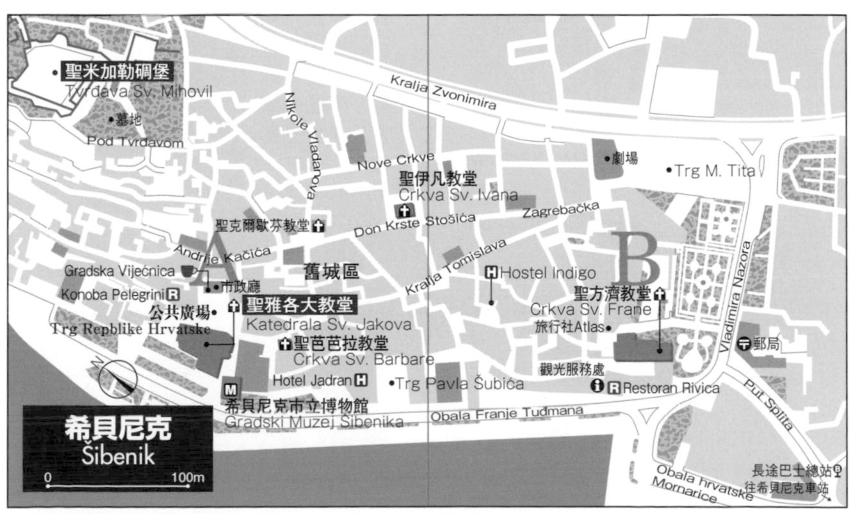

## 希貝尼克市立博物館
Gradski Muzej Šibenika

MAP p.83-A

交 公共廣場步行1分 住 Gradska Vrata 3
☎ 022-213880 營 10:00～13:00、19:00～22:00
休 無 費 全票30Kn、學生票20Kn

位於聖雅各大教堂南邊的海岸道路上。很早以前用來當作防禦用的城牆，而到威尼斯共和國時代便以宮殿之姿問世，現在則搖身一變成為一座綜合博物館。展出希貝尼克的考古學、歷史、文化、民俗等的史料。

城牆內部也有展覽室

## 聖芭芭拉教堂
Crkva Sv. Barbare

MAP p.83-A

交 公共廣場步行1分
住 Kralja Tomislava 19 ☎ 022-648100
營 10:00～18:00 休 冬季 費 免費

這座哥德式教堂建於15世紀前半，緊鄰市立博物館，主要展出14～18世紀的宗教畫作及雕刻。西側立面有個時鐘，而旁邊的窗戶或雕刻皆呈不規則狀，風格迥異。屋頂有2座巴洛克風的小鐘樓。

教堂內有展出宗教藝術

## 聖伊凡教堂
Crkva Sv. Ivana

MAP p.83-A

交 公共廣場步行5分 住 Trag Ivana Pavla 2
營 10:00～18:00 休 冬季 費 免費

位於教堂林立的Don Krste Stošića街裡。教堂本身採哥德兼文藝復興風格，建於15世紀，鐘樓的鐘據說是希貝尼克第一個大機械鐘。南邊的階梯扶手及鐘樓上的雕刻乃出自Nikola Fiorentinac之手。

## 聖方濟教堂
Crkva Sv. Frane

MAP p.83-B

交 公共廣場步行5分 住 Trag Nikole Tomaszea 1
☎ 022-214241 營 10:00～18:00 休 無 費 免費

位於舊城區東南方，是方濟會修道院的附屬教堂。14世紀中葉時以哥德樣式開始興建，到18世紀時竟改走巴洛克風。教堂內部的木製裝飾及「天使報喜」的天井畫相當漂亮。收藏在修道院裡的11～15世紀抄本很有名。

面對公園而立的教堂與修道院

## 聖米加勒碉堡
Tvrđava Sv. Mihovil

MAP p.83-A

交 公共廣場步行10分 住 Tvrđava Sv. Mihovil
☎ 022-214448 營 9:00～18:30（6～8月～21:00）
休 11～2月 費 全票35Kn

這碉堡位於舊城區北邊、高70公尺的山丘上。從大教堂所在之處的公共廣場爬上複雜的坡道便找得到。亦被稱為聖安娜碉堡Tvrđava Sv. Ana。保存至今的建築於威尼斯共和國時代便整備完全，但周邊也發現先史時代人們的生活痕跡。碉堡上部乃是眺望舊城區及亞得里亞海諸島的絕佳景點。碉堡的東邊是教堂及墓園。

從海岸道路仰望碉堡

從碉堡望出去的美景。是欣賞大教堂及看海的絕佳景點

# Restaurant 餐廳

## Restoran Rivica

海鮮

VMDA MAP p.83-B

**面對海邊道路的海鮮餐廳**

代表希貝尼克的餐廳之一。長臂蝦燉飯、章魚沙拉、海鮮湯等菜色十分豐富，真不知道點哪一道。觀光服務處就在旁邊。

住 Obala Dr. Franje Tuđmana 3　☎ 022-212691
營 9:00～23:00(11～3月為～22:00)　休 1月前半　預算 90Kn～

## Konoba Pelegrini

克羅埃西亞菜

VMDA MAP p.83-A

**吃得到全新創作的克羅埃西亞菜**

自製、原創的義大利麵及Bruschetta麵包都很受歡迎。夏季會推出露天座位，可邊欣賞亞得里亞海及大教堂邊用餐。葡萄酒種類繁多。

住 Jurja Dalmatinca 1　☎ 022-213701　營 12:00～15:00、18:30～22:30（夏季12:00～24:00）　休 1月、冬季不定休　預算 110Kn～

## Gradska Vijećnica

咖啡廳

VMDA MAP p.83-A

**欣賞大教堂同時來份優雅下午茶**

位於公共廣場市政廳1樓。從拱門設計的店前露天座位便看得到大教堂。附設餐廳。

住 Trg Repbulike Hrvatske 3　☎ 022-213605
營 8:00～翌1:00（餐廳為9:00～）　休 無　預算 15Kn～

# Hotel 飯店

希貝尼克裡的飯店不多，舊城區裡也僅僅只有 2 家。觀光服務處或旅行社會提供私人房間或公寓等資訊。

## Hotel Jadran

VMDA MAP p.83-A

**望見亞得里亞海、面對海邊道路的飯店**

蓋在海邊道路邊。是舊城區裡唯一的飯店，規模很大，客房及設備皆完善，住起來相當舒服。附設的餐廳及咖啡店氣氛都不錯。

住 Obala dr. Franje Tuđmana 52　☎ 022-242000
FAX 022-242480　費 S/€55～、T/€60～　57間
HP http://www.rivijera.hr

## 希貝尼克郊外的景點
# 美麗的小鎮

## 庫爾卡國家公園
Nacionalni Park Krka

MAP p.8-F

這座國家公園位於橫跨巴爾幹半島、發源於狄那裡克阿爾卑斯山脈的庫爾卡河流域。這國家公園和普萊維斯十六湖國家公園一樣因喀斯特台地特質造成湖泊、瀑布連連，健行或搭遊船便能將豐富的大自然抱個滿懷。

園內最大的景點要屬位在庫爾卡河及奇柯拉河Cikola滙流處的斯克拉丁瀑布Skradinski Buk。長約800公尺的流域裡遍布著17座瀑布，水轟聲震耳欲聾。瀑布上游是橫跨南北13公里的維索瓦茨湖Visovačka Jezera。矗立湖中小島上的是方濟會修道院及教堂，和祖母綠的湖泊營造出童話船的美景。

斯克拉丁瀑布氣勢磅礴

不管是從希貝尼克前往國家公園據點——羅佐瓦茨Lozovac，還是湖畔的斯克拉丁Skradin都有巴士可搭。

●前往庫爾卡國家公園
●從希貝尼克出發
有巴士行經羅佐瓦茲開往斯克拉丁。1天2～5班。
到羅佐瓦茨所需時間25分鐘。從羅佐瓦茨到國家公園入口過程中得換搭巴士。
到斯克拉丁所需時間35分鐘。可坐遊船到國家公園入口。限4～10月開航。

**ⓘInformation**

**庫爾卡國家公園**
住 Nacionalni Park Krka
☎ 022-201777
營 8:00～20:00（冬季～16:00）
休 無
HP http://www.npkrka.hr
庫爾卡國家公園門票
12～3月全票30Kn、4～6月與9～10月全票110Kn、7～8月全票150Kn



## 普里模修坦
Primošten

MAP p.8-F

位於希貝尼克南方約28公里處、聯結托吉爾的海岸道路上。直徑僅300公尺左右的圓形半島上所形成的一座小鎮，原本是座小島，和本土間由吊橋相連。城市名稱就是源自於克羅埃西亞語「Primošte（架橋）」這單字。舊城區裡的石砌房屋及山丘上的小教堂聖尤萊教堂Crkva Sv.Juraj等樸素景觀反而人氣搶搶滚。這海邊度假勝地到處是白色圓石海灘及美麗峽灣，極受歡迎。從海濱大道便可將稱為「亞得里亞海公主」的舊城區盡收眼底。

素有公主之稱的可愛街區

普里模修坦同時也是葡萄酒產地。其四周雖盡是石灰岩等不毛之地，但藉由仔細挖掘、蓋石垣、勤耕田，竟創造出廣達18萬4000平方公里的葡萄田。

●前往普里模修坦
●從希貝尼克出發
巴士：所需時間30～40分鐘。
1小時1～3班
●從斯普利特出發
巴士：所需時間約1小時。
1小時1～2班

**ⓘInformation**

**普里模修坦觀光服務處**
**Turistička Zajednica Općine Primošten**
住 Trg Biskupa J. Arnerića 2
☎ 022-571111　休 冬季
HP http://www.tz-primosten.hr

位於舊城區山頂上的聖尤萊教堂

Srednja Dalmacija

# 達爾馬提亞地區中部

## 斯普利特及其周邊

達爾馬提亞地區南部的重點都市是斯普利特，是一座留存中世遺跡的港都。以斯普利特為據點還可渡海前往馬卡爾斯卡等度假勝地及斯瓦爾島、維斯島等亞得里亞海島嶼。

同時是沿岸中樞的博物館之都
斯普利特
MAP p.8-F
Split




●前往斯普利特
●飛機
除克羅埃西亞國內，歐洲各都市也都有航班直達。
●火車
聯結國內各都市。
●巴士
除了國內線外還有聯結歐洲主要都市的國際路線。
●船
除了往返國內各島的航班外，也有聯結義大利的安科納、巴里等國際航班。

●從札格雷布出發
飛機：由克羅埃西亞航空營運。所需時間約50分。1天3～4班
火車：所需時間約6～8小時。1天2班
巴士：所需時間約5～7小時。1小時1～2班
●從札達爾出發
巴士：所需時間約3小時。1天12班
●從希貝尼克出發
巴士：所需時間1小時30分。1小時1～2班
●從赫瓦爾島出發
船：渡輪所需時間約2小時。1天3班。高速船所需時間約1小時。1天2班
●從科爾丘拉島出發
船：渡輪所需時間約6小時。1天2班。高速船所需時間約2小時。1天1～2班
●從杜布羅夫尼克出發
巴士：所需時間4小時30分。1天5～10班
船：所需時間約10小時。1週2班（僅夏季）

## 城市概略

斯普利特人口超過20萬人，是克羅埃西亞第2大城。位於市中心的舊城區是1700年前的羅馬遺跡，現在則是現代居民過著一般生活的獨特區域。

斯普利特的歷史可回溯至羅馬皇帝戴克里先（244？-311）退位後將度過餘生的宮殿蓋在故鄉薩洛納Salona（→p.96）旁的斯普利特其穩定峽灣上。戴克里先自305年開始的6年全都在這宮殿度過，後來，羅馬帝國也隨之衰敗，而宮殿也化成廢墟。到了7世紀，宮殿成為受斯拉夫民族襲擊而從薩洛納逃出來的人們之避難場所。他們把廢墟當建材蓋房子，令宮殿遺址以城市之姿再度重生。之後其生活就這麼傳承下來，造就出目前的斯普利特。往昔的宮殿幻化成住家、博物館及商店等，而眾所周知且諷刺的是，因彈壓基督教徒而出名的戴克里先，他的宗廟現在竟變成基督教大教堂。基於其特殊的背景及遺跡的歷史價值，2000年時已註冊為聯合國教科文組織的世界文化遺產。

斯普利特是達爾馬提亞地區最大的港都，當然也就是前往亞得里亞海諸島的出發點。托吉爾或薩洛納遺址等可當天來回的景點不少，建議多待幾天，好好體會其悠久的歷史及其周邊豐富的大自然。

以斯普利特為起點展開一場魅力無限的航海之旅

# 到達斯普利特前往市區

## 搭機抵達

飛機在斯普利特機場Zračna Luka Split起降。而該機場位於斯普利特北邊約30公里、托吉爾近郊，從斯普利特市中心搭車約30分鐘。從機場前往市區可搭下述的接駁巴士、市公車或計程車。

**■接駁巴士**

多家民營的接駁巴士在機場與斯普利特長途巴士總站5號公車站間往返，所需約30分鐘，1小時3～4班，1天有40班以上，單程全票30Kn。

**■市公車**

37號及38號公車往返於機場及近郊客運總站。所需時間約50分鐘，1小時2～3班。單程全票17Kn。另有班次開往斯普利特鄰鎮托吉爾。

**■計程車**

一出入境大廳正面出口就會發現計程車正在待客。到市中心所需時間約30分鐘，車資大約是250Kn。

## 搭鐵路抵達

火車都在位於舊城區及長途巴士總站之間的斯普利特站發抵。小小的車站裡設有售票處、候車區、ATM、行李寄放處及置物櫃等。到舊城區走路約5分鐘即到。

## 搭巴士抵達

長途巴士會在舊城區南邊港口長途巴士總站發抵。總站裡設有售票處及候車室，也可以當場確認時刻表。沿著港邊走到舊城區大約7～8分鐘。

聯結托吉爾及機場等近郊的市公車會開往舊城區東北方約1公里的巴士總站。換搭2、3、9、10號市公車約5分鐘即到舊城區；走路的話大約15分鐘。

## 搭船抵達

渡輪會開往舊城區南邊港口，走路到舊城區只要7～8分鐘。雙體船等部分船隻會開往舊城區對面的小港口。要搭船，請事先在港口航廈裡的Jadrolinija售票室購票。港口裡的售票處亦提供臨時購票服務。

# 斯普利特的市內交通

市公車共有20條路線。從露天市場附近的公車站Tržnica可前往近郊的巴士總站或波琉德體育館方向；而從西南方的公車站Sv. Frane則有班次開往馬爾揚山丘方向。想前往梅史托維奇美術館或卡修特雷特的話不妨搭Sv. Frane發車的12號巴士，很方便（1小時1～2班）。

●斯普利特機場
☎ 021-203555
HP http://www.split-airport.hr

接駁巴士
☎ 021-203119
HP http://www.plesoprijevoz.hr

聯結機場及舊城區的接駁巴士

無線計程車
☎ 970

●長途巴士總站
MAP p.91-L
☎ 021-329199（國際線）
☎ 060-327777（國內線）
HP http://www.ak-split.hr

巴士從國內外各地聚集於此

●Jadrolinija（斯普利特）
☎ 021-338216

斯普利特港的巴士總站

●斯普利特的市公車
Promet Split d.o.o
☎ 021-407999
HP http://www.promet-split.hr
車資
1區：11Kn
2區：13Kn（薩洛納遺跡）
3區：17Kn（機場）
4區：21Kn（托吉爾）

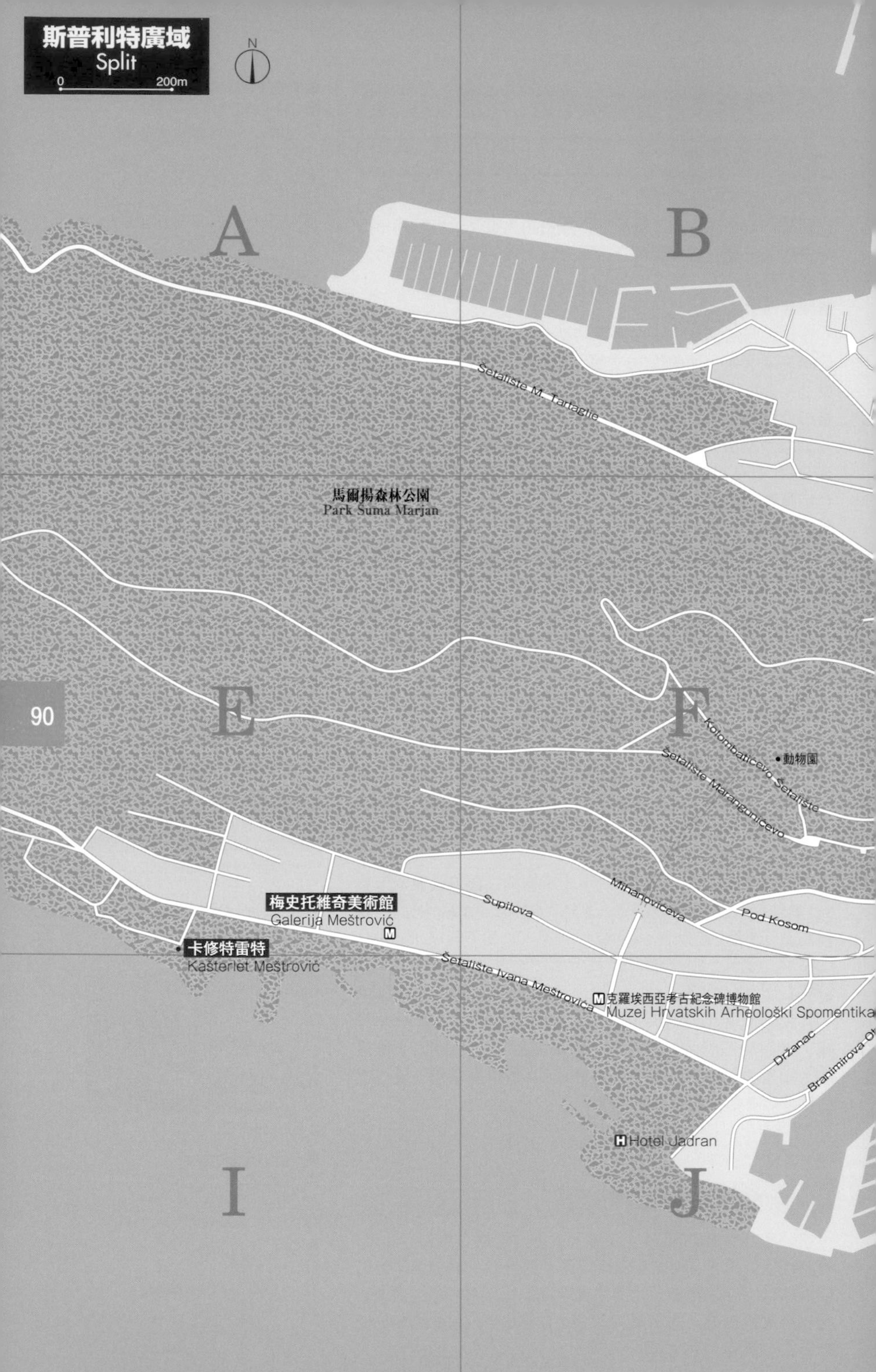

斯普利特廣域
Split
0
200m
N
A
B
Šetalište M. Tartaglie
馬爾揚森林公園
Park Šuma Marjan
E
F
Kolombatićevo Šetalište
•動物園
Šetalište Marangunićevo
梅史托維奇美術館
Galerija Meštrović
Supilova
Mihanovićeva
Pod Kosom
卡修特雷特
Kašterlet Meštrović
Šetalište Ivana Meštrovića
克羅埃西亞考古紀念碑博物館
Muzej Hrvatskih Arheološki Spomentika
Držanac
Branimirova Ob
Hotel Jadran
I
J

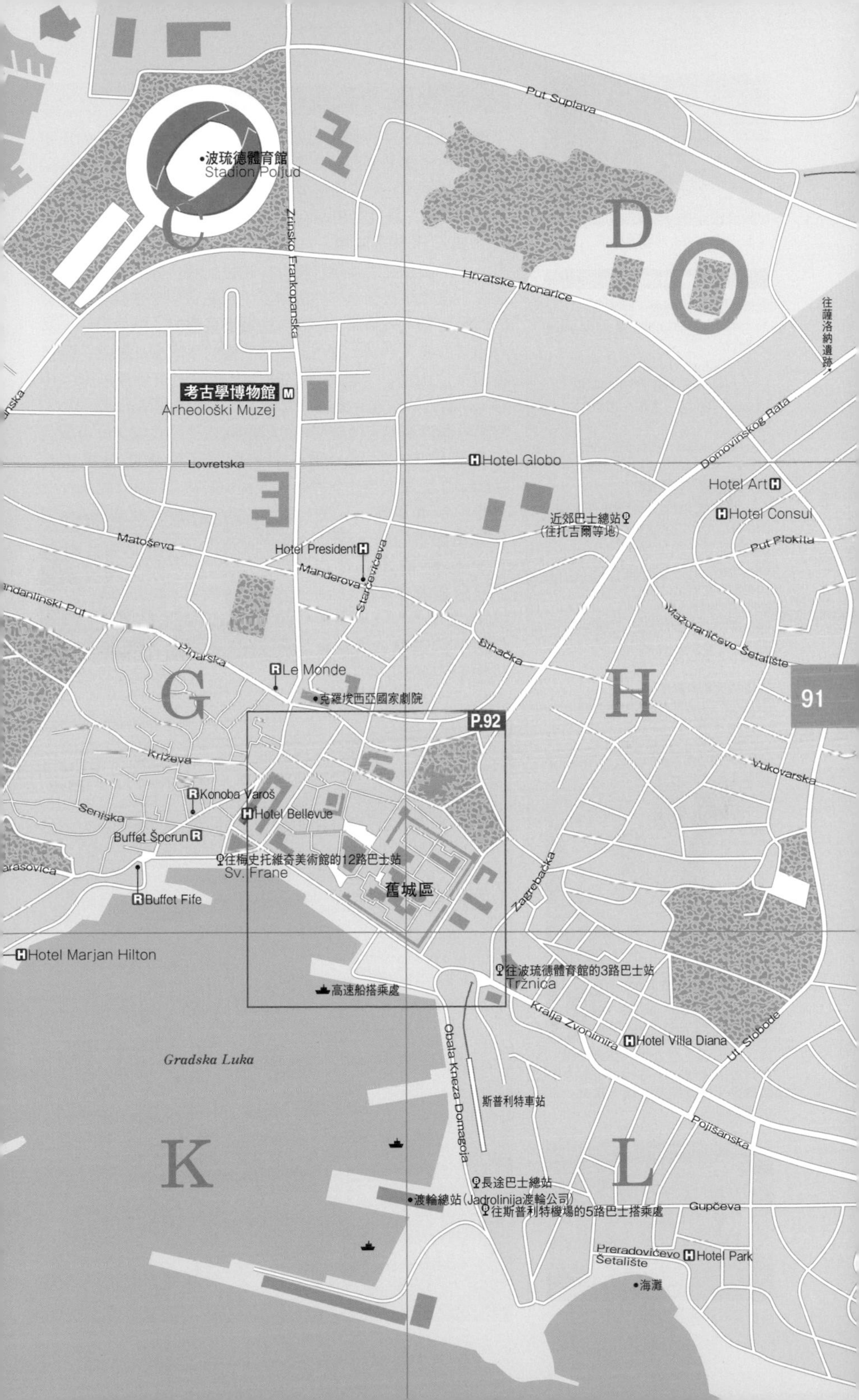
波琉德體育館
Stadion Poljud
Put Supłava
Zrinsko Frankopanska
Hrvatske Monarice
C
D
往薩洛納遺跡
考古學博物館
Arheološki Muzej
Domovinskog Rata
Lovretska
Hotel Globo
Hotel Art
Hotel Consul
近郊巴士總站
(往扎古爾等地)
Matoševa
Hotel President
Put Plokita
Manderova
Starčevićeva
Mažuranićevo Šetalište
Pinarska
Sinačka
Le Monde
克羅埃西亞國家劇院
G
H
P.92
Križeva
Vukovarska
Konoba Varoš
Hotel Bellevue
Seniska
Buffet Špcrun
往梅史托維奇美術館的12路巴士站
Sv. Frane
舊城區
Zagrebačka
Buffet Fife
Hotel Marjan Hilton
往波琉德體育館的3路巴士站
Tržnica
高速船搭乘處
Kralja Zvonimira
Hotel Villa Diana
Ul. Slobode
Gradska Luka
Obala Kneza Domagoja
斯普利特車站
Pojišanska
K
L
長途巴士總站
渡輪總站(Jadrolinija渡輪公司)
往斯普利特機場的5路巴士搭乘處
Gupčeva
Preradovićevo Šetalište
Hotel Park
海灘

## 城市魅力及遊逛方法

戴克里先皇宮受到南北215公尺、東西180公尺長的市牆環抱，而市牆的東西南北邊都設有大門，每道門都直通宮殿中心裡的廣場──列柱廊中庭廣場Peristil。從咖啡館林立的港邊大街──里瓦街Riva南邊的「銅之門」進去便會通過宮殿地底來到中庭廣場，一旦再往前邁進就看得到「金之門」。走出金之門便赫然發現於10世紀時拒絕克羅埃西亞語被拉丁語化而被稱為「克羅埃西亞語之父」、受到英雄式愛戴的寧斯基主教雕像。位於中庭廣場東邊的「銀之門」，其外頭就是露天市場，賣水果或伴手禮的店家櫛比鱗次，朝氣蓬勃。從西邊的「鐵之門」一走出宮殿便來到舊城區的中心──舊市政府建築或咖啡館林立的人民廣場Narodni Trg。宮殿外側建築隨著斯普利特的發展而以哥德式或文藝復興式等各時代樣式打造。再往西走則是平穩的馬爾揚山丘Marjan，上面有展出愛國雕刻家梅史托維奇Ivan Meštrovic其作品的美術館、公園及動物園等設施。到了斯普利特的夏天慶典「夏日嘉年華Splitsko Ljeto」時，以宮殿為舞台的中世戲劇或演唱會將在這裡輪番上演。

舊城區的中心人民廣場

里瓦海濱大街上的露天座位

### Information

**觀光服務處（列柱廊中庭廣場）**
**Turistički Informativni Centar (Peristil)**
MAP p.92
住 Peristil bb　☎ 021-345606
營 8:00～20:00（冬季～16:00）
休 無
HP http://www.visitsplit.com

**觀光服務處（里瓦街）**
**Turistički Informativni Centar (Riva)**
MAP p.92
住 Obala Hrvatskog Narodnog Preporoda 9
☎ 021-360066
營 8:00～21:00（週日～13:00）
休 無

**斯普利特夏日嘉年華**
HP http://www.splitsko-ljeto.hr

矗立於北邊「金之門」的寧斯基主教雕像。碰他的左腳姆指據說會帶來幸福，所以吸引一堆人前來，被摸得亮晶晶。

面對露天市場及攤販的「銀之門」

# Sight Seeing 景點

## 大教堂

Katedrala Sv. Duje

MAP p.92

交 人民廣場步行3分 住 Kraj Sv. Duje 5 營 8:00～20:00（冬季～12:00） 休 無

費 大教堂＋地下室＋鐘樓＋受洗室＋寶物殿 全票45Kn、大聖堂＋地下室＋洗礼室 全票25kn

從中庭廣場的列柱縫隙中望見的八角型建築就是大教堂。這原本是蓋來當作宮殿主人戴克里先的宗廟使用，但於8世紀時卻讓這裡的居民改建為基督教大教堂，裡頭供奉著受戴克里先打壓而殉教的斯普利特守護聖人多姆尼晤斯Duje。因迫害基督教而受到教徒怨恨的戴克里先，其肖像或遺物等等於是被破壞殆盡，原本安置在教堂裡的石棺竟也不知去向。

教堂內部洋溢著從外觀上感受不到的莊嚴氣氛。8根柯林特圓柱上面還殘存著戴克里先及其妻子普莉斯卡的浮雕，逃過受到破壞的劫難。4座祭壇之一的聖斯托夏的祭壇乃是出自建造希貝尼克大教堂的喬治・達爾馬齊亞Juraj Dalmatinac之手。教堂入口大門上的雕刻也相當漂亮。1214年所造的櫟樹門扉上面分成28個場景，描繪著基督生涯。

穿過主祭壇來到後面的寶物殿，這裡展示著供奉在大教堂裡的聖遺物、金銀飾品及聖畫像等宗教美術品。

大教堂地底下有間被稱為Crypt的地下室，現在已是地下禮拜堂，供奉於304年殉教的聖露其亞。

若造訪大教堂，就勢必一定要爬上斯普利特市標的鐘樓Beltry上看看。鐘樓建於中世紀，樓梯狹窄且陡，但從高60公尺的鐘

大教堂裡充滿莊嚴的氛圍

從宮殿中庭望出去的大教堂及鐘樓

樓便可環視斯普利特市區、亞得里亞海及狄那裡克阿爾卑斯山美景。

從鐘樓一覽舊城區

## 受洗室

Sv. Ivan Krstitelj

MAP p.92

交 人民廣場步行2分 營 8:00～18:45（週日12:30～18:00） 休 11～3月 費 僅受洗室為10Kn

受洗室位於中庭廣場西側最裡面一隅。原本是戴克里先為祭祀羅馬神話中主神丘比特而建的私人神殿，後來又改建為受洗室。中央巨石受洗盤旁邊雕刻著手持十字架的中世克羅埃西亞國王身影。這浮雕是亞得里亞海沿岸現存的少數11世紀前羅馬式雕刻，相當珍貴。施洗者約翰雕像是伊凡・梅史托維奇Ivan Meštrovic的作品。

具神聖氣氛的受洗室。受洗盤與天花板的雕刻引人注目

## 列柱廊中庭廣場

Peristil

MAP p.92

交 人民廣場步行3分 住 Peristil

列柱廊中庭廣場就是以往的皇宮中庭，現在則是皇宮遺跡中心，每天人潮熙來攘往，好不熱鬧。廣場裡有12根列柱，彼此間用優雅的拱門相連。南邊由4根列柱支撐的三角屋頂建築就是戴克里先的住家及玄關。鎮座在玄關旁的獅身人面像據說就是其遠征埃及時帶回來的。從這裡往上爬就來到前庭，往下走就是皇宮地下。這裡於夏天時經常用來當作嘉年華或演唱會會場。演舞台劇時，扮戴克里先的演員真的會從這玄關出場現身廣場，威風八面。

以前的皇宮中心現為列柱廊中庭廣場

## 皇宮地下

Podrumi

MAP p.92

交 人民廣場步行4分 住 Obala Hrvatskoga Narodnoga Preporoda 21 營4～5月9:00～20:00（週日～18:00）、6～9月9:00～21:00、10～3月9:00～18:00（週日～14:00） 休 無 費 展覽室全票40kn、學生票20Kn、地下通道為免費

要前往皇宮地下有2條路可選，1條是從銅之門，另1條是從中庭廣場南邊的樓梯下來。說穿了，這裡就是戴克里先宅邸的部分地下室。從前是用來當作倉庫、釀橄欖油及葡萄酒的地方。聯結銅之門及中庭廣場的地下街裡滿滿是伴手禮店。散步空檔來這裡挑個伴手禮如何？

展出釀酒器具等

地下街裡全是伴手禮店

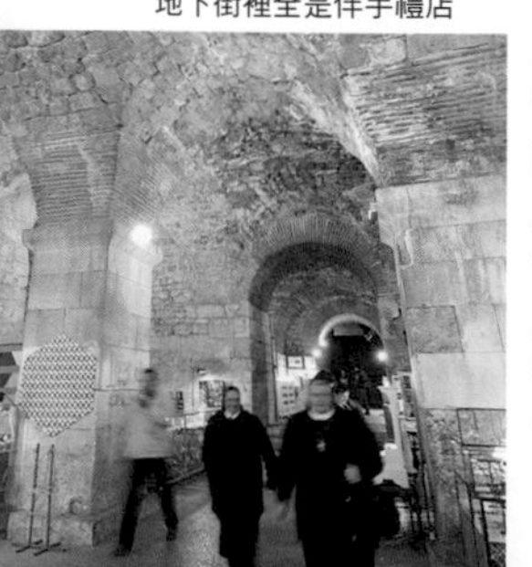

## 前庭

Vestibul

MAP p.92

交 人民廣場步行3分

順著中庭廣場南邊的樓梯往上爬便來到一處圓形空間，這空間就是前庭，相當於戴克里先住家的玄關。這空間雖用磚瓦砌造，但天花板卻開了個大洞，據說當時是用馬賽克磚裝飾屋頂的，而牆上的凹陷處原本也都有雕像。

在前庭表演合唱的團體

前庭裡有時會有男合唱團出現獻聲。他們的音樂是一種稱為Klapa的克羅埃西亞傳統無伴奏合唱曲。男聲的強度及繞樑般的和聲真是引人入勝。斯普利特也是培養出許多著名Klapa團體的城市。雖有時這些團體也會在街角表演，但由於前庭的筒狀音響效果較佳，所以還是來前庭較容易遇到他們。有些團體還會帶自己的CD來賣，喜歡的話不妨惠顧一下。

從前庭的挑高天井便看得到大教堂的鐘樓

## 民族學博物館
Etnografski Muzej

MAP p.92

交 人民廣場步行5分 住 Iza Vestibula 4 ☎ 021-344164 營 6月～9月14日9:00～19:00（週六～13:00）、9月15日～5月9:00～16:00（週六～13:00） 休 週日 費 全票15kn、學生票10Kn

這座博物館位於前庭南邊，緊鄰大教堂。1910年揭幕，歷史悠久。一開始是設在人民廣場的舊市政廳裡，2005年才移至現址。博物館本身屬4層樓建築，展覽達爾馬提亞地區傳統雕刻、陶瓷器、蕾絲及傢俱等文物。以達爾馬提亞地區為主的克羅埃西亞各地民族服飾收藏也相當豐富。祭典用的華麗服飾或各地方的獨特服飾光看都很有趣。

華麗民族服飾的收藏相當值得一看

## 市立博物館
Muzej Grada Splita

MAP p.92

交 人民廣場步行4分 住 Papalićeva 1 ☎ 021-360171 營 夏季8:30～22:00（週六、日～16:00）、冬季9:00～17:00（週六、日～14:00） 休 假日、冬季的週一 費 全票10kn、學生票5Kn

主要介紹戴克里先在位時的古羅馬時代直到現代的斯普利特歷史。博物館本身是沿用15世紀時以哥德式建造的貴族宅邸，該貴族就是帕帕利奇。展覽內容超豐富，包括戴克里先時代的硬幣、薩洛納遺址周邊的出土文物、中世的雕刻及武器等，在在傳承著城市歷史的多樣化。入口設在小巷子裡的中段部分。

網羅斯普利特的歷史

## 考古學博物館
Arheološki Muzej

MAP p.91-C

交 人民廣場步行12分
住 Zrinsko Frankopanska 25 ☎ 021-329340
營 9:00～14:00、16:00～20:00（冬季的週六～14:00） 休 週日、假日 費 全票20kn、學生票10Kn

不僅館內，就連館外都有展覽品

1820年開幕，是克羅埃西亞歷史最悠久的博物館。位於舊城區北方約1公里處。陳列品包括先史時代到中世初期的希臘、羅馬時代飾品、雕刻及武器，館藏多達15萬件。而從薩洛納遺跡挖掘到的馬賽克畫、維斯島的邱比特像等，斯普利特周邊的東西其實也不少。此外，也會展出古代硬幣、石碑、海底文物等收藏。

### MORE ABOUT CROATIA

**達爾馬提亞出身的狗狗——達爾馬提亞狗（大麥町）**

在迪士尼動畫『101忠狗』中廣為人知的白皮灑黑點的狗狗——達爾馬提亞狗（又譯大麥町）。雖其原產地已不可考，但由於常在達爾馬提亞地區出現，所以被取名為達爾馬提亞。自古以來便以狩獵犬或軍用犬、牧羊犬使用且身手不凡進而聲名大噪。以窈窕的身型和飼主悠閒地在港都海邊散步的姿態真像是畫出來的。

冠上達爾馬提亞地區名字的名犬。

## 梅史托維奇美術館
Galerija Meštrović

MAP p.90-E

交 舊城區西南的巴士站Sv.France搭12路巴士約 5 分，Galerijia Meštrović下車即到
住 Šetalište Ivana Meštrovića 46　☎ 021-340800
營 9:00～19:00（冬季～16:00、冬季的週日10:00～15:00）　休 週一、假日　費 全票40kn、學生票20Kn（與卡修特雷特通用）

位於馬爾揚山丘，是克羅埃西亞偉大雕刻家伊凡・梅史托維奇的美術館。他自1931年開始花了8年時間在這畫室集中火力創作，後來畫室便改為美術館。館內展出雕刻或繪畫等約100件作品。中庭也排列一尊尊銅製雕像。他的作品包含金之門的寧斯基主教雕像、布拉切拉迪奇廣場Trg Braće Radić的詩人馬可馬爾利奇的雕像等，作品遍布舊城區。札格雷布裡也有藝廊（→p.36），但規模較小。

表現肉體美及力度的作品

## 卡修特雷特
Kašterlet Meštrović

MAP p.90-E

交 舊城區西南的巴士站Sv.France搭12路巴士約 6 分，Kašterlet下車步行約 2 分
住 Šetalište Ivana Meštrovića 39　☎ 021 358185
營 9:00～19:00（週日10:00～、冬季～16:00、冬季的週日10:00～15:00）　休 週一、假日　費 全票40kn、學生票20Kn（與梅史托維奇美術館通用）

這座融合教堂及迴廊的複合設施位於梅史托維奇美術館西邊約400公尺處，靜靜地佇立在遠離舊城區喧嘩的馬爾揚山丘海岸邊。迴廊東側的聖十字架教堂裡還有梅史托維奇的木製浮雕作品，上面描繪基督生涯。這是由28張木雕構成的連續作品，前後花了40年才完成。祭壇裡的耶穌基督像洋溢莊嚴氣氛。

依年代描繪基督生涯的木版畫



EXCURSION

## 薩洛納遺蹟
Salona/Solin

MAP p.9-G

### 斯普利特近郊的古羅馬都市遺跡

於斯普利特北邊約5公里的索林Solin就是古羅馬時代、羅馬帝國達爾馬提亞屬州州都薩洛納。3世紀的羅馬皇帝戴克里先就是在薩洛納出生。他雖出身解放奴隸之子，但卻戰功彪炳，甚至因此坐上皇帝寶座。他把因過於巨大而變弱的羅馬帝國一分為四後再重新整建，在位21年後於305年退位。之後便隱居故鄉旁的斯普利特。

戴克里先的硬幣

薩洛納裡還殘存著許多羅馬時遺跡，在在讓人感受到羅馬時代的繁榮。包括能容納1萬7000人的圓形劇場、大澡堂遺跡及水道橋等。薩洛納於7世紀時由於受到斯拉夫人攻擊而遭破壞，所以幾乎所有遺跡都只剩基礎部分；不過光這些就夠讓人想像這城市的極盛期多達2萬人時有多熱鬧。

街邊的劇場遺跡，當時負責聯結斯普利特及托吉爾

交 斯普利特搭1路市巴士約25分，Solin下車。行駛於斯普利特與托吉爾之間的37路巴士也會經過薩洛納遺跡。
要深入城內遺跡時，需在遺跡內的考古學博物館紀念室Tusculm Musej購票(20Kn)。

# Shopping 購物

不少店家和個性十足的舊城區相比真是毫不遜色。主要街道──馬爾蒙特瓦街Marmontova（MAP p.92）裡也有多家服飾店。

## Uje

天然食品

V M D A J

MAP p.92

### 堅持自然的高品質食品店

伊斯特拉半島的松露及達爾馬提亞區的橄欖油等克羅埃西亞國內各地的名產真是琳瑯滿目。水果果醬30g15Kn當作伴手禮好實惠。

住 Marulićeva 1　☎ 021-342719　營 夏季8:00～22:00（冬季8:00～20:00、冬季的週六～14:00）　休 冬季的週日

## Nadalina

巧克力

V M D

MAP p.92

### 唯一一家人氣精品巧克力店

是「Nadalina」這品牌在克羅埃西亞國內唯一的直營店。薰衣草及乾燥無花果等獨特口味巧克力14Kn～。

住 Dioklecijanova 6　☎ 091-2108889　營 8:30～20:30（週六9:00～14:00、冬季8:00～20:00）　休 無

## Deliiicije

雜貨

V M

MAP p.92

### 擁有豐富的克羅埃西亞各地名產

除了達爾馬提亞地區的紅酒、橄欖油，還有維斯島的無花果、帕格的起司、伊斯特拉半島的松露等。這些特別的伴手禮最適合買來送給親朋好友。

住 Obala Hrvatskog Narodnog Preporoda 7
☎ 099-2182755　營 9:00～21:00　休 週日、假日

## 在斯普利特逛市場

### 露天市場 Pazar

MAP p.92

走出位於宮殿東邊的「銀之門」往南走便來到這攤販聚集的露天市場。從蔬菜、水果到衣物、日用雜貨全都有賣，總是熱鬧滾滾。廣場北邊還有個肯茲姆Konzum超市，是個相當方便的角落。市場週日休市。

斯普利特市民喜愛的熱鬧市場

### 魚市 Ribarnica

MAP p.92

魚市位在舊城區西邊、主要道路馬爾蒙特瓦街Marmontova對面，是座室內市場。正因為斯普利特是一個擁抱天然良港的港都，所以魚市場裡擺滿亞得里亞海的新鮮魚蝦類，光是看看都很有趣。白天另有戶外市場開市。週日休市。

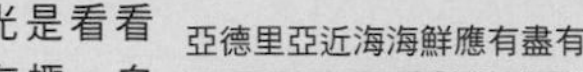
亞德里亞近海海鮮應有盡有

# Restaurant 餐廳

## Restaurant Noštromo

海鮮

不接受刷卡

MAP p.92

### 魚市內堪稱國內第一的海鮮餐廳

獲獎無數的知名主廚茲拉特可．馬利諾維奇親手料理、克羅埃西亞第一的呼聲極高。就位在魚市前，吃得到亞得里亞海的新鮮魚蝦。1樓是酒吧，而2樓現為餐廳。長臂蝦義大利麵120Kn等，雖價格稍微偏高，但味道可是掛保證。店員都很友善，一點都沒有高級餐廳那種拘謹感。

住 Kraj Sv. Marija 10　☎ 091-4056666　營 10:00～24:00
休 無　預算 90Kn～

## Konova & Reatoran Lvxor

咖啡廳

V M D A

MAP p.92

### 面向中庭廣場的石砌咖啡館

這家咖啡館面向戴克里先皇宮中心的中庭廣場，是斯普利特的著名店家。圓柱及拱門裝飾的外觀相當醒目。挑高天花板的1樓是咖啡店，2樓則是以亞得里亞海海鮮為主的高級餐廳。奶黃蛋糕及核桃蛋糕等種類豐富的蛋糕一片30Kn。夏天會有走唱演奏，一直熱鬧到半夜。

住 Kraj Sv. Ivana 11 (Peristil)　☎ 021-341082
營 8:00～24:00　休 無　預算 30Kn～

## Bistro Restaurant Apetit

克羅埃西亞菜

V M

MAP p.92

### 達爾馬提亞傳統美食改成現代風

時尚簡練風格的裝潢、高質感的擺盤皆受到時尚的斯普利特市民喜愛。海鮮義大利麵80Kn、長臂蝦燉飯80Kn等都是桌上佳餚。位於修畢切瓦街Šubićeva這條小路的中段，在2樓。

住 Šubićeva 5　☎ 021-332549　營 11:00～24:00　休 無
預算 70Kn～

## Buffet Šperun

海鮮

V M D　　MAP p.91-G

### 家庭氛圍的達爾馬提亞地方鄉土菜餚餐廳

受到當地人喜愛的餐廳。推薦這裡的海鮮義大利麵或燉飯等海鮮菜。餐廳人員全部穿著條紋衫，服務也十分周到。

住 Šperun 3　☎ 021-346999　營 9:00～23:00
休 無　預算 80Kn～

## Konoba Varoš

克羅埃西亞菜

V M D A　　MAP p.91-G

### 火候剛剛好又香噴噴的碳烤美食

用炭火炙烤的佳餚廣受好評。推薦牛排130Kn～、漢堡排（Pljeskavica）64Kn和切瓦普奇奇（ćevapčići）53Kn等肉類菜色。

住 Ban Mladenova 7　☎ 021-396138　營 9:00～24:00
休 無　預算 80Kn～

## Buffet Fife

海鮮

不接受刷卡　　MAP p.91-G

### 平價提供達爾馬提亞地方菜

位於舊城區西邊，主要供應海鮮菜的餐廳，在當地很受歡迎，總是有許多常客十分熱鬧。海鮮湯10Kn、達爾馬提亞產牛火腿45Kn等，在這裡能以實惠的價格吃得很飽。

住 Trumbićeva Obala 11　☎ 021-345223　營 6:00～24:00
休 無　預算 40Kn～

## Kavana Restoran Bajamonti

海鮮

V M D　　MAP p.92

### 裝飾藝術風格的休閒咖啡廳

改裝自電影院空間、氛圍良好的人氣店家。在這裡能大啖地中海產的海鮮。眺望港口的廣場露天座位是最棒的位置。

住 Trg Republike 1　☎ 021-341033　營 7:30～24:00（週五、六～翌1:00、週日9:00～）　休 無　預算 15Kn～

## Slastice Bobis

咖啡廳

不接受刷卡　　MAP p.92

### 受市民愛戴的老字號西點店

現烤出爐的起司麵包、丹麥酥皮麵包、可頌麵包，還有冰淇淋。一早開始就相當熱鬧。

住 Obala Hrvatskoga Narodnoga Preporoda 20　☎ 098-395337
營 6:00～24:00（週五、六～翌2:00）　休 無　預算 10Kn～

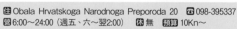

# 飯 店

舊城區裡有幾家小規模的飯店，但價格有些偏高。沿海則錯落著大型度假飯店。舊城區周邊也有幾家青年旅館。

## Hotel President

V M D A　MAP p.91-G

**時尚裝潢的客房營造充實的停留時光**

洋溢高級感的客房裡全是內斂的傢俱及擺設。位於舊城區北邊，距市中心大約10分鐘腳程。可Wi-Fi無線上網，故商務型住客也不少。

住 Starčevićeva 1　☎ 021-305222　FAX 021-305225
費 T/€160～　72間　HP http://www.hotelpresident.hr

## Hotel Park

V M D A　MAP p.91-L

**受海洋及公園環抱、環境極佳**

距長途客運總站只要10分鐘腳程。1921年開幕，歷史相當悠久，是國內高評價的老牌飯店。海景房可望見亞得里亞海及海灘。

住 Hatzeov Perivoj 3　☎ 021-406400　FAX 021-406401
費 S/€132～、T/€183～　72間
HP http://www.hotelpark-split.hr



## Hotel Peristil

V M D A　MAP p.92

**緊貼著古羅馬城牆**

進入宮殿東門「銀之門」後於左手邊就看得到這家飯店。部分客房還直接和城牆共用牆壁。西邊的客房和大教堂及鐘樓遙遙相對，堪稱隱藏版最佳景點。

住 Poljana Kraljice Jelene 5　☎ 021-329070　FAX 021-329088
費 S/€95～、T/€120～　12間
HP http://www.hotelperistil.com

## Hotel Vestibul Palace

V M D A J　MAP p.92

**聳立於宮殿前庭的高級精品飯店**

位於宮殿中心的小飯店。建築物本身在在讓人感到悠久歷史，而裝潢則是時尚簡練。新舊要素所營造出的魅力經常登上世界各國資訊雜誌，備受好評。

住 Iza Vestibula 4　☎ 021-329329　FAX 021-329333
費 S/€84～、T/€90～　11間
HP http://www.vestibulpalace.com

## Hotel Slavija

VMDA　MAP p.92

**利用部分宮殿建成，歷史悠久**

於20世紀初開幕但客房很現代。爬上文藝復興樣式的階梯便看到迎賓廳。客房簡約，從單人房到5人房都有，不管是自助或闔家旅遊全都方便利用。

住 Buvinina 2　☎ 021-323840　FAX 021-323848　費 S/€78～、T/€117　25間　HP http://www.hotelslavija.hr

## Hotel Bellevue

VMDA　MAP p.91-G

**面對廣場及海岸道路的開放性飯店**

位於舊城區西邊，就在公共廣場的一隅。客房雖有些年限了，但十分寬闊舒適。1樓是餐廳，迎賓廳則設在2樓。

住 Bana Josipa Jelačića 2　☎ 021-345644　FAX 021-362383　費 S/€57、T/€78　50間　HP http://www.hotel-bellevue-split.hr

## Hotel Adriana

VMDA　MAP p.92

**眼前就是亞得里亞海，位置極佳**

位於舊城區裡的中級飯店。面對著人來人往的熱鬧海濱大街（里瓦街），從海景房便可望見亞得里亞海。雖然立地良好，但客房較簡潔。

住 Obala Hrvatskoga Narodnoga Preporoda 8　☎ 021-340000　FAX 021-340008　費 S/400Kn～、T/600Kn～　15間　HP http://www.hotel-adriana.com

## Hotel Villa Diana

VMDA　MAP p.91-L

**環境靜謐的瀟灑度假村**

改建1881年的度假村而成的小巧飯店。全部客房都有浴缸，也支援免費Wi-Fi無線上網。1樓是當地居民都稱讚的餐廳。距舊城區走路只要5分鐘。務必先訂房。

住 Kuzmanica 3　☎ 021-482460　FAX 021-482451　費 T/€50～　6間　HP http://www.villadiana.hr

## Goli ± Bosi

VMDA　MAP p.92

**開在舊城區的設計師飯店**

於2010年開幕。以白色與檸檬色為基調的時尚飯店。位置良好，單人房空間寬敞，但多人房就稍微窄了一些。自助式早餐需另付費37Kn。

住 Morpurgova Poljana 2　☎ 021-510999　FAX 021-600890　費 S/€33～、T/€42～、多人房/€11～　29間、138床　HP http://www.golibosi.com

# 在斯普利特觀看足球比賽！

和熱情的粉絲一起觀看
克羅埃西亞人氣運動——足球！

**斯普利特海杜克**
**NK Hajduk Split**
比賽日程及選手名單等
HP http://www.hajduk.hr
費 門票依運動場場區而分成30～80Kn不等
東區一般來說觀眾較多，建議選這一區



**Stadion Poljud**
MAP p.97-C
交 從人民廣場徒步約20分鐘。要搭巴士的話，可從位於舊城區東南方的公車站Tržnica搭3號巴士往北走，約10分鐘即到

**Fan Shop Hajduk**
MAP p.92
住 Trogirska 10　☎ 021-343096
營 9:00～22:00（冬季8:00～20:00）
休 冬季的週日　費 球衣（複製品）490Kn～、鑰匙圈30Kn等

## 斯普利特老手——海杜克

足球是克羅埃西亞最受歡迎的運動。其歷史可回溯自前南斯拉夫時代，代表隊乃是世界級強隊，舉世聞名。現在，克羅埃西亞國內甲級聯賽目前有16隊。其中，不管是人氣指數還是實力都分庭抗禮的就是「札格雷布戴拿模Dinamo Zagreb」及「斯普利特海杜克Hajduk Split」這2隊。主場設在斯普利特的海杜克隊在達爾馬提亞地區享有超高人氣，很多粉絲非常瘋狂。2011年時，適逢俱樂部迎接百周年紀念，而為創造出新歷史，於是俱樂部便和粉絲一同歡慶。

畫在街頭牆壁的隊徽

## 在郊外的體育場觀看比賽

海杜克的主場是在斯普利特舊城區北邊的波琉德體育館。舊城區裡的粉絲商店除了有售票外當然也賣球衣及周邊商品，開賽前不妨走上一趟。門票也可以在開賽前於體育館販賣部購買。海杜克的支持者被稱為「Torcida」，加油陣營都在北邊的球門後方。他們在開賽前會排人體文字炒熱場子，但有些人會High過頭而點燃發煙筒，蠻危險的，敬請特別小心。

支持者還會排人體文字

克羅埃西亞國家足球隊於2018年世界盃足球賽，奪下亞軍，創下亮眼佳績，別再遲疑，趕快來和克羅埃西亞的足球迷們一起分享體育館的狂熱吧！

穿藍白球衣的是海杜克隊員

## 運河上的世界遺產古都
# 托吉爾

MAP p.8-F **Trogir**

## 城市概略

托吉爾是座位於斯普利特西邊約25公里處的小島。城市的起源可回溯至西元前3世紀古希臘人所築之殖民都市。13～15世紀時經濟開始發展，而為了增加防衛能力進而修築城牆。和本土之間以運河相隔。舊城區仍保留中世面貌傳承至今，於1997年註冊為世界遺產。

各時代的教堂及宮殿林立的樣子，整座島真的彷彿像是中世建築博物館。而在好幾座歷史性建築中，聖羅浮大教堂又獨樹一格，其入口處的細緻雕刻據說是克羅埃西亞裡、羅馬哥德美術的最高傑作。高43公尺的鐘樓乃是托吉爾的市標，深受市民喜愛。

從本土跨橋而來便是位於舊城區入口處的北門Sjeverna Gradska Vrata。舊城區有多條複雜的小巷弄，甚至通往聖羅浮大教堂的主要道路格拉多斯卡街Gradsku Ul.也不怎麼大條。即便相同是中世之城，但和揉合現代要素的斯普利特相比，托吉爾則顯得樸素多了。

●前往托吉爾
●從希貝尼克出發
巴士：所需時間3小時。1小時1～3班
●從斯普利特出發
巴士：從長途巴士總站約40分。1小時1～2班。
從近郊的巴士總站搭37號市公車約1小時，1小時2～3班。車資4區（21Kn）

**Information**

**托吉爾觀光服務處**
**Turistička Zajednica Grada Trogira**
MAP p.103-B
住 Trg Ivana Pavla II 1
☎ 021-885628
營 8:00～21:00（週日9:00～13:00、冬季～17:00）
休 冬季的週日
HP http://www.tztrogir.hr

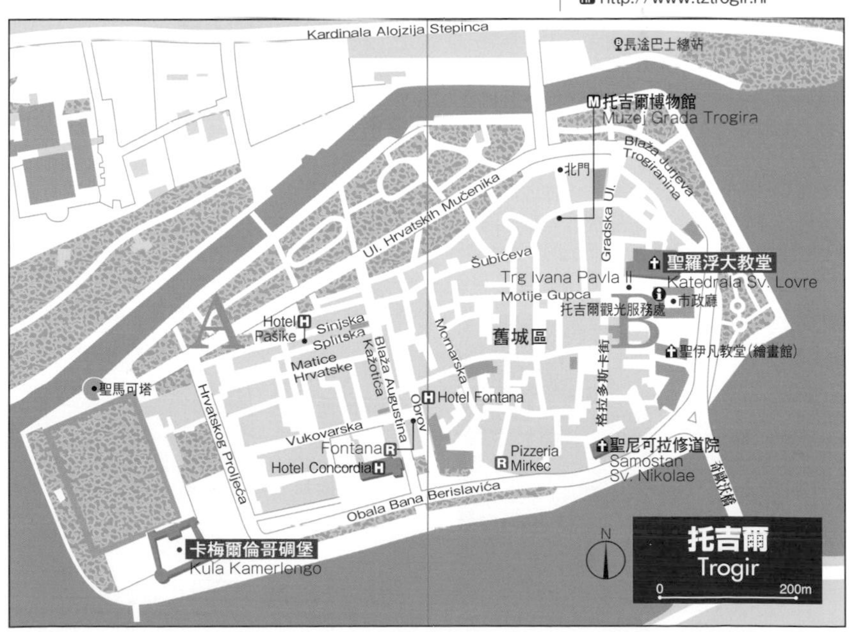

Sight Seeing 景點

## 聖羅浮大教堂
Katedrala Sv. Lovre

MAP p.103-B

交 北門步行2分　住 Trg Ivana Pavla II　營 8:00～18:00（週日12:00～18:00、冬期9:00～12:00）　休 冬季的週日

聖羅浮大教堂位於舊城區中心伊瓦那帕芙拉廣場Trg Ivana Pavla II。建造時間橫跨13世紀到15世紀。而正由於工期太長，故造成羅馬式及哥德式等多樣化建築樣式全用上了。3層樓高的鐘樓其窗子的形狀每層樓都不一樣。

窗子的形狀千萬別錯過

西邊正門的雕刻是1240年時出自雕刻家拉多萬Radovan之手。騎在獅子上的亞當及夏娃等聖經上相關的細緻雕刻，據說是克羅埃西亞境內羅馬哥德式美術最重要的作品。

教堂內部有文藝復興式的聖伊凡禮拜堂、哥德式聖歌隊席及寶物室等，可看性十足。

高43公尺的鐘樓可將舊城區盡收眼底，儼然是座瞭望台。而聳立在教堂對面廣場上的鐘塔旁邊就是稱為「Loggia」的中世時期集會所兼涼廊，很適合來歇歇腿。

拉多萬的雕刻作品

教堂裡的巨大十字架



## 托吉爾博物館
Muzej Grada Trogira

MAP p.103-B

交 北門步行1分　住 Gradaski Vrata 4
☎ 021-881406　營 9:00～12:00、17:00～20:00（冬季～14:00）　休 冬季的週日　費 全票20kn

利用威尼斯貴族加拉格寧家族的宮殿改建而成的博物館，就位在進入北門處。展出比希臘人更早住在此地的古伊利里亞人的時代到現代為止的托吉爾史料及無數的雕刻、繪畫作品。

## 聖尼可拉修道院
Samostan Sv. Nikolae

MAP p.103-B

交 北門步行4分　住 Gradska 2
☎ 021-881631　營 10:00～13:00、16:00～18:00
休 週日、冬季　費 全票15Kn

這是本篤會於11世紀時所蓋的女子修道院。修道院附設小博物館，展出金銀飾品及蕾絲等。其中，西元前3世紀的古希臘幸運之神——凱洛斯Kairos的雕像乃是代表托吉爾的考古學遺產，名聞遐爾，同時也成為城市的吉祥物。

## 卡梅爾倫哥碉堡
Kula Kamerlengo

MAP p.103-A

交 北門步行10分　營 9:00～18:00（夏季～24:00）
休 冬季、不定休　費 全票25kn

舊城區西邊郊外的莊嚴碉堡。利用15世紀威尼斯共和國時代的瞭望塔改建而成。由於原本就是防禦海上強敵而建的城堡，所以從這裡眺望出去的亞得里亞海景色真的沒話說，當然聖羅浮大教堂及舊城區也是一覽無遺。卡梅爾倫哥城堡的北邊是圓型碉堡聖馬可塔，算是防禦陸上敵軍的重地。朝城堡綿延而去的沿岸濱海大道開放感十足，散起步來好愜意。

位於海濱，碉堡的景色相當美

# Restaurant 餐 廳

## Pizzeria Mirkec

披薩店

V M

MAP p.103-B

**熱騰騰的道地石窯披薩令人食指大動**

這家石窯披薩店就位在舊城區。店家把露天座位往外推到海岸道路，可邊欣賞進出港灣的船隻邊享用剛出爐的披薩。菜色有瑪格麗特披薩40Kn、海鮮披薩Frutti di Mare50Kn、義大利麵及燉飯等。也提供外送服務到舊城區附近的飯店。

住 Budislavićeva 15 ☎ 021-883042 營 10:00～24:00
休 無 預算 60Kn

# Hotel 飯 店

## Hotel Concordia

V M A

MAP p.103-A

**舊城區唯一面向亞得里亞海的飯店**

這是有300年歷史的古建築改裝成的飯店。客房很新，印象相當清爽。夏天時，挑個面向海岸道路的露天座位吃頓早餐，感受優美景觀。冬季暫停營業。

住 Obala Bana Berislavića 22 ☎ 021-886400
FAX 021-885401 費 S/400Kn～、T/550Kn～ 11間
HP http://www.concordia-hotel.net

## Hotel Pašike

V M D A

MAP p.103-A

**裝潢可愛很受女性歡迎**

位於舊城區運河旁。空間配色活潑鮮明，搭配古董風格的家具及擺設，深受女性歡迎。1樓有供應達爾馬提亞地區鄉土佳餚的餐廳。早餐為自助式型態。在居家的氛圍中能好好地放鬆。

住 Sinjska bb ☎ 021-885185 FAX 021-797729
費 €90～ 13間 HP http://www.hotelpasike.com

## Hotel Fontana

V M D A

MAP p.103-B

**佇立在舊城區的小巷弄裡**

位於舊城區中心。有標準房及附浴缸的套房。冬天暫停營業。對面就是同系列的餐廳，海鮮相當好吃。

住 Obrov 1 ☎ 021-885744 FAX 021-885755 費 S/€50～、T/€70～ 14間 HP http://www.fontana-trogir.com

斯普利特郊外的景點

# 克羅埃西亞第一度假勝地

●前往馬卡爾斯卡
●從斯普利特出發
巴士：所需時間約1小時30分。1小時1～3班
●從杜布羅夫尼克出發
巴士：所需時間約3小時。1天12班

ⓘInformation

**馬卡爾斯卡觀光服務處**
**Turistička Zajednica Grada Makarske**
住 Obala Kralja Tomislava 16
☎ 021-612002
營 8:00～20:00（週日～12:00、冬季7:00～14:00）
休 冬季的週六、日
HP http://www.makarska-info.hr



## 馬卡爾斯卡 Makarska

MAP p.9-G

達爾馬提亞地區雖有許多魅力十足的度假勝地，但是像馬卡爾斯卡這般受歡迎的還真找不到第二處。海湛藍又透明，此外還有綠意盎然的松林、美麗沙灘，是個不折不扣的休養地。這一帶綿延著約60公里的白石海灘，享有「馬卡爾斯卡美麗海岸」美稱。聳立在背後的是海拔1762公尺的畢歐可沃Biokovo山。這座山在克羅埃西亞高度排名第二，是亞得里亞海沿岸最高峰。市裡的方濟各會修道院附設博物館，展出珍貴貝類。除此之外還有許多景點等您大駕光臨。

這地方位於斯普利特東南方約60公里處，不管是要前往斯普利特還是杜布羅夫尼克都可以當天來回。由於不少度假飯店都很適合長期停留，7～9月幾乎每天都有活動，其中最High的是7月底～8月初所舉行的嘉年華。

松林綿延的美麗沙灘

●前往波爾
●從斯普利特出發
船：所需時間約1小時。1天1班。也有到布拉丘島北部蘇佩塔爾Supetar的船班。此船班的所需時間也是約1小時。
1天7～14班
●從馬爾卡斯卡出發
船：有船班前往布拉丘島東部的蘇曼婷Sumartin。所需時間約1小時。1天3～5班。要到波爾需轉搭巴士

ⓘInformation

**波爾觀光服務處**
**Turistička Zajednica Općine Bol**
住 Porat Bolskih Pomoraca bb
☎ 021-635638
營 8:30～22:00（冬季～14:00）
休 冬季的週六、日
HP http://www.bol.hr

## 波爾 Bol

MAP p.9-G

位於斯普利特南方海域上的布拉丘島Brač是達爾馬提亞地區最大島嶼。這裡自古就是優質岩石切割場，希貝尼克大教堂及斯普利特的戴克里先皇宮等世界各國著名的宮殿、官邸都是採用這裡的石材。

南岸城市波爾，是處綿延15公里沙灘的人氣度假勝地，沙灘的一端有個名喚「Zlatni Rat」、形狀奇特的海角；Zlatni Rat意謂「黃金角」，突出海面約400公尺，也是座美麗沙灘。在從對岸的赫瓦爾島吹來的風及浪潮影響下，據說這沙灘的形狀還會變化呢。這片海同時也是沖浪者的朝聖之地。從波爾的市中心到茲拉托尼．拉特約2公里，夏天時會開出船隻或觀光列車等頻繁地往返於市中心與海灘。

形狀特殊、稱為「黃金角」的海灘

# 赫瓦爾島

MAP p.9-G **Otak Hvar**



## 城市概略

赫瓦爾是亞得里亞海最火紅的度假島嶼。溫暖的地中海氣候導致日照時間較長，遂贏來「歐洲陽光島嶼」美稱。島中心是赫瓦爾，而為了與島名作區別，故也稱為赫瓦爾城。白石砌造的住家環抱著峽灣，港口周邊盡是度假飯店。據說夏天時會有許多名人悄悄造訪哦！

島的歷史深遠，可回溯至史前。4世紀時，古希臘人在此殖民並開墾，北部的史塔利格拉德Stari Grad尚保存著當時的農業區劃。而赫瓦爾城裡的阿森納（赫瓦爾劇院）乃建於1612年，是歐洲首座公共劇場。

位於市中心的聖斯捷潘娜廣場Trg Sv. Stjepana到處看得到咖啡館及餐廳，露天座位經常熱鬧非凡。而從停泊在港口裡的各國遊輪更是遊客嘻鬧聲不絕於耳，直至深夜。島上的薰衣草栽培極盛，故又稱「薰衣草之島」。斯普利特所販售的薰衣草乾燥花（香袋）幾乎都是赫瓦爾產。港邊的攤販都有賣芳香精油及香皂等各種薰衣草周邊商品。另外，這裡也是克羅埃西亞國內著名的葡萄酒產地。

從斯普利特搭快速雙體船到赫瓦爾城僅僅只要1小時30分。汽車渡船會從擁有大型港的史塔利格拉德入港。而從史塔利格拉德到赫瓦爾城會有巴士班次配合船隻到達時間行駛。

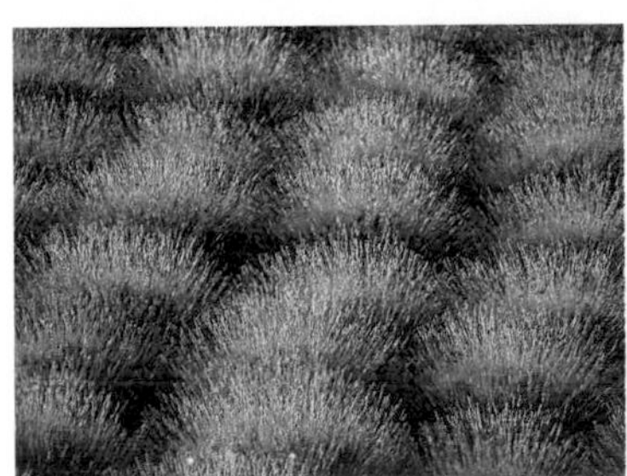
赫瓦爾島知名的薰衣草田
照片提供／©克羅埃西亞政府觀光局

●前往赫瓦爾
●從斯普利特出發
船：搭高速船所需時間約1小時。1天2班。前往史塔利格拉德港的渡輪所需時間約2小時。1天3班
●從科爾丘拉出發
船：搭高速船所需時間約1小時30分。1天1班。從科爾丘拉的維拉魯卡搭高速船所需時間約1小時。1天1班
●從杜布羅夫尼克出發
船：前往史塔利格拉德港所需時間約8小時，1週2班（僅夏季）

**Information**

**赫瓦爾觀光服務處**
**Turistička Zajednica Grada Hvara**
MAP p.108-B
住 Trg Sv. Stjepana bb
☎ 021-741059
營 8:00～14:00、15:00～22:00（冬季8:30～14:00、冬季的週六8:00～12:00）
休 冬季的週日
HP http://www.tzhvar.hr

島上的驢子是重要的勞動力

# Sight Seeing 景點

## 聖斯捷潘娜大教堂
Katedrala Sv. Stjepana

MAP p.108-B

交 渡輪搭乘處步行3分
住 Trg Sv. Stjepana 營 9:00～13:00、17:00～18:00
休 夏季的週日、冬季 費 全票10kn

面向聖斯捷潘娜廣場的大理石砌教堂。16～17世紀時以後文藝復興樣式建造。最大特色是鐘樓，隨著愈往上走，窗戶便愈來愈多。教堂附設博物館，展出屬於教會的宗教藝術品。

代表赫瓦爾島的教堂

## 阿森納（赫瓦爾劇院）
Arsenal

MAP p.108-B

交 渡輪搭乘處步行2分 住 Trg Sv. Stjepana bb
☎ 021-741009 營 9:00～14:00、16:00～21:00（週日～13:00） 休 冬季 費 全票10Kn

位於聖斯捷潘娜廣場一角，建於17世紀初的造船廠。1樓面向港口拱門處是進行造船與修理的船塢。1612年時，為了市民在2樓增設劇院。和義大利的維琴察城Vizenza的奧林匹克劇院並稱歐洲最古老的重要史跡。劇院現在仍作舞台使用進行演出。

劇院內也有開放參觀

戲劇或活動舉辦期間，人們會從島上各處齊聚於此

赫瓦爾（赫瓦爾城區）
Hvar
0 100m

城塞 Tvrđava Španjola
本篤會修道院 Benediktinski Samostan
Bože Domančića
往史塔利格拉德、史塔利格拉德港的巴士站
Park
The Palace
Restoran Luna
Giaxa
聖斯捷潘娜大教堂 Katedrala Sv. Stjepana
Hotel Amfora
阿特拉斯旅行社 Atlas
Adriana Hvar Spa Hotel
赫瓦爾觀光服務處
聖斯泰帕諾廣場 Trg Sv. Stepana
阿森納（赫瓦爾劇院） Arsenal
往史塔利格拉德 Stari Grad
史塔利格拉德港
Red Baron
Hotel Delfin
郵局
赫瓦爾港 Luka Hvar
貝雷格里尼旅行社 Pellegrini Tours
Riva Yacht Harbour Hotel
渡輪搭乘處
Jadrolinija渡輪公司
Hotel Dalmacija
海灘
方濟會修道院 Franjevački Samostan

## 城塞
Tvrđava Španjola MAP p.108-B

交 渡輪搭乘處步行25分
住 Gradska tvrđava ☎ 021-743067
營 9:00～19:30 休 11～3月 費 全票30kn

佇立在赫瓦爾城北邊的城塞是16世紀中葉由統治赫瓦爾的威尼斯共和國所修築的，亦稱為修帕紐拉碉堡。從市中心到城塞一路上都是陡坡，不過由於從城塞露台便可將赫瓦爾城的街景及亞得里亞海的帕克雷尼群島Pakleni Otoci所交織出的美景盡收眼底，所以還是很值得推薦。城塞內部有展覽海底出土文物的博物館、監獄遺蹟及可供歇腿的咖啡店等。

從城塞露台望見的亞得里亞海

## 本篤會修道院
Benediktinski Samostan MAP p.108-B

交 渡輪搭乘處步行10分 住 Groda bb
☎ 021-741052 營 10:00～12:00、17:00～19:00 休 週日、10～5月 費 全票10kn

建於1664年的本篤會女子修道院。附設的博物館內展示宗教美術品，同時也展出並販售修女們製作的美麗蕾絲。赫瓦爾的蕾絲因以龍舌蘭葉纖維織成而聞名遐邇，與帕格及雷波格拉瓦Lepoglava的蕾絲共同獲登錄為聯合國教科文組織的無形文化遺產。

現在有10名修女繼承蕾絲的編織技術

## 方濟會修道院
Franjevački Samostan MAP p.108-B

交 渡輪搭乘處步行3分
住 Franjevački Samostan ☎ 021-741193
營 10:00～13:00、17:00～19:00
休 週日、10～5月 費 全票25kn

這座修道院位於港口南邊，建於15世紀。修道院本身附設博物館，展出繪畫等收藏。提齊安諾Tiziano的弟子馬泰奧蓬佐尼所畫的『最後的晚餐』千萬別錯過。修道院入口處的聖母子像則是經手希貝尼克聖雅各大教堂的尼可拉菲歐蘭提納茲的作品。

海邊的修道院收藏著名畫

## 史塔利格拉德
Stari Grad MAP p.9-G

交 赫瓦爾的巴士總站搭往史塔利格拉德的巴士約25分
☎ 021-765763（觀光服務處）

史塔利格拉德位於赫瓦爾島北部。從前曾以赫瓦爾島中心地之姿繁榮一時，市內至今殘存著多數遺蹟。城市東北方就是史塔利格拉德平原Starogradsko Polje，盡是橄欖田及果樹園。西元前4世紀由古希臘人修築、區劃耕地的石垣等仍保存完整，2008年時列為世界文化遺產。由於沒有交通工具可到達史塔利格拉德平原，所以不妨參加旅行社的旅遊團或租車前往。

這平原從2400年前開始便開始農耕開發

悠閒的史塔利格拉德帆船港

# Restaurant 餐廳

聖斯捷潘娜廣場及港口周邊有多家餐飲店。夏天都營業到深夜。

## Restoran Luna

海鮮

V M D A　MAP p.108-B

**大啖亞得里亞海的新鮮海鮮佳餚**

鮮度超群的海鮮，以及友善的服務態度廣受好評，是人氣很高的店家。海鮮義大利麵99Kn等。口味稍重。屋頂的露天座位十分舒適。座位費10Kn。

住 Petra Hektorovica 1　☎ 021-741400　營 12:00～24:00
休 10月後半～4月　預算 120Kn～

# Hotel 飯店

遊客在赫瓦爾城的飯店都能享受到完善的度假生活。若想節省住宿費用，不妨請旅行社介紹個人房間。

## The Palace

V M D A　MAP p.108-B

**赫瓦爾歷史最悠久的老字號**



赫瓦爾歷史最悠久的飯店。就位於聖斯泰帕諾廣場旁，剛好可以俯看港灣美景，地理位置極佳，人氣很高。若想於夏天入住就得事先訂房。飯店內附有泳池。

住 Trg Sv. Stjepana 5　☎ 021-750400　FAX 021-742420
費 S/T/€81～　73間　HP http://www.suncanihvar.com

## Adriana Hvar Spa Hotel

V M D A　MAP p.108-A

**將赫瓦爾城街衢美景盡收眼底**

位於港口西邊的現代化飯店。SPA、泳池等設備相當完善。從海景房及頂樓的露天座位、酒吧望見的赫瓦爾城及港景之美均深獲好評。

住 Fabrika 28　☎ 021-750200　FAX 021-750201　費 S/€114～、T/€127～　59間　HP http://www.suncanihvar.com

## Riva Yacht Harbour Hotel

V D A　MAP p.108-B

**面向港口的義式風格飯店**

就位在赫瓦爾城的船塢旁。客房裝潢內斂，很有質感。露天的咖啡酒吧深受當地居民喜愛。

住 Riva 27　☎ 021-750100　FAX 021-750101
費 S/T/€118～　54間　HP http://www.suncanihvar.com

# 好像要被吸入神秘夢幻的海洋之中
# 前往藍洞
## Modra Špilja

MAP p.8-F

太陽和大海交織出幻想般的色彩及空間。且讓我們整裝前往這長眠於亞得里亞海裡的藍色洞窟吧！



### 前往整片藍的幻想空間

提到藍洞，雖大家會想起義大利的卡普利島，但事實上，克羅埃西亞也是不遑多讓哦。克羅埃西亞的藍洞位在達爾馬提亞地區的外海島嶼之一，比謝沃島Biševo。而比謝沃島則位於大型渡輪進出的維斯島Vis西南方，是座人口僅20個人的蕞爾小島。島本身由石灰岩構成，海岸邊有許多洞窟。而藍洞就是島東岸的小洞窟。只要中午前後，太陽光注入洞窟地下再反射出來，就會呈現海水閃耀出藍色光輝的自然現象。洞窟內染成一片藍，美到難以形容。洞窟入口狹小到幾乎只容許一隻小船通過，所以漲潮時有時會進不去。

中央底下就是藍洞入口

### 起點是赫瓦爾島、維斯島

要前往藍洞，建議參加從赫瓦爾島或維斯島出發的旅遊團較為方便。例如，從赫瓦爾城出發的半日遊：看完藍洞後，回到維斯島的港都克米札Komiža吃個午餐便返回赫瓦爾城。另外，也有旅行社推出藍洞加維斯島周邊的「綠洞」或「熊洞」等套裝行程。旺季（7～8月）時每天出團。淡季的話則一週出團3～4次。冬天不出團。

洞窟裡還有自然形成的橋

●前往維斯島
●從斯普利特出發
船：所需時間約2小時20分。1天2～4班。

**Information**

**維斯觀光服務處**
**Turistička Zajednica Grada Visa**
☎ 021-717017
HP http://www.tz-vis.hr

**克米札觀光服務處**
**Turistička Zajednica Grada Komiža**
☎ 021-713455
HP http://www.tz-komiza.hr

**●推出藍洞旅遊團的旅行社**
**赫瓦爾島的旅行社**
**阿特拉斯Atlas**
MAP p.108-A
住 Obala bb
☎ 021-741670

**貝雷格里尼旅行社**
**Pelegrini Tours**
MAP p.108-B
住 Riva bb
☎ 021-742743

維斯島西岸的港都──克米札

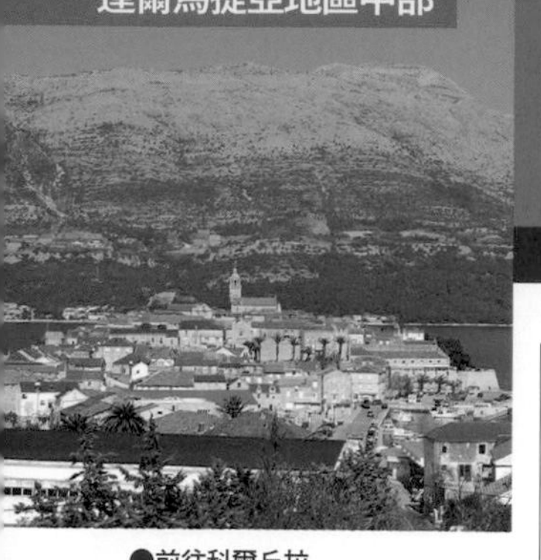

留有馬可波羅歷史的島

# 科爾丘拉

MAP p.9-G **Korčula**

●前往科爾丘拉
●從札格雷布出發
巴士：所需時間約11小時。
1天1班
●從斯普利特出發
巴士：所需時間約5小時30分。
1天1班。
船：搭高速船所需時間約2小時40分。1天1班。搭前往維拉魯卡的高速船所需時間約2小時。1天1班。搭渡輪所需時間約3小時。
1天2班。
●從赫瓦爾島出發
船：搭高速船所需時間約1小時30分，1天1班。搭前往維拉魯卡的高速船所需時間約1小時。
1天1班
●從杜布羅夫尼克出發
巴士：所需時間3小時。
1天1～3班
船：所需時間約4小時30分。
1週2班。（僅夏季）

維拉魯卡 Vela Lu ka
MAP p.9-G
前往科爾丘拉島的船有部分會停靠維拉魯卡港。從維拉魯卡到科爾丘拉有巴士會配合船隻抵達時間行駛。

**ⓘInformation**

**科爾丘拉觀光服務處**
**Turistička Zajednica Grada Korčule**
MAP p.112
住 Obala Dr. Franje Tuđmana 4
☎ 020-715701
營 8:00～21:00（週六、日9:00～13:30、冬季～15:00）
休 冬季的週日
HP http://www.korcula.net

聯結對岸城市歐雷畢奇

## 城市概略

科爾丘拉島和本土之間由狹長的培列夏茲半島Poluotok Pelješac銜接。距離半島上的城鎮歐雷畢奇Orebi 僅2.5公里。島的中心地區是和島名相同的科爾丘拉。舊城區位在全長200公尺左右的小半島上，走路5分鐘就可以縱向貫穿。受城牆環抱，中世的歷史建築及文化就這麼一路傳承至今，相當具有傳統。

科爾丘拉據說是寫下『東方見聞錄』的作者馬可波羅的出生地。馬可波羅原是威尼斯共和國商人，他也是第一個把亞洲資訊帶回歐洲的人，這點眾所周知。其生涯雖仍有多處疑點，但舊城區裡卻有間房子，相傳是他的老家。

要逛舊城區不妨從面對南門的托米斯拉夫廣場Trg Kralja Tomislava開始。舊市區以聖馬可大教堂為中心點由南北向的主要道路貫穿，而其旁邊的小巷弄均向海邊延伸而去，看起來就像根「魚骨頭」，非常好懂。

# Sight Seeing 景點

## 聖馬可大教堂
Katedrala Sv. Marka

MAP p.112

交 托米斯拉夫廣場步行5分 住 Trg Sv. Marka
營 9:00～12:00（寶物館為～19:00） 休 不定休、寶物館為11～3月 費 免費（寶物館全票25kn）

面向舊城區的中心──聖馬可廣場Trg Sv. Marka教堂，建於15～16世紀。正面由玫瑰花窗、入口則由獅子及亞當、夏娃的雕像裝飾。緊鄰的小寶物館定期展出聖袍及宗教畫作。

位於半島最高處的教堂

## 馬可波羅的家
Kuća Marka Pola

MAP p.112

交 托米斯拉夫廣場步行7分 住 Ul. Depolo
營 9:00～15:00（6～9月～20:00） 休 11～4月
費 全票20kn

據說是出身科爾丘拉的馬可波羅的老家。如塔般的波羅老家定期展出有關馬可波羅的史料，屋頂的風景也很不錯。馬可波羅在科爾丘拉海上所爆發的威尼斯、傑諾瓦海戰當中被俘，身在獄中時所訴說的內容據聞就是『東方見聞錄』，舉世皆知。每年9月，穿著中世服飾的市民會忠實地演出當時的海戰情景。

跨過巷弄的房屋

位於玄關旁的馬可波羅肖像

## 科爾丘拉博物館
Gradski Muzej Korčula

MAP p.112

交 托米斯拉夫廣場步行5分 住 Trg Sv. Marka bb
☎ 020-711420 營 7～9月9:00～21:00、10～3月10:00～13:00、4～6月10:00～14:00 休 週日
費 全票20kn

這座博物館位於大教堂斜對面，乃利用16世紀的文藝復興式建築改建而成。石雕、造船資料、城市歷史文化及產業等都在展示之列。其他還有一些和馬可波羅相關的展覽。

展出島上生活的城市博物館

### MORE ABOUT CROATIA

**島上的傳統舞蹈－蒙雷修卡Moreska**

流傳在科爾丘拉上的蒙雷修卡Moreska是一齣以東方的白王及黑王之戰為主題的群舞劇。這原本是流傳於地中海沿岸各國的傳統舞蹈，但目前只有在科爾丘拉才看得到。為拯救被捕的白王公主而爆發的戰鬥透過氣勢磅薄的劍舞呈現。6～9月一週表演1～2次（週一、四）。門票可向旅行社等洽購。

白王及黑王的戰役

矗立在南門的塔

蒙雷修卡的表演場地在舊城區的南門之塔維力基雷維林塔Kula Veliki Revelin及其周邊。塔內的「蒙雷修卡博覽會」會定期展出有關蒙雷修卡的資訊。塔上的風景極佳，務必登塔瞧瞧究竟。

蒙雷修卡博覽會
營 9:00～15:00（8～9月～21:00） 休 10～4月 費 維力基雷維林塔門票20Kn
MAP p.112

# Shopping 購物

## Cukarin
傳統點心

V M D A　　MAP p.112

**科爾丘拉的傳統點心送禮自用兩相宜**

在點心大賽中屢屢獲獎點心師傅斯米利納先生所經營的點心店。從祖母那一代傳承下來的、用堅果及無花果手工製作的點心「Amareta」及「Cukarin」等，共有5種上架，隨時等您上門挑選。

住 Ulica Hrvatske Bratske Zajednice bb　☎ 020-711055
營 8:30～12:00、17:00～19:30　休 週日、9～4月

# Restaurant 餐廳

## Restoran Planjak
克羅埃西亞菜

不接受刷卡　　MAP p.112

**達爾馬提亞地方菜**

位於舊城區半島根部位置。以魚、肉為主，來店的客人都十分享受這達爾馬提亞地方美食。啤酒是桶裝生啤酒 (Karlovačko)。全年無休。

住 Plokata 19　☎ 020-711015　營 9:00～22:00　休 週日
預算 60Kn～

# Hotel 飯店

## Hotel Korčula De La Ville

V M D A　　MAP p.112

**從客房欣賞夕陽，美景有口皆碑**

位於舊城區的中型飯店。建於1912年，在2015年整修後，設備新穎。夏天時，夕陽會西沉於培列夏茲半島及海上群島之間，從客房就看得到這幅美景。

住 Obaladr. Franje Tudmana 5　☎ 020-711732　FAX 020-711026
費 S/€49～、T/€96～ 20間　HP http://www.korcula-hotels.com

## Lešić Dimitri Palace

V M D A　　MAP p.112

**五星級高級公寓式飯店**

用18世紀的僧院改建而成，6間客房的裝潢各自有其主題，例如「塞隆」「威尼斯」等。寬闊的空間深受蜜月旅行及長期停留的旅客喜愛。11～3月暫停營業。

住 Don Pavla Poše 1-6　☎ 020-715560　FAX 020-715561
費 S/T/€315　6間　HP http://www.ldpalace.com

Južna Dalmacija

# 達爾馬提亞地區南部
## 杜布羅夫尼克及其周邊

達爾馬提亞地區南部屬克羅埃西亞最南端。因地中海貿易而興盛一時的杜布羅夫尼克舊城區則因為還保存著往昔風貌而人氣飆昇。以杜布羅夫尼克為據點前往南部的小鎮、島嶼或鄰近魅力諸國走走吧！

# 杜布羅夫尼克

MAP p.9-L **Dubrovnik**

●前往杜布羅夫尼克
●飛機
除了克羅埃西亞國內，也有從歐洲各都市的直達航班。
●火車
沒有列車開往杜布羅夫尼克。
●巴士
除了國內線外，也有聯結歐洲各主要都市的國際線。
●船
除了國內各地及前往各島的航班外，也有國際航線聯結義大利的巴里。

●從札格雷布出發
飛機：由克羅埃西亞航空營運。所需時間約1小時。1天2～6班
巴士：所需時間11小時。
1天10班
●從札達爾出發
巴士：所需時間約8小時。
1天2班
●從斯普利特出發
飛機：所需時間約35分。
1週1～4班
巴士：所需時間3小時～4小時30分。1天5～10班
船：所需時間約10小時。
1週2班（僅夏季）
●從赫瓦爾島出發
船：從史塔利格拉德出發所需時間約8小時。1週2班（僅夏季）
●從科爾丘拉出發
巴士：所需時間約3小時。
1天1～3班
船：所需時間約4小時。
1週2班（僅夏季）



## 城市概略

杜布羅夫尼克是克羅埃西亞最具代表性的觀光勝地，擁有享譽「亞得里亞海的珍珠」的美麗街景，同時也是旅客們的憧憬與嚮往。1929年造訪此地的愛爾蘭劇作家伯納德蕭就曾讚賞說「若想要看這世界的樂園，就來杜布羅夫尼克吧！」。從機場沿著海濱大道前來的話，一定會對這突然映入眼簾、突出海面的舊城區360度全景心折不已吧。

杜布羅夫尼克於中世紀時形成一個稱為拉古薩共和國的都市型國家。當時拉古薩共和國在亞得里亞海、地中海一帶進行海洋貿易，靠著巧妙的外交能力，經過長期奮戰後終於獨立。雖17世紀時歷經地震，近年來則是面對了克羅埃西亞獨立戰爭，但後來都藉著市民們的雙手再度重建。追求自由及獨立的精神、徹底守護城市的人民之魂都在在顯示出沒有任何東西可以摧毀他們。

舊城區裡座落著令人想起拉古薩共和國繁榮的宮殿、歷史悠久的教堂，高高的城牆環抱著四周。保護這小小的都市型國家免於危機的城牆上頭已成為觀光步道，相當完善。出現在城牆碉堡及派勒門Gradska Vrata Pile等城門上的浮雕就是這座城市的守護聖人聖夫拉荷。據說聖夫拉荷於西元972年時保護該城逃過威尼斯共和國的攻擊，於是備受尊崇。杜布羅夫尼克於每年2月3日舉行聖夫拉荷慶典，這神聖的慶典自1190年便舉行至今，主教和牧師會抬著聖夫拉荷的聖體繞行市內。杜布羅夫尼克於1979年列為聯合國教科文組織世界文化遺產，而在經過30年後的2009年，這項傳統慶典也被註冊為無形文化遺產。

舊城區的西邊入口——派勒門

# 到達杜布羅夫尼克前往市區

## 搭機抵達

飛機在杜布羅夫尼克機場Zračna Luka Dubrovnik起降。而該機場位於杜布羅夫尼克東南方約24公里，從市中心搭車約30分鐘。從機場前往市區可搭接駁巴士或計程車。

**■接駁巴士**

阿特拉斯旅行社Atlas的巴士負責往返於機場及杜布羅夫尼克的長途巴士總站之間。所需時間約30分鐘，配合班機起降行駛。單程全票40Kn。從杜布羅夫尼克前往機場，班機起飛前1小時30分前會從長途巴士總站發車。巴士時刻表除了於行駛前一天張貼在長途客運總站外，旅行社本身也提供諮詢。

**■計程車**

一出入境大廳正面出口就會發現計程車正在待客。到市中心的車資大約是200～230Kn。

## 搭巴士抵達

長途巴士會停靠舊城區西北邊約2.5公里的長途巴士總站。總站裡設有售票處及候車室，也可以當場確認時刻表。要到舊城區，可搭面向長途巴士總站前的馬路靠右行駛的1A、1B及3號市公車，約10分鐘即到。要走路的話，則要花大約半小時。

## 搭船抵達

渡輪會開往位於舊城區西北邊、長途巴士總站東邊的格魯茲港Luka Gruž。要到舊城區，可從渡輪碼頭前的公車站搭乘面向馬路靠右行駛的1A、1B、1C及3號市公車，約10分鐘即到。位於舊城區的舊港Stara Luka不會有大型船隻入港。

# 杜布羅夫尼克的市內交通

杜布羅夫尼克的交通樞紐要算市公車，市內有13條路線，往近郊的路線則有18條營運。杜布羅夫尼克的地形多起伏，市公車負責聯結舊城區到長途巴士總站、飯店林立的拉帕德地區Lapad及巴柄庫克地區Babin Kuk之間，使用價值高。而前往斯頓或察夫塔特等近郊的巴士則都從格魯茲港最裡面的近郊巴士總站發車。派勒門發車的1A、1B、1C、3、8號巴士等也會停靠該巴士總站。

另外也有繞行市內各處的開放甲板式城市導覽巴士，有語音導覽，到了景點會給遊客時間好好拍照。

●從杜布羅夫尼克前往斯普利特…請見p.136參照

聯結國內外各都市的機場

●杜布羅夫尼克機場
☎ 020-773100
HP http://www.airport-dubrovnik.hr

●接駁巴士（Atlas）
☎ 020-442222
HP http://www.atlas-croatia.com

●無線計程車
☎ 970

港邊的長途巴士總站

●長途巴士總站
MAP p.118-B
住 Obala Pape Ivana Pavla Ⅱ 44
☎ 020-356004

●渡輪公司
Jadrolinija
MAP p118-B
住 Obala Stjepana Radića 40
☎ 020-418000
營 8:00～16:00、19:00～20:00（週日8:00～9:00）
休 無

●杜布羅夫尼克的市巴士
Libertas Dubrovnik d.o.o
☎ 020-357020
HP http://libertasdubrovnik.com
費 市內一律15Kn、1日票30Kn。近郊則視距離而異。車票於上車時用刻印機打印。1小時內可自由搭乘

●城市導覽巴士
費 全票60Kn（1日有效，也可自由搭乘市巴士）
長途巴士總站發車時間
9:30、11:00、12:30、14:00

## ⓘInformation

**杜布羅夫尼克觀光服務處（派勒門）**
**Turistička Zajednica Grada Dubrovnika**

MAP●隨身地圖-19、p.126-E
住 Brsalje 5
☎ 020-312011
營 8:00～22:00（冬季～19:00、週日9:00～15:00） 休 無休
HP http://www.tzdubrovnik.hr

位於派勒門公車站旁的觀光服務處

## 城市魅力及遊逛方法

杜布羅夫尼克的主要景點都集中在舊城區。城牆裡的舊城區裡有東、西、北3座城門，而最主要出入大門是西邊的派勒門。門的周邊由於就是觀光服務處、公車站及計程車招呼站，以此為觀光據點最適合不過了。從派勒門一進入到舊城區馬上就來到主要道路普拉查街Placa。普拉查街呈一直線且寬敞，大遊行等活動都會在這裡舉辦。沿著普拉查街直直走，盡頭處就是魯札廣場Luža Trg。地處市中心，聖夫拉荷教堂St. Blaise Church、斯朋札宮Palaca Sponza及舊總督府邸等景點都在附近。

在普拉查街遊行中的樂隊

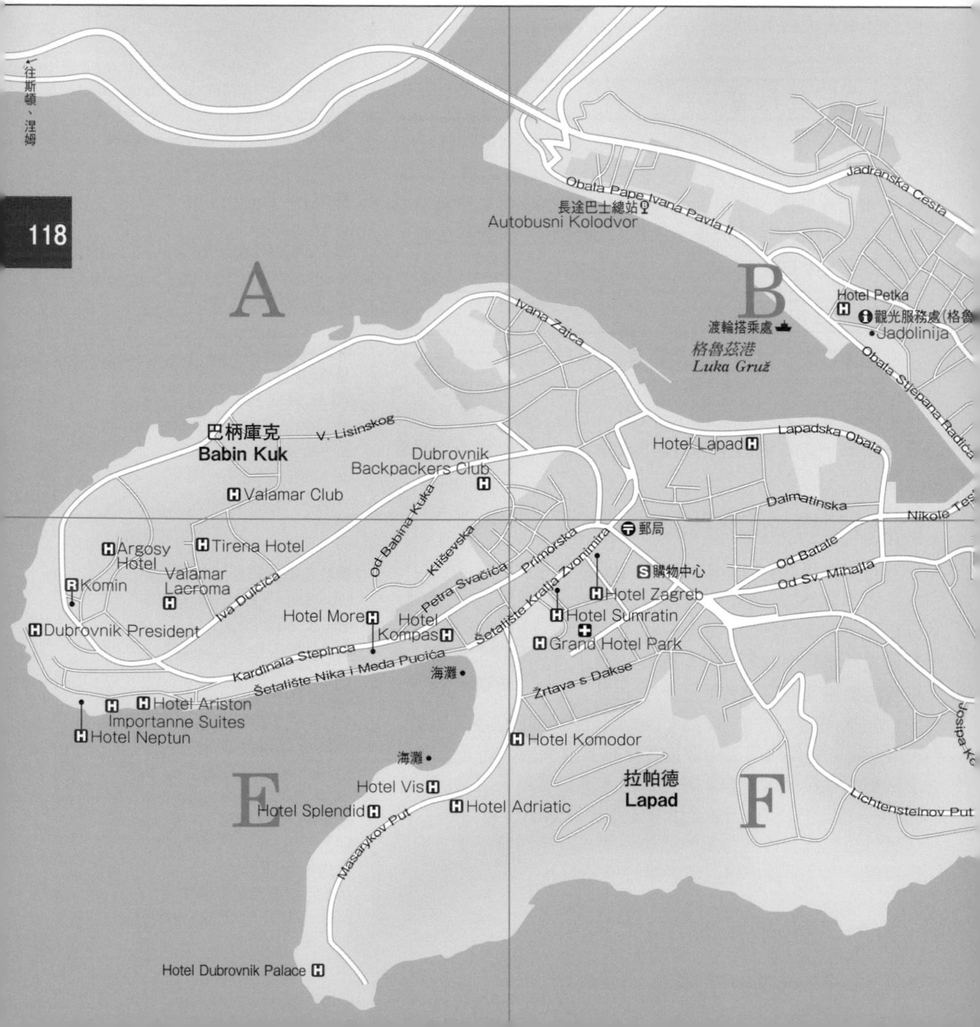

←往斯頓、涅姆
Obala Pape Ivana Pavla II
長途巴士總站
Autobusni Kolodvor
Jadranska Cesta
A
B
Hotel Petka
觀光服務處(格魯
Jadolinija
渡輪搭乘處
格魯茲港
Luka Gruž
Ivana Zajca
Obala Stjepana Radića
巴柄庫克
Babin Kuk
V. Lisinskog
Dubrovnik Backpackers Club
Hotel Lapad
Lapadska Obala
Valamar Club
Dalmatinska
Nikole Tes
Od Babina Kuka
Argosy Hotel
Tirena Hotel
Kliševska
Primorska
郵局
Valamar Lacroma
Komin
Iva Dulčića
Petra Svačića
購物中心
Od Batale
Od Sv. Mihajla
Hotel Zagreb
Hotel More
Hotel Kompas
Šetalište Kralja Zvonimira
Hotel Sumratin
Dubrovnik President
Grand Hotel Park
Kardinala Stepinca
Šetalište Nika i Meda Pucića
海灘
Žrtava s Dakse
Hotel Ariston
Importanne Suites
Hotel Neptun
Hotel Komodor
海灘
Josipa Ko
E
Hotel Vis
拉帕德
Lapad
F
Hotel Splendid
Hotel Adriatic
Lichtensteinov Put
Masarykov Put
Hotel Dubrovnik Palace

大教堂附近的岡朵立廣場Gundulićeva Poljana其白天還有露天市場開市，鄰近農家所栽培的新鮮蔬菜、自製果醬、乾無花果等琳瑯滿目，老闆們的叫賣聲震天價響，元氣淋漓。舊城區的巷弄裡也看得到婦女們開攤賣起手工蕾絲或刺繡等。市場或攤販皆可殺價，有看到中意的，不妨和老闆談談看。

岡朵立廣場上的市場

舊城區雖不怎麼大，但教堂、博物館要是一間一間參觀，時間還是不夠用。舊城區是以東西橫貫的普拉查街為底邊配上南北向且坡度較陡的坡道和階梯構成，應妥善安排更有效率地遊逛。

夏天的活動是享譽60年歷史的「夏日嘉年華」，戲劇或演唱會等會連續舉行45天！

**觀光服務處（格魯茲）**
MAP p.118-B
住 Obala I. Pavla II, 1
☎ 020-417983
營 8:00～20:00（冬季～15:00）
休 冬季的週日

**●杜布羅夫尼克卡**
**Dubrovnik Card**
市巴士無限搭乘。並附有優惠——可免費參觀城牆，以及部分博物館、美術館等。可在觀光服務處與飯店購買。
費 24小時170Kn、3日內250Kn

**杜布羅夫尼克夏日嘉年華**
HP http://www.dubrovnik-festival.hr

## 杜布羅夫尼克廣域
Dubrovnik

0 500m
蘇拉德山
Srd
獨立戰爭博物館
Dubrovnik U Domovinskom Ratu
Panorama Restaurant & Snack Bar
空中纜車山頂站
十字架
往泰夫塔特、西利皮、杜布羅夫尼克機場
Jadranska Cesta
Petka Krešimira IV.
F. Supila
往 H Excelsior Hotel & Spa
海灘
S 購物中心
艾利特旅遊
Elite Travel
Andrije Hebranga
kovarska
Put Od Republike
Zagrebačka
Bana Josipa Jelačića
H Omladinski Hostel
Branitelja Dubrovnika
H Hilton Imperial Dubrovnik
H Hotel Bellevue Dubrovnik
H Hotel Lero
Vojnovića
Mimoza R
Restaurant Orhan R
維里耶納克碉堡
Tvrdava Lovrijenac
舊城區
往洛克魯姆島
Otok Lokrum
P.120-121
C D G H

Zagrebačka
Frankopanska
Iza Grada
明切塔碉堡
明切塔咖啡廳（廁所）
Peline
Uzposat
Između Vrata
販售亭
藥局
計程車搭乘處
城牆
Gradske Zidine
杜布羅夫尼克觀光服務處（派勒門）
Gallus
Dubravka
阿特拉斯旅行社
Atlas
Restaurant Nautika
派勒門
城牆入口
城牆售票處
馬拉布拉查藥局
方濟會修道院
Franjevački Samostan
兌幣處
歐諾胡利歐大噴水池
Velika Onofrijeva Fontana
民間觀光服務處
兌幣處
Klarisa
C. Medovića
Od Sigurate
Palmotićeva
Caffe Bar SlastiČarna Dolce Vita
Medusa
Prijeko
Festival
Hotel Stari Grad
Antuninska
Nalješkovićeva
Kunićeva
Petilovrijenci
Kraš（巧克力）
Uje（食品）
普拉查街（史特拉頓街）
Placa
Garište
D. Zlatarića
M. Getaldića
Gubranovićeva
M. Đorđića
Restaurant Proto
Uje（食品）
Aqua Maritime（雜貨）
Aqua Maritime（雜貨）
Aqua Maritime（雜貨）
Od Puča
郵局
Široka
N. Božidarevića
波卡爾碉堡
Za Rokom
塞爾維亞正教堂
Srpska Pravoslavna Crkva
馬林達爾迪奇的家
Dom Marina Držića
聖畫博物館
Franja Coffee & Tea House（食品）
M. Pracata
Taj Mahal
Od Puč
Od Domina
民俗學博物館
Etnografski Muzej
售水處
Od Rupa
Od Kaštela
Strossmayerov
聖伊格那丘教堂
Isusovačka Crkva Sv. Ignacija
Kopun
Poljana R. Boškovića
伴手禮店
Od Margarite
A
B
E
F
I
J
N
杜布羅夫尼克舊城區
Dubrovnik
0
50m

Perta Krešimira IV
往蘇拉德山的
空中纜車搭乘處
C
D
Iza Grada
考古學展覽館／虛擬博物館
Arheološke Izložbe / Virtualni Muzej
雷維林碉堡
布薩門
普羅切門
F. Supila
多明尼克會修道院
Dominikanski Samostan
城牆入口
舊檢疫所
Deša Dubrovnik
Bačan
聖魯卡碉堡
Ul. Sv. Dominika
Atlas
猶太博物館
Zidovski Muzej
斯朋札宮
Palača Sponza
Algoritam
(書店)
Orland
往洛克魯姆島、察夫塔特
的船隻搭乘處
H
魯札廣場
Luža Trg
奧蘭多之柱
Orlandov stup
歐諾胡利歐小噴水池
Arsenal
舊港
Stara Luka
聖夫拉荷教堂
Crkva Sv. Vlaha
Gradska Kavana
The Pucic Palace
Pred Dvorom
Konoba Lokanda Peškarija
Kamenice
舊總督府邸
Knežev Dvor
關多利切夫廣場
Gundulićeva Poljana
超市
Croata(領帶)
聖伊凡碉堡
Poljana M. Držića
Kneza Damjana Jude
水族館
Akuarij
海洋博物館
Pomorski Muzej
城牆入口
大教堂
Katedrala
Od Pustijerne
Restićeva
Braće Andrijića
K
L
觀光步道廁所
觀光步道咖啡廳
Iza Mira
咖啡廳
公共海灘

# Sight Seeing 景點

## 城牆
Gradske Zidine

MAP p.120-B ●隨身地圖-20

營8:00～19:00（冬季9:00～15:00） 休 無
費全票120Kn、學生票30Kn、語音導覽70Kn

環抱舊城區的堅實城牆於8世紀時開始奠基修築，直到15～16世紀時才形成現在的風貌。一圈長達1940公尺的城牆上頭已是觀光步道，可從各種角度欣賞由稱為亞得里亞海珍珠的街景及海洋所交織出的絕代美景。入口位於派勒門旁、聖伊凡碉堡及聖魯卡碉堡等3處。門票則和舊城區西邊的維里耶納克碉堡（→p.125）共用。

在堅固的城牆上漫步

## 歐諾胡利歐大噴水池
Velika Onofrijeva Fontana

MAP p.120-E ●隨身地圖-20

交 派勒門步行1分

從派勒門彎進舊城區的小廣場上就看得到這座噴水池。從分布在巨蛋狀建築四周的16面浮雕湧出的噴泉從未間斷。這是在拉古薩共和國時代，為確保珍貴的水源而於上下水道整備完善之際所蓋的一座噴水池。另外在魯札廣場（→p.123）的東側還有座Mala Onofrijeva Fontana小噴水池，建造時期和大噴水池相同。

從人臉浮雕中湧出噴泉的歐諾胡利歐大噴水池

## 方濟會修道院
Franjevački Samostan

MAP p.120-F ●隨身地圖-20

交 派勒門步行1分 住 Placa 2
☎ 020-321410 營9:00～18:00（冬季～17:00）
休 無 費 博物館全票30Kn

面向普拉查街的修道院。高高的鐘樓相當醒目

這間修道院就面向歐諾胡利歐大噴水池所在的小廣場，結構篤實。原本是位在城牆外，後來為了不受外敵破壞而移至城牆內，直至14～15世紀時才重建完成。內部有巴洛克式教堂及羅曼式迴廊。而迴廊上以2根柱子為1組所構造的拱門及其上面的裝飾都很有看頭。重建當時附設藥局，兼任醫療福祉設施一職。回廊深處有座博物館，裡頭展出藥罐、處方箋等藥局舊資料。

### MORE ABOUT CROATIA

**克羅埃西亞最古老的藥局，營業中！**

位於方濟各會修道院迴廊旁的「馬拉布拉查藥局Ljekarna Mala Braća」乃成立於14世紀，是克羅埃西亞最古老的藥局。而在歐洲來看其歷史也是排名第三悠久，現在仍開門營業，前來買藥的客人絡繹不絕。也有賣用700年前開業當時傳承至今的古法所作的美容商品或花草茶等伴手禮。

馬拉布拉查藥局　Ljekarna Mala Braća
營7:00～19:00（週六～15:00） 休 週日

裝潢古典，還有懷舊海報

## 普拉查街

Placa

MAP p.120-F
●隨身地圖-20

交 派勒門步行1分

普拉查街是舊城區的主要道路。在當地亦稱為史特拉頓街Stradun。全長約300公尺之中竟是咖啡店及商店林立，熱鬧滾滾，南北向的小巷弄自此延伸出去。普拉查街原來是在隔開本土及小島的海峽上填土造地而成的，可說是海埔新生地。而即使相同是舊城區，普拉查街以南的區域其歷史卻更加久遠。長年以來，人潮的熙來攘往已讓石板路被磨得閃亮亮，到了晚上反射光線，遂更添光輝。

具光澤的石板路在在讓人感到歷史的久遠

## 魯札廣場

Luža Trg

MAP p.121-G
●隨身地圖-23

交 派勒門步行1分

這廣場位於普拉查街東邊，四周圍全是歷史性建築，算是舊城區的中心。廣場的中心矗立著奧蘭多之柱Orlandov Stup，而柱旁騎士雕像就是奧蘭多（羅蘭多）像。這是中世紀時蓋在歐洲自由都市的雕像，而杜布羅夫尼克則是視為自由象徵，於1418年打造完成。這雕像的右手肘到手的長度51.2公分被稱為「杜布羅夫尼克之肘」，當時當作織品等買賣的基準長度單位使用。面對廣場的聖夫拉荷教堂是市民最嚮往的結婚禮堂。

佇立在柱子上的奧蘭多像

在廣場上拍紀念照的新郎新娘

## 聖夫拉荷教堂

Crkva Sv. Vlaha

MAP p.121-G
●隨身地圖-23

交 派勒門步行4分 住 Luža 3 ☎ 021-323258
營 7:00～12:00、16:00～18:30（週日7:00～13:30）
休 無 費 免費

這座教堂面對著魯札廣場，裡頭供奉著聖夫拉荷。原本蓋在這地址上的教堂由於地震及火災而毀壞，目前的建築是1715年以巴洛克式重建的。教堂的主祭壇裡保存著免於逸失的銀製聖夫拉荷像，他手上還拿著舊城區的模型。聖夫拉荷將威尼斯共和國的突擊告知市民進而拯救了城市，被奉為杜布羅夫尼克的守護聖人。到了每年2月初所舉行的聖夫拉荷節，白鴿在教堂前展翅飛起，奧蘭多之柱上也會懸掛聖夫拉荷的旗子。

祭祀城市守護聖人的巴洛克樣式教堂

## 舊港

Stara Luka

MAP p.121-H
●隨身地圖-24

交 派勒門步行6分

這是位於舊城區東邊的小港。中世紀的拉古薩時代靠著各國商船興盛起來，可說是杜布羅夫尼克的發展地區。面對港口的造船廠只殘留下來拱門，現在則化身餐廳營利。現在，城市的主要港口是格魯茲港，而舊港則主要停泊個人船隻及遊船。開往科納夫雷Konavle、察夫塔特Cavtat及對岸的洛克魯姆島Lokrum的接駁船、周遊海上的玻璃船都在這裡發抵。

遊船發抵的小港

## 斯朋札宮
Palača Sponza

MAP p.121-G
●隨身地圖-20

交 派勒門步行4分　住 Sv. Dominika 1
☎ 021-321032　營 10:00～22:00（冬季～18:00）
休 無　費 全票20kn

面向魯札廣場的斯朋札宮原本是中世紀拉古薩共和國的海關，肩負貿易中樞之重責大任。建於16世紀前半，是少數能逃過1667年大地震而免遭摧毀的建築之一。逃過一劫的珍貴文書及拉古薩共和國的相關史料均在這裡受到妥善保管同時開放參觀。

將拉古薩共和國記錄傳承至今的古文書館

## 多明尼克會修道院
Dominikanski Samostan

MAP p.121-G
●隨身地圖-21

交 派勒門步行7分　住 Sv. Dominika 4
☎ 021-322200　營 9:00～18:00（冬季～17:00）
休 無　費 全票20kn

這修道院位於斯朋札宮及聖魯卡碉堡之間。頑強的外觀讓人印象深刻。1225年來到杜布羅夫尼克的多明尼克教會於14世紀時著手興建，內部是展出宗教畫作及聖物的宗教美術館。中庭的拱門迴廊也有精彩的雕飾，值得一看。

## 聖伊格那丘教堂
Isusovačka Crkva Sv. Ignacija

MAP p.120-J
●隨身地圖-23

交 派勒門步行10分　住 Poljana Ruđera Boškovića
營 隨時　休 無　費 免費

位於大教堂西邊的聖伊格那丘教堂是1725年時仿照羅馬的伊格那丘教堂建造的。大理石祭壇及後殿穹頂上整片的濕壁畫（西班牙畫家Gaetano Garcia所繪）相當漂亮。

蓋在舊城區南邊山丘上、壁畫相當漂亮的教堂

## 大教堂
Katedrala Uznesenja Marijna

MAP p.121-K
●隨身地圖-23

交 派勒門步行8分　住 Kneza Domjana Jude 1
☎ 020-323496　營 8:00～17:00（週日11:00～、冬季8:00～12:00）　休 無　費 免費（寶物館為15Kn）

建於魯札廣場南面的教堂，威風凜凜

這座有著大穹頂的巴洛克式大教堂位於魯札廣場南面。據說1192年由英國的理查獅子心王創建，1713年重建成巴洛克樣式，便是現在的樣子。主祭壇還裝飾了威尼斯巨匠提齊安諾於15世紀所畫的《聖母升天圖》。展示聖夫拉荷的聖遺物等的寶物室非常值得一看。

裝飾在主祭壇的巨匠：提齊安諾的繪畫《聖母升天圖》

## 舊總督府邸
Knežev Dvor

MAP p.121-G
●隨身地圖-23

交 派勒門步行6分　住 Pred dvorom 3
☎ 020-322096　營 9:00～18:00（冬季～16:00）
休 冬季的週日　費 全票100Kn、學生票25Kn（與海洋博物館、民俗學博物館通用）

面向馬路的6連拱門裝飾相當美麗

這裡是拉古薩共和國歷史總督的住家。而除了是住家外，這裡也同時是評議會、元老院及法院，儼然是行政中心。內部是傳承拉古薩文化及歷史的博物館，展出忠實再現辦公室的房間及總督要負責看管的城門鑰匙等。

## 海洋博物館

Pomorski Muzej

MAP p.121-L
●隨身地圖-24

交 派勒門步行10分　住 Tvrđava Sv. Ivana
☎ 020-323904　營 9:00～18:00（冬季～16:00）
休 週一　費 全票100Kn、學生25Kn（與舊總督府邸、民俗學博物館通用）

以海洋史的角度重新解讀海洋貿易國家——杜布羅夫尼克的繁榮。建築本身乃利用舊城區東南方的聖伊凡碉堡改成。主要展出從城市起源、地中海貿易、共和國的盛衰榮枯到近代的杜布羅夫尼克歷史史料。船隻模型也很充實。1樓還附設一個小型水族館Akuarij（門票另購）。

## 民俗學博物館

Etnografski Muzej

MAP p.120-E
●隨身地圖-23

交 派勒門步行3分　住 Od Rupa 3
☎ 020-331323　營 9:00～16:00
休 火曜　費 全票100Kn、學生25Kn（與舊總督府邸、民俗學博物館通用）

這座博物館位於舊城區西南方的山丘上，是利用以前的穀物倉改建而成。2樓展出農業及漁業等相關館藏；1樓及3樓則以民族服飾、刺繡、蕾絲、傳統樂器等展覽為主。

陳列著巴爾幹半島諸國的民族服飾

## 維里耶納克碉堡

Tvrđava Lovrjenac

MAP p.119-H
●隨身地圖-22

交 派勒門步行10分　住 Tvrđava Lovrjenac
營 8:00～18:00（冬季10:00～15:00）　休 無
費 全票100Kn、學生30Kn（與城牆通用，僅碉堡為30Kn）

這防衛據點位於舊城區的城牆外圍、派勒門附近的岩裸地西邊。和舊城區的城牆一樣都是於15～16世紀時建造完成。從碉堡上面的露台往外眺望便能將城牆裡的舊城區街景一覽無遺。碉堡的城牆上用拉丁文刻著「千金難買自由身」的字句，這銘文在在顯示出拉古薩共和國的精神。

爬上陡峭的石梯前往蓋在岩裸地的碉堡

## 蘇拉德山

Srđ

MAP p.119-D

交 空中纜車至山頂3分　營 9:00～20:00（視季節而異）
休 天候不佳時　費 全票來回100Kn、單程60Kn

聳立在舊城區北邊、海拔412公尺的山上。山頂上矗立著據說是拿破崙贈送的巨大十字架。山頂是俯看舊城區的絕佳景點。於1991年克羅埃西亞獨立戰爭時遭破壞的纜車自2010年7月復駛，搭到山頂只要3分鐘。舊城區全景漸漸映入眼簾，搭纜車欣賞美景也很不錯。山頂上有獨立戰爭博物館及伴手禮店。從舊城區走路登山則最少要花1～2小時。

山頂十字架及獨立戰爭博物館

搭空中纜車快樂前往山頂

### MORE ABOUT CROATIA

#### 拉古薩共和國的盛衰榮枯

拉古薩共和國（＝杜布羅夫尼克）以經商國家之姿繁華一時，曾長期嚮往獨立。13～14世紀時，稱霸地中海海域的是威尼斯共和國與奧斯曼王朝，而拉古薩共和國在地理位置上正好被夾在這兩者之間，不過藉由富饒的經濟與靈活的外交手腕而免於遭難。

15～16世紀為拉古薩共和國最繁盛的時期，但卻在1667年大地震後一蹶不振，於1808年遭拿破崙率法蘭斯帝國攻陷而終告滅亡。現在就算已成為克羅埃西亞的一座城市，但崇尚自由與獨立的精神依然不變，並以舊城區獨一無二的美景為傲。

令人回憶往昔的木造船

# 城牆巡禮 舊城區 景點導覽

城牆巡禮是杜布羅夫尼克的觀光重點。湛藍的亞得里亞海搭配一棟棟紅屋頂，這舊城區的風光可千萬別錯過！

## 城牆巡禮重點提示

- 城壁上的步道為逆時鐘單向行進。若只想看山景或海景這其中一半的話，山景部分建議從聖魯卡碉堡，海景部分從派勒門的入口進去較好。
- 觀光步道蔭涼處較少，白天日照很強。可別忘了做好防晒措施。雖也有販售飲料的店家，但由於價格偏貴，所以建議自己帶。
- 觀光步道上的公共廁所只有1間。建議如廁完再出發。
- 在觀光步道路上，會檢查城牆的入場門票，因此請勿丟棄門票。

## 舊城區的紅屋頂

1991年獨立戰爭時，受前南斯拉夫聯邦大軍的猛烈炮轟而受損嚴重。派勒門還有地圖顯示落彈地點。舊城區的屋頂並非全部是紅色的，那是因為他們很小心地對待逃過炮轟的古老屋頂之一磚一瓦。

## 明切塔碉堡

明切塔碉堡位於山側城牆最高點。一路上雖是階梯陡峭，但碉堡上卻可將舊城區橘色屋頂及海面上的洛克魯姆島盡收眼底，相當壯觀。下午順光，很適合拍照。

## 從蘇拉德山眺望

從聳立於舊城區北方的蘇拉德山（→p.125）山頂俯瞰杜布羅夫尼克。可將普拉查街及主要建築盡收眼底。要拍攝則建議在中午前拍。

## 從維里耶納克碉堡眺望

從位於舊城區西側的碉堡（→p.125），可望見杜布羅夫尼克起伏變化豐富的街景。拍攝要在午後順光時拍較漂亮。

明切塔咖啡廳
派勒門入口
聖魯卡碉堡入口
聖伊凡碉堡入口
公共廁所
公共海灘
城牆巡禮路線

## 從 Excelsior Hotel & Spa 方向眺望

從位於舊城區東方的飯店-Excelsior Hotel & Spa（→p.130）方向，可欣賞到杜布羅夫尼克的象徵景觀——「突入亞得里亞海的舊城區」。

## 派勒門

View

從城牆眺望觀光客交織的普拉查街。幾乎所有人都從派勒門入口展開城牆巡禮之旅。城牆巡禮一周慢慢走大約要1小時30分鐘。

## 從海洋眺望

View

搭乘從舊港（→p.123）開出的觀光船，或是前往洛克魯姆島、察夫塔特的渡船，從海上遠望舊城區堅固的碉堡，也別有一番風味。

# Shopping 購物

有多家伴手禮店分布於舊城區各處。普拉查街裡店家雖多，但小巷子裡的卻更獨特。物價和其他城市比起來貴個1～2成。

## Medusa

雜貨

V M　MAP p.120-F　●隨身地圖-20

**手工製的可愛雜貨多又多**

手工製作的裝飾品及國內各地名產全都有賣的專門店。例如用布拉丘島的石灰岩作的燭台、亞得里亞海海綿等天然素材、達爾馬提亞地區葡萄酒、橄欖油等，老闆老闆娘所進的貨可是大家都說讚呢。繪畫或裝飾品等當地師傅創造的唯一一件商品也很受歡迎。

住 Prijcko 18　☎ 020-322004　營 夏季9:00～22.00（週日～16:00）、冬季10:00～16:00　休 假日

## Deša Dubrovnik

雜貨

不接受刷卡　MAP p.121-H　●隨身地圖-21

**溫暖手作商品琳瑯滿目的工房**

由支援女性自立的NGO所經營的工房兼商店。位於舊城區東側的舊檢疫所裡。販售用舊城區城牆旁結果的橘子做成的柑橘醬、手作點心及刺繡等商品。

住 Frana Supila 8　☎ 020-420145　營 8:00～20:00（冬季～16.00）　休 週六、日

## Dubrovacka Kuća

雜貨

V M D A　MAP p.121-G　●隨身地圖-21

**開在14世紀城牆內的雜貨店**

位於多米尼克修道院對面的城牆內，陳列許多佩列沙茨半島的葡萄酒以及斯頓的鹽等達爾馬提亞地區的名產。刺繡等手作雜貨也很受歡迎。

住 Sv. Dominika bb　☎ 020-322092　營 9:00～20:00（有季節性變動）　休 無

## Bačan

刺繡

不接受刷卡　MAP p.121-G　●隨身地圖-20

**杜布羅夫尼克唯一一家刺繡專賣店**

刺有傳統刺繡圖案「貓的足跡」或「漩渦」等的杯墊、桌巾都只要25Kn～。店家老闆帕強先生很喜歡說話，甚至會說一些些日文。

住 Prijeko 6　☎ 020-321121　營 9:30～15:30、17:30～22:30（冬季9:00～14:30、16:30～21:00）　休 週日及1、2月

# Restaurant 餐廳

舊城區或拉帕德度假區有相當多家適合觀光客前往的餐廳及咖啡店。有些店家冬天會停業，敬請留意。

## Restaurant Nautika
海鮮

V M D A　MAP p.120-E　●隨身地圖-19

### 杜布羅夫尼克首屈一指的高級餐廳

位於派勒門旁，可將城牆及亞得里亞海美景抱個滿懷，氣氛好浪漫。要吃以亞得里亞海海鮮為主的高品質菜色來這裡就對了。午餐套餐從€17～，價格實惠。因為是高級餐廳，所以請盡量避免穿著短褲等輕率服裝。

住 Brsalje 3　☎ 020-442526　營 18:00～24:00　休 冬季
預算 500Kn～

## Restaurant Proto
海鮮

V M D A　MAP p.120-F　●隨身地圖-20

### 舊城區裡的海鮮名店

1886年開幕的老字號。亞得里亞海海鮮以及達爾馬提亞地區的葡萄酒可千萬別錯過。推薦黑松露義大利麵。1樓很有質感，適合打扮一下才去，而2樓的氣氛則顯得輕鬆開放。

住 Široka ulica 1　☎ 020-323234　營 11:00～22:30　休 無
預算 150Kn～

## Gradska Kavana
咖啡廳

V M D A　MAP p.121-G　●隨身地圖-24

### 代表杜布羅夫尼克的名產咖啡

這家咖啡館位於市政廳1樓，深受當地居民喜愛。羅札塔Rozata（達爾馬提亞地區的布丁）等甜點種類也很豐富。不妨來此挑個露天座位眺望魯札廣場歇歇腿！

住 Pred Dvorom 1　☎ 020-321202　營 8:00～翌1:00　休 無
預算 15Kn～

## Panorama Restaurant & Snack Bar
咖啡廳

V M D A J　MAP p.119-D

### 位於蘇拉德山頂的天空咖啡廳

於2010年開幕，位於蘇拉德山空中纜車山頂站的咖啡廳餐廳。從店內和露臺座位可一覽杜布羅夫尼克的舊城區景色。提供三明治、漢堡等輕食，也有燉飯、義大利麵等菜單。

住 Gornja Postaja, Srđ　☎ 020-312664　營 9:00～20:00（視空中纜車的行駛時間而定）　休 天候不佳時　預算 80Kn～

## Konoba Lokanda Peškarija

海鮮

V M D A　MAP p.121-G　●隨身地圖-24

### 身穿條紋衫的店員爽朗有活力

面對舊港、景觀良好的海鮮餐廳。盛入鐵鍋豪邁出菜的燉飯及海鮮佳餚，分量多到好像有2人分呢。帶殼炙烤的鮮蝦香氣四溢且分量十足。剛捕獲的大顆生蠔可單顆單點，擠點檸檬盡情享受海鮮的美味。夏天在白色的陽傘下擺滿露天座位，會有許多來客十分熱鬧。菜單選擇多達十幾種，每道佳餚都不容錯過。

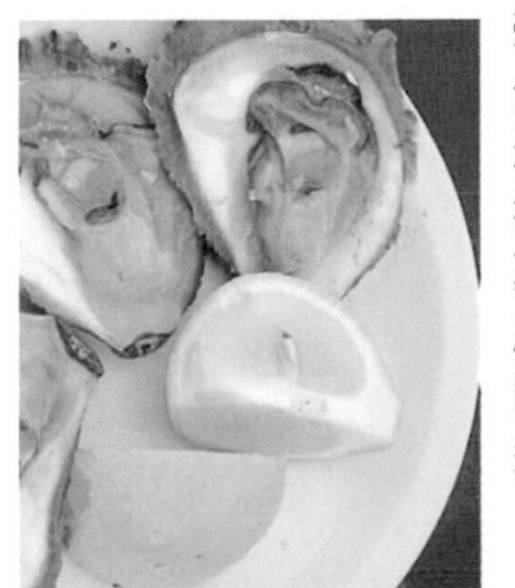

住 na Ponti bb　☎ 020-324750　營 8:00～翌1:00（6～8月～翌2:00）　休 1月　預算 60Kn～

## Restaurant Orhan

海鮮

V M D A　MAP p.119-H　●隨身地圖-19

### 宛如海邊秘密小屋的海鮮餐廳

維里耶納克碉堡之下，視野景觀非常棒。達爾馬提亞地區傳統燉煮白肉魚的菜餚——Popara有口皆碑。在能望見城牆和亞得里亞海的露天座位，品嘗葡萄酒和生蠔。

住 Od Tabakarije 1　☎ 020-411918　營 9:00～24:00　休 無　預算 50Kn～

## Kamenice

海鮮

M A　MAP p.121-G　●隨身地圖-23

### 經常大排長龍的生蠔名店

位於關多利切夫廣場，夏季會要排隊的有名店家。最受歡迎的生蠔小巧又爽口。氣氛也很棒，還能吃到滿滿的海鮮。

住 Gundulićeva Poljana 8　☎ 020-323682　營 8:00～22:00　休 1月　預算 30Kn～

## Caffe Bar SlastiČarna Dolce Vita

咖啡廳

不接受刷卡　MAP p.120-F　●隨身地圖-20

### 受到當地市民喜愛的冰淇淋專賣店

位於舊城區小巷弄裡的冰淇淋店。有優格、香蕉等，冰淇淋的口味總共有24種。1球9Kn～。也有聖代類的甜點。

住 Nalješkovićeva 1a　☎ 098-9449951　營 9:00～24:00　休 無　預算 25Kn～

# Hotel

飯 店

拉帕德地區及巴柄庫克地區裡有好幾家擁有沙灘的度假飯店，和舊城區的派勒門之間有巴士聯結。舊城區裡只有2家飯店。要找個人房間可洽詢旅行社或觀光服務處。

## The Pucić Palace

V M D A　MAP p.121-G　●隨身地圖-23

**位於舊城區的五星級大飯店**

面向關多利切夫廣場，利用以往貴族宅邸改成的飯店。客房裡配置著DVD播放器等近代化設備。1樓的餐廳氣氛極佳。

住 Ulica od Puća 1　☎ 020-326222　FAX 020-326223
費 S/€250～、T/€350～　19間
HP http://www.thepucicpalace.com

## Hilton Imperial Dubrovnik

V M D A J　MAP p.119-H　●隨身地圖-19

**眺望舊城區，地理位置極佳**

1895年開幕的老字號。距派勒門的公車站很近，交通也很方便。從部分客房可將受城牆環抱的舊城區美景盡收眼底。室內泳池及健身房等設備亦很完善。

住 Marijana Blažića 2　☎ 020-320320　FAX 020-320220
☎ 03-6679-7700　費 S/T/€97～　147間
HP http://www3.hilton.com 或 hiltonhotels.jp

## Hotel Dubrovnik Palace

V M D A　MAP p.118-E

**位處夕陽極美的拉帕德地區**

位於拉帕德地區海岬先端。全部客房都是海景房且有陽台。客房寬廣，住起來很舒適。從派勒門搭4號巴士於終點站下車即到。

住 Masarykov Put 20　☎ 020-430000　FAX 020-430100
費 S/€135～、T/€140～　305間
HP http://www.adriaticluxuryhotels.com

## Excelsior Hotel & Spa

V M D A　MAP p.119-D外

**景致超群！前往舊城區走路就到**

位於舊城區東邊，距普羅切門只要10分鐘腳程。名人經常入住，也因此聲名大噪。蓋在海岸邊，從客房或沙灘露天座位便眺望得到舊城區，感覺很特別。

住 Frana Supila 12　☎ 020-353000　FAX 020-353100
費 S/T/€169～　150間
HP http://www.adriaticluxuryhotels.com

## Hotel Stari Grad

V M D A　MAP p.120-F　●隨身地圖-20

**眺望著舊城區的紅屋頂，享用早餐**

是舊城區內僅有的2間飯店之一。從派勒門步行約2分，觀光超方便。夏天可在一覽舊城區街景的屋頂露臺享用早餐。由於房間數量較少，敬請提早預約。

住 Od Sigurate 4　☎ 020-322244　FAX 020-321256
費 S/€108～、T/€151～　8間
HP http://www.hotelstarigrad.com

## Hotel Bellevue Dubrovnik

V M D A　MAP p.119-G

**位於半島根部的全海景房飯店**

在山崖上呈階梯狀建造，客房全是海景房。崖下甚至擁有私人海灘。迎賓廳設在屋頂。到派勒門走路只要大約17分鐘。

住 Pera Čingrije 7　☎ 020-330000　FAX 020-330100
費 S/€150～　91間
HP http://www.adriaticluxuryhotels.com

## Hotel Lero

V M D A　MAP p.119-G

**走路即到舊城區的中級度假飯店**

擁時尚外觀與沉著裝潢的中等飯店。戶外泳池、三溫暖及健身房等設備很完善。距舊城區約1.2公里，走路20分鐘。從派勒門搭4、5號巴士約3分鐘。

住 Iva Vojnovića 14　☎ 020-332022　FAX 020-332123
費 S/€33、T/€70～　204間　HP http://www.hotel-lero.hr

## Hotel Petka

V M D A　MAP p.118-B

**地理位置佳，商務型住客不少**

位於格魯茲港的渡輪乘船處對面，是家大型飯店。路邊前往舊城區的公車班次很多，觀光超方便。Wi-Fi的話建議到大廳附近比較容易連上線。

住 Obala Stjepana Radića 38　☎ 020-410500　FAX 020-410127　費 S/€36～、T/€80～　104間
HP http://www.hotelpetka.hr

## Omladinski Hostel

V M　MAP p.119-G

**距舊城區徒步即達的青年旅舍**

入口在Vinka Sagrestana街最裡面。Bana Josipa Jeiačića街上就看得到招牌。沒有個人房，只有通舖。早餐需付費（7Kn）。到派勒門走路約15分鐘。

住 Vinka Sagrestana 3　☎ 020-423241　FAX 020-412592
費 多人房/€13.70～　82床
HP http://www.hfhs.hr

杜布羅夫尼克近郊的

# 悠閒小鎮

●前往斯頓
●從杜布羅夫尼克出發
巴士：搭15路市巴士，所需時間約1小時15分。1天4班（週六、日為1天2班）。此外，往返杜布羅夫尼克與科爾丘拉的巴士也會經過此處。

**ⓘInformation**

**斯頓觀光協會**
**Turistička Zajednica Općine Ston**
住 Pejieške Put bb
☎ 020-754452
營 8:00～19:00（冬季～13:00）
休 冬季的週日
HP http://www.ston.hr

圓形是馬利斯頓牡蠣的特徵

●前往察夫塔特
●從杜布羅夫尼克出發
巴士：搭10路市巴士，所需時間約35分。1小時1～2班
船：從舊港約35分。1天10班以上（僅夏季）

**ⓘInformation**

**科納夫雷觀光協會**
**Turistička Zajednica Općine Konavle**
住 Zidine 6
☎ 020-479025
營 8:00～20:00
休 11～3月
HP http://visit.cavtat-konavle.com

港灣圍繞，不為人知的祕密度假城鎮



## 斯頓 Ston

MAP p.9-K

斯頓這城鎮位於杜布羅夫尼克西北邊約35公里、培列夏茲半島根部。這裡自古就是葡萄酒及鹽的著名產地，整個城鎮是鹽田處處。拉古薩共和國時代時屬於杜布羅夫尼克的一部分，鹽就是當時的珍貴出口品。為守護共和國及防衛鹽田，自14世紀到16世紀便開始興建城牆Stonske Zidine。建在城鎮四周及背後山上、總長達5.5公里的巨大城牆長度僅次於英國的哈德良城牆，在歐洲排名第二。城牆雖於19世紀時部分遭到破壞，但到鄰鎮馬利斯頓Mali Ston大約1公里的部分卻保存完好。城牆上開放參觀，牆裡的市街及鹽田一覽無遺。馬利斯頓的牡蠣養殖十分出名，鎮上的餐廳都吃得到新鮮的生牡蠣及海鮮。

綠意中的美麗白色城牆

## 察夫塔特 Cavtat

MAP p.9-L

山谷間小鎮遍佈。科納夫雷地區的中心就是察夫塔特，這港都位在呈コ字型的半島一端，沿海的道路上種滿椰子樹，洋溢著悠閒氣氛。提供新鮮海產及科納夫雷地區家鄉菜的餐廳、3～5星級的度假飯店等等，提到這休養地，真是沒話說。對於想遠離杜布羅夫尼克的喧囂，清靜度假的旅客而言，這地方可是首選。飯店或旅行社所辦的坐船、潛水等海上活動或前往近海小島的小旅行等旅遊團也都很吸引人。這裡距杜布羅夫尼克的機場約5公里，相當近，直接造訪此地且當作住宿據點的人也不少。從杜布羅夫尼克可搭巴士或船當天來回。前往西利皮觀看Čilipi Folklore的觀光循環巴士在此發抵。

位於コ字型半島的城鎮

充滿音樂與舞蹈的城鎮
西利皮
Čilipi
MAP p.9-L
前往位於克羅埃西亞最南端，
承襲傳統文化的小村落，
來趟小鎮旅行

## 科納夫雷地區的小村落

在受到高聳群山封藏的科納夫雷地區，仍保留著濃厚的克羅埃西亞傳統文化與民俗風情。這座靠近杜布羅夫尼克國際機場的小村落——西利皮，因每年春天到秋天的每週日會舉辦Čilipi Folklore（民族舞蹈秀）而聞名。從杜布羅夫尼克到西利皮村，會有配合表演秀舉行時間的旅遊行程巴士行駛，搭乘此巴士會非常方便。若要自行前來，得要先從杜布羅夫尼克前往察夫塔特，再搭乘往返於察夫塔特與西利皮之間的觀光循環巴士。

位於村落中心的聖尼可拉教堂

## 參觀華麗的民族舞蹈秀

舉辦表演秀時，村內攤販林立，穿著民族服飾的村民會販售傳統工藝——刺繡及地方名產。展覽關於村落歷史及民族服飾的鄉土博物館也一定要去看看。聖尼可拉教堂Crkva Sv. Nikole的週日禮拜結束時，活動焦點——民族舞蹈便會在教堂前的廣場登場。優雅又輕快的舞蹈配合著由克羅埃西亞傳統樂器——曼陀鈴、坦布雷卡琴、Bugarija——所演奏的牧歌之音，請一定要好好觀賞這曼妙的舞蹈秀。

販售地方名產的女性

演奏及男聲合唱表演

●前往西利皮
●從察夫塔特出發
巴士：僅表演秀舉辦時，觀光循環巴士於9時出發。所需時間約20分。回程於12時出發。

杜布羅夫尼克出發的旅遊行程也很方便
●杜布羅夫尼克的旅行社
阿特拉斯旅行社Atlas
MAP●隨身地圖-19、p.120-E
☎ 020-442584
艾利特旅遊Elite Travel
MAP p.119-C ☎ 020-358200

**民族舞蹈秀**
**Čilipi Folklore**
☎ 020-771007
營 春～秋季的週日11:15～12:00
費 全票45Kn
（含迎賓飲品、鄉土博物館門票）
※參加旅遊行程時，門票會包含在行程費用內

**鄉土博物館**
**Zavičajni Muzej Konavala Čilipi**
住 Beroje 49
☎ 020-772249
營 9:00～13:00
休 週一
費 全票15Kn

展出19世紀的村落照片與刺繡等

# 波士尼亞・赫塞哥維納

BOSNIA - HERZEGOVINA

漫長的國境上僅有少數的出入口。
來探訪訴說歷史的城鎮吧。

波士尼亞與赫塞哥維納
國名：波士尼亞與赫塞哥維納
波赫聯邦
首都：塞拉耶佛
人口：353萬人
民族：波士尼亞人44%、塞爾維亞人31%、克羅埃西亞人17%
貨幣：波赫馬克（可兌換馬克）
1KM＝€0.5固定匯率
電話：國碼387

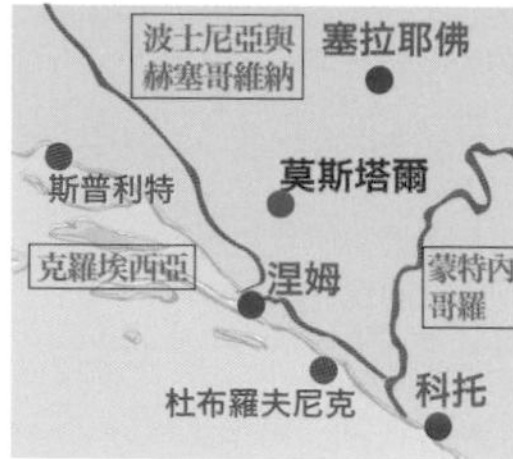


●前往莫斯塔爾
●從杜布羅夫尼克出發
巴士：所需時間約3小時。
1天4班
●從斯普利特出發
巴士：所需時間約3小時30分～4小時。1天6～7班
●從塞拉耶佛出發
巴士：所需時間約2小時30分。
1天10班

另外有當天來回的旅遊團從杜布羅夫尼克及科爾丘拉出發。

❶莫斯塔爾的部分餐廳及商店可用歐元付帳。

**ⓘInformation**

**莫斯塔爾觀光服務處**
**Turistička Zajednica**
住 Dr.Ante Starčevića bb
☎ 036-355090
營 8:00～21:00（冬季～16:00）
休 冬季的週六、日
HP http://www.hercegovina.ba

## 莫斯塔爾 Mostar

MAP p.9-G

### 城市概略

舊城區獲登錄為世界遺產。流經溪谷的內雷特瓦河上橫跨著城市的象徵莫斯塔爾古橋，營造出異國風情的氛圍。莫斯塔爾自古以貿易繁盛，也是伊斯蘭教徒與天主教徒共存的多民族都市。15世紀時由奧斯曼王朝統治，而至18世紀初時為奧匈帝國統治時代，爾後於1991年爆發了波士尼亞戰爭。因多民族而衍生出的紛爭。眾多人們流血的歷史至今仍留下許多傷痕，不過現今也在各個民族的努力之下恢復和平，並以美麗的異國風情觀光地吸引人潮。

內雷特瓦河上、沒有橋墩的一條橋

最值得一見的地方便是莫斯塔爾古橋。雖然於戰爭時期因砲轟而一度崩壞，但在戰後已修復還原。作為和平與復興的象徵，為城市增添色彩。順便一提，莫斯塔爾的城市之名是從斯拉夫語的「橋」──「Most」而來的。

伊斯蘭寺院的清真寺、土耳其之家、老集市（Old Bazaar）等其他景點主要集中在河川東側。從橋上可欣賞到由土耳其風情的街景、清真寺的尖塔、綠色的河川、險峻的山巒融合而成的美景。

放在橋上的紀念石碑

莫斯塔爾古橋東邊的老市集

## 莫斯塔爾古橋
Stari Most

交 長途巴士總站步行15分
住 Bajatova 4　營 博物館10:00～18:00（冬季11:00～14:00）　休 博物館為週一　費 博物館全票5KM

代表波赫聯邦的奧斯曼建築之一。因作為和平的象徵被登錄為世界遺產。是一座距水面高約20公尺，長29公尺的端正石橋。橋在中段由於呈現出陡坡的感覺，所以請小心別滑倒。建於兩端的塔之中，東岸的塔主要展出和橋本身有關的史料，塔上風光沒得挑剔。甚至常有人從橋上縱身往下跳來試膽量。到了晚上便會點燈。

連接兩岸城鎮與人們的堅固石橋

## 老市集
Old Bazar Kujundziluk

交 長途巴士總站步行15分
住 Kujundzije　營 24小時　休 無

石板路上林立著滿溢異國風情的店家──金銀手工藝品、雜貨、首飾。在咖啡廳有喝著土耳其咖啡悠閒自在的阿拉伯居民。是處凝聚了異國風情氛圍、充滿樂趣的地方。

## 帕西納清真寺
Koski Mehmed Pašina Džamija

交 長途巴士總站步行15分　住 Mara Tepa 16
營 9:00～18:00（禮拜時間不可進入）
休 無　費 全票4KM（含尖塔門票為8KM）

建於1619年的回教清真寺。面向河川的露台是個能夠好好欣賞莫斯塔爾古橋的絕佳拍照景點，相當出名。夜晚華燈初上看起來極美。

從露台欣賞石橋

### MORE ABOUT BOSNIA - HERZEGOVINA

#### 品嚐波士尼亞美食

燉煮菜或燒烤菜等，受土耳其影響的菜色也大多能迎合亞洲人的口味。

代表性的燉煮菜就是捲心菜風格的Japrak（亦稱為Salma，左下圖）以及在辣椒裡塞絞肉的Dolma等。若配附在旁邊的優格吃，味道會較溫和。

燒烤菜中最有名的莫過於巴爾幹風漢堡Pljeskavica（右上圖）。沒有皮的香腸Ćevapčići（左上圖）雖在克羅埃西亞也很出名，但是波士尼亞的吃法是包在龍舌蘭纖維麵包裡吃，極有特色。小吃攤上專供外帶的Burek（右下圖）是種包絞肉、蔬菜及起司等再拿去烤的派，算是克羅埃西亞及斯洛維尼亞最有人氣的速食。餐後再來杯濃郁的波士尼亞咖啡收尾就稱得上道地了。

山區國家波士尼亞是以肉類菜餚為主。調味獨特，也有到周邊國家的影響

咖啡濃醇，餐具也十分可愛

●前往塞拉耶佛
●從杜布羅夫尼克出發
巴士：所需時間約7小時。1天3班
●從斯普利特出發
巴士：所需時間6小時30分～8小時。1天4班
●從莫斯塔爾出發
巴士：所需時間約3小時。1天10～12班

**ⓘInformation**

**塞拉耶佛觀光服務處**
**Turistički Informativni Centar**
住 Saraci 58
☎ 033-580999
營 10:00～18:00
休 週日
HP http://www.sarajevo-tourism.com



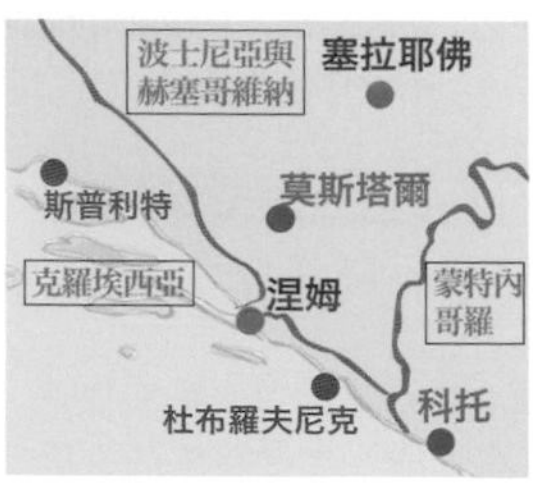


●前往涅姆
●從杜布羅夫尼克出發
巴士：所需時間約2小時。前往斯普利特方面的巴士也會經過這裡。
●從斯普利特出發
巴士：所需時間3小時。前往杜布羅夫尼克方面的巴士也會經過這裡。

❶開車來回穿梭於斯普利特及杜布羅夫尼克之間，行經波士尼亞與赫塞哥維納的涅姆時一定要查驗護照。為避免麻煩，所以克羅埃西亞政府計劃建設跨橋以迂回前往培列夏茲半島。

# 塞拉耶佛 Sarajevo

MAP p.9-H

波士尼亞與赫塞哥維納的首都。主要觀光地區是舊城區的中央廣場Baščaršija。這裡是金銀手工藝品、木工藝品、首飾等販售伴手禮店家林立的職人工匠之街，也有很多廣受好評、氣氛絕佳的餐廳及咖啡廳。位於中央廣場的飲水檯Sebilj（左上照片）常是大家相約等候的地點，是備受大家喜愛的城市地標。

位於舊城區的土耳其風咖啡廳

塞拉耶佛有許多歷史遺跡。拉丁斯基橋Latinska ćuprija橫跨於流過市區的米略茲卡河之上，是1914年奧地利王儲夫婦遭塞爾維亞青年暗殺，也就是第一次世界大戰導火線——「塞拉耶佛事件」的發生現場。

波士尼亞與赫塞哥維納在戰爭時，塞拉耶佛成了最大的激戰區。1984年舉行塞拉耶佛冬季奧運的冰上運動場——仄托拉Zetra旁埋葬著戰爭下的犧牲者。無數相連的沉默墓碑，向後世訴說著戰爭的殘酷。

成為第一次世界大戰導火線的石橋

# 涅姆 Neum

MAP p.9-G

波士尼亞與赫塞哥維納事實上雖是內陸國，但卻有條不滿10公里的海岸線，而唯一面海的城鎮就是涅姆，是國內首屈一指的度假勝地，極受歡迎。這裡同時是中世紀時威尼斯共和國為防止與拉古薩共和國（杜布羅夫尼克）衝突而當作緩衝地帶割讓給奧斯曼王朝時所劃的國境線遺址，波士尼亞與赫塞哥維納於是就在亞得里亞海留了個領土。

行駛於斯普利特～杜布羅夫尼克間的巴士多在中途的涅姆停靠休息。涅姆的商店不管是可兌換馬克或克羅埃西亞庫納都收。由於波士尼亞與赫塞哥維納的物價和克羅埃西亞比起來較便宜，所以長期住飯店也好，還是購買菸酒也罷，選擇前來涅姆的克羅埃西亞人相當多。站在高台上便可將培列夏茲半島沿岸的複雜海岸線盡收眼底。迅速來安排一趟波士尼亞與赫塞哥維納觀光吧。

位於培列夏茲半島根部的城鎮

# 蒙特內哥羅
## MONTENEGRO

2006年獨立。湛藍的海洋及黝黑山脈環抱的大自然讓許多觀光客心生嚮往。

國名：蒙特內哥羅共和國（當地表記為Crna Gora）
首都：波德戈里察
人口：約62萬人
民族：蒙特內哥羅人40%、塞爾維亞人30%等
貨幣：雖非歐元加盟國但卻使用歐元（€）
電話：國碼382

## 科托 Kotor

MAP p.9-L

### 城市概略

這城鎮位在自亞得里亞海延續而來、曲折交錯的科托灣最深處。面海背山，左右各由水道及城牆環抱，堪稱是座固若金湯的城塞都市。這地方是古羅馬的殖民地，發展迅速，而在塞爾維亞王國及威尼斯共和國等周邊諸強國統治之下更以海洋貿易據點、中繼點之姿鴻圖大展。舊城區還看得到一些建築物及裝飾，在在讓人想起往事。

面向平穩峽灣而立的科托

環繞舊城區的城牆有西、南及北邊3座城門。觀光服務處就位在面向馬路的西門前面，所以從西門進入會較好找路。一穿過城門便來到武器廣場Trg od Oružja。其中矗立著文藝復興式的鐘塔，到處擺滿咖啡桌的廣場，相當熱鬧。從武器廣場往南門前進便來到城市象徵聖特里芬大教堂；往北門方向邁步的話則通往聖路加教堂及聖尼古拉教堂Crkva Sv. Nicolas的所在之處聖路加廣場Trg Sv. Luke。再沿著山邊往前走就看得到通往山頂的城牆入口。

舊城區裡林立的教堂及宅邸雖於1539年到1979年間歷經5次大地震而飽受摧殘，但卻都又復興起來。1979年時，舊城區列為世界遺產，現在則是蒙特內哥羅的主要觀光勝地，在國內享有超高人氣。距克羅埃西亞的杜布羅夫尼克約有60公里，當天來回OK！

從西門進入舊城區便來到武器廣場

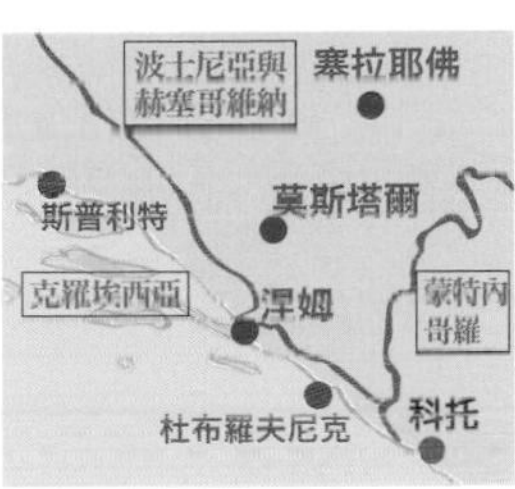


●前往科托
●從杜布羅夫尼克出發
巴士：所需時間約2小時。
1天1～3班
也有從杜布羅夫尼克出發的不住宿旅遊行程。有的旅遊行程會造訪蒙特內哥羅的布雷瓦或采蒂涅

**ⓘInformation**

**科托觀光服務處**
**Turistička Organizacija Kotora**
住 Stari Grad 315
☎ 032-325950
營 8:00～21:00（冬季～17:00）
休 無
HP http://www.tokotor.me

❗克羅埃西亞加入歐盟後，進出蒙特內哥羅的出入境審查變得嚴格。有時審查可能會花上3～4小時，請將行程的時間安排得寬裕一些。

## 聖特里芬大教堂
Katedrala Sv. Tripuna

交 西門步行３分　住 Trg Sv. Tripuna　營 9:00～19:00（視季節而異）　休 無　費 €2

建於1166年，特徵是擁有2座鐘樓的羅曼式大教堂。此天主教教堂為科托的象徵標的，供奉著科托的守護聖人——聖特里芬，教堂裡有附天蓋的主祭壇與金銀浮雕。拱門裝飾上可見古濕壁畫等珍貴的宗教美術，在科托可說是最為重要的宗教建築。高35m的2座鐘樓於1667年地震後重建，然而北側塔樓的屋頂至今仍處於未完工的狀態。教堂主廊與內部由磚瓦延伸打造而成。15世紀的主祭壇與處處可見的濕壁畫都很值得一看。

擁有雙尖塔的大教堂



## 聖路加教堂
Crkva Sv. Luka

交 西門步行３分　住 Trg Sv. Luke
營 9:00～22:00　休 10～5月　費 免費

位於聖路加廣場的2座教堂中，較小的那座便是聖路加教堂。此建築能讓人感受到那段簡單雅致的時代。科托在地理上位於天主教與東正教的文化圈交界，雖然1195年時聖路加教堂是以天主教教堂之姿建成，但卻在17世紀時捐給了東正教會。此後，直到19世紀為止教堂內並存著天主教與東正教的2座祭壇，現在則屬於塞爾維亞正教會。進入教堂建築內部可看到裝飾著聖畫、東正教教堂獨特的聖幛（聖像屏）。

裡面的禮拜堂很值得一看

聳立於山頂上的聖伊凡碉堡

## 城牆
Bedemi Grada Kotora

交 西門步行７分　營 8:00～20:00（冬季～16:00）
休 無　費 全票€３

古羅馬滅亡後於拜占庭帝國時期奠基。而為防禦勢力遍及亞得里亞海東岸全域的奧斯曼王朝威脅而愈加愈高的城牆竟到4.5公尺，一路綿延到背後的山頂上。沿著城牆的登山道路走1個半小時便來到位於海拔260公尺山頂上的聖伊凡碉堡，從這裡可俯看舊城區及科托灣，堪稱絕景。從山麓上的救世聖女教堂也可以把舊城區的橘色屋頂盡收眼底，所以只要有時間，絕對值得走一趟。

聖女教堂的景色也很棒

EXCURSION

## 暗礁上的瑪利亞教堂
Gospa od Škrpjela　MAP p.9-L

### 科托灣裡如畫般美麗的教堂

科托灣岩礁上的瑪利亞教堂是1630年的建築。市民們在漁夫發現聖母像而視為聖地的暗礁上用石頭及岩塊作基底造了座人工島，再在上面蓋出這教堂。教堂內部及附屬的小博物館裝飾著相當多幅繪畫。瑪利亞教堂旁的聖喬治島上有座17世紀時建造的教堂及埋葬當地船員們的老墳場。

海上的神秘教堂

交 可參加由距離科托約14Km的灣岸城鎮——培拉斯特Perast出發的遊船行程（僅夏季）。

# 斯洛維尼亞

SLOVENIA

湖泊及鐘乳石洞散布在
特里格拉夫山麓上
是個充滿知性的人們
會自豪其綠意之盎然的國度

斯洛維尼亞小檔案

# 區域快覽

斯洛維尼亞雖然可用地區分成12處，但作為旅行者不想錯過的景點，在此以景觀及特徵大略區分幾個重點區域快覽。

## 尤里安阿爾卑斯
Julijske Alpe

p.145

由於位在阿爾卑斯山南邊，所以尤里安阿爾卑斯又被稱作「日照阿爾卑斯」。最高峰為特里格拉夫峰乃是斯洛維尼亞人心中的象徵，甚至因此被畫在國旗上。山麓上有布萊德湖及渤興湖等2座湖，湖水的透明度都很高且呈碧綠色。布萊德湖上的小島分布著小小的教堂，是著名的斯洛維尼亞代表性景觀。特里格拉夫國家公園一帶夏天可健行，冬天可滑雪，充分享受山岳樂趣。

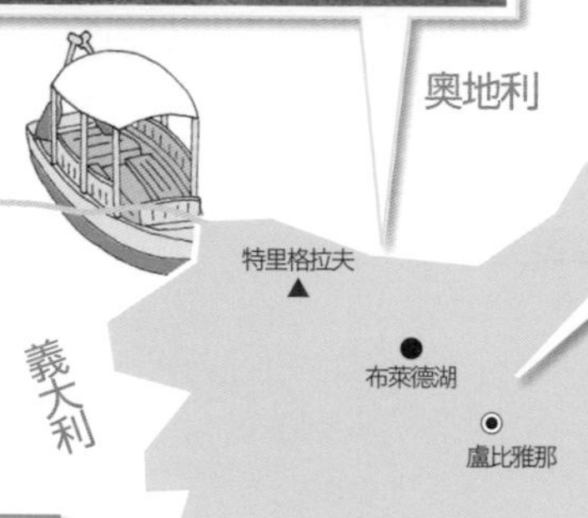

## 亞得里亞海地區
Jadranska Obala

p.171

斯洛維尼亞國土裡唯一面海的就是伊斯特拉半島北部、面向第里雅斯特灣一帶。挾在義大利及克羅埃西亞中間、全長46.6公里的海岸線上共有皮蘭、伊佐拉及科佩爾3座港都及以休養地著稱的波爾特羅茲。這些地方從前全屬於威尼斯共和國，舊城區的特色都是洋溢濃濃的中世氣氛。此區自以往就是鹽及橄欖油產地，多運用在引出新鮮海鮮美味上。

## 盧比雅那
Ljubljana

p.145

盧比雅那是斯洛維尼亞的政治、經濟、文化中心，同時也是歐洲少數的小首都。在奧地利及義大利等周邊諸國影響下漸漸發展起來。不僅結合文藝復興、巴洛克及新藝術等各樣式的混合版建築物櫛比鱗次，而且還成為調合平衡的美麗市鎮。生活水準高，人們會說多國語言。盧比雅那就是斯洛維尼亞語的「受到喜愛的城市」的意思，想必會溫暖地接待旅客吧？！

匈牙利

馬里博爾

普圖伊

## 修太耶爾斯卡地區
Štajerska

p.171

修太耶爾斯卡地區的中心是國內第2大都市馬里博爾。市裡有樹齡長達400年的葡萄樹，儼然是葡萄酒的著名產地。位於匈牙利的邊境上的普圖伊則歷史悠久，據說是斯洛維尼亞最古老的城市。斯洛維尼亞和匈牙利並稱歐洲的溫泉大國，溫泉大多位在普圖伊及斯洛維尼亞東邊。

## 喀斯特地區
Kras

p.171

喀斯特地區由石灰岩構成，而喀斯特地形這名稱便是源自喀斯特地區。這一帶裡有無數個鐘乳石洞及自然公園，其中最具代表性的莫過於歐洲最大鐘乳石洞——波斯托伊那，及已認定為世界遺產的什科茨揚鐘乳石洞。地底下存在著花費長達10萬年才打造好的不可思議世界，其中部分開放旅遊團入內參觀。農業也很發達，葡萄酒及生火腿是最著名產品。

# 斯洛維尼亞旅行 基本資訊



## 國名

斯洛維尼亞共和國
Republika Slovenije
官方英語記載Republic of Slovenia

## 首都

盧比雅那　Ljubljana

## 國旗

國徽位在泛斯拉夫主義的紅、白、藍3色的左上方。其設計是在鑲紅邊的藍色盾牌裡畫上斯洛維尼亞的象徵——特里格拉夫山Triglav及表示河、海的2條波線。

## 面積

約2萬273平方公里（約台灣的55%）

## 人口

約206萬5千人（2015年10月、統計局）

## 國歌

Zdravljica（祝酒辭）
1991年獨立後，節錄國民詩人——普列舍仁詩作其中一小節當作國歌。是首歌頌世界和平的壯濶名曲。

## 政治體制

採上、下兩院制。國家元首為總統乃由國民直接投票選出，任期5年。現任總統是博魯特．帕霍爾，首相是馬利安．沙雷茨。已於2007年加入EU（歐盟）。

## 民族

斯洛維尼亞人占89%、前南斯拉夫系（克羅埃西亞人、塞爾維亞人、波士尼亞人等）占10%。其他便是由匈牙利人、義大利人、奧地利人及德國人等構成。

## 語言

通用語是斯洛維尼亞語，文字採用拉丁文字。和同屬斯拉夫語系的塞爾維亞、克羅埃西亞語有部分共通點。外語方面，英文教育相當興盛。通德文、義大利文、匈牙利文的人也不少。

## 宗教

羅馬天主教約占60%，為大多數。其他還有塞爾維亞正教、伊斯蘭教及新教等。而愈來愈多年輕人開始不信教。

## 地理

由於位於阿爾卑斯山南邊，所以又被稱為「日照阿爾卑斯」。首都盧比雅那到匈牙利一帶是穀倉地帶。綿延至克羅埃西亞的內陸地區乃是由石灰岩構成的喀斯特地形，一直是個不毛之地，景色荒涼。擁有挾在克羅埃西亞的伊斯特拉半島及義大利的第里雅斯特、堪稱亞得里亞海最深處的短短海岸線，儼然已是適合度假的勝地。

## 氣候

大部分屬大陸型氣候，冬天相當寒冷，夏天則十分炎熱。盧比雅那7月平均氣溫是21℃，舒適宜人。旺季是7～8月，但10～11月有美麗的楓葉、12～3月則有冬季活動可玩，一年到頭都讓人High到不行。高山地區則屬阿爾卑斯氣候，降雨量大，冬天會積不少雪。西南部偏地中海型氣候，多晴且冬天較暖和。布萊德湖周邊等內陸地區即使是夏天，到了晚上有時還是有點冷，所以帶上一件長袖衣物或外套會比較放心。

## ● 從台灣前往的班機

由於台灣和斯洛維尼亞之間沒有直航班機，所以都得在法蘭克福、慕尼黑（德國）、維也納（奧地利）及巴黎（法國）等地轉機。基本飛行時間從台灣到轉機地點大約10～12小時左右。而從轉機地點到斯洛維尼亞大約還有1小時左右的航程。

## ● 時差及夏令時間

斯洛維尼亞由於採用中歐時間（CET），所以和台灣的時差是－7小時。例如，若台灣是中午12點，則克羅埃西亞就是同一天凌晨5點。克羅埃西亞若是中午12點，則台灣就是同一天的晚上7點。只不過，夏天（3月的最後一個週日深夜2點～10月的最後一個週日深夜2點）是夏令時間，和台灣的時差就暫時變成－6小時。和克羅埃西亞處於同一時區。

## ● 國定假日

1月1・2日　元旦及其翌日
2月8日　普列舍仁節
4月21日　復活節　※移動節日
4月22日　復活節週一　※移動節日
4月27日　獨立運動紀念日
5月1・2日　勞動節
6月9日　聖靈降臨節　※移動節日
6月25日　國慶日
8月15日　聖母蒙召升天節
10月31日　宗教改革節
11月1日　追悼節（死者節）
12月25日　聖誕節
12月26日　獨立紀念日（以2019年為例）

## ● 辦公時間

●銀行　9:00～12:00、14:00～17:00（週六～12:00）　週日、假日休

●郵局　8:00～18:00（週六～12:00）週日、假日休

●一般商店　8:00～18:00（週六～13:00）一般是週日、假日休

●餐廳　8:00～12:00開門營業。而21:00～23:00營業的店家也不少。

因為公車是上下班用的，週六、日和公共假期班次數量減少。

## ● 貨幣及換匯 （參照p.188）

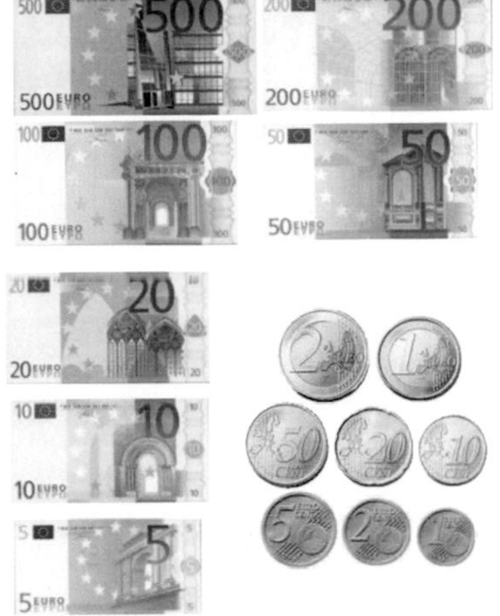

斯洛維尼亞於2007年引入歐元（€）。歐元的輔助貨幣是分（¢）。斯洛維尼亞語將它們念作「Evro」和「Cent」。€1=100¢。2019年10月匯率是€1=大約33元台幣。紙鈔分別有€500、€200、€100、€50、€20、€10及€5等7種。硬幣則有€2、€1、50¢、20¢、10¢、5¢、2¢及1¢。歐元及分等硬幣背面都有斯洛維尼亞自己的設計，上面畫的是國民詩人普列舍仁及斯洛維尼亞最高峰──特里格拉夫峰和名馬利比扎馬Lipizzaner等圖案。

要換錢時，只要前往銀行、郵局、高級飯店、旅行社甚至民營兌幣處等便換得到。同為歐洲圈的旅客很多，所以換匯所不少。美金沒問題，而克羅埃西亞庫納也幾乎可以在盧比雅那等大都市兌幣。台灣國內無法直接兌換克羅埃西亞庫納。部分飯店由於可用歐元付款，所以帶歐元去就很方便。信用卡相當普遍，大都市及觀光勝地的商店、超市、百貨公司、餐廳、飯店都能使用。種類有VISA、Master、Diners（部分不可）、AMEX及JCB等。支援國際金融現金卡功能的ATM也不少。

## ● 小費

斯洛維尼亞由於沒有給小費的習慣所以基本上不用給。餐廳餐點大多含服務費。請飯店或計程車等搬運重物，若覺得對方服務不錯時不妨給點零錢當小費。

## ● 物價

引入歐元後物價普遍偏高，大概和日本差不多或僅比日本便宜一點點。但在歐元區中還是較便宜的。火車或巴士等斯洛維尼亞國內的公共交通工具還蠻便宜的。
飲用水500mℓ　€0.30～1（=約33元台幣）
風景明信片　€1.25（=42元台幣）
巴士通票　€2（=66元台幣）
計程車起跳價　€1～2（=約66元台幣）

## ● 出境、入境（參照→p.196）

90天以內的觀光、商務停留都不需要簽證。護照有效期限最好有6個月以上。

斯洛維尼亞是申根公約國（至2019年10月共30國，實施免簽證的國家為26國）。所謂申根協定，是歐洲各國在審查入境時的相關協定。會員國內的停留期間是6個月且最長90天。若過去6個月曾停留在某會員國達90天，那就得從入境當天起算6個月後才能再入境會員國。這點敬請留意。會員國之間來來去去時不需要入境審查。



## ● 治安

斯洛維尼亞的治安和其他鄰國比起來算好很多。不過，還是要十分小心扒手及調包偷竊。小心保管行李、盡量避免深夜外出等最低限度的自保策略還是有所必要。
【緊急狀況的電話號碼】
警察☎113　消防署・救護車☎112

## ● 郵務

郵局叫作Pošta Slovenije，簡稱PS。除了發送郵件、包裹及販售郵票外，有些地方還受理電話業務及外幣的兌換。到台灣的航空郵件大概3～6天就會到。郵資方面，明信片是88¢、到100g為止的信件97¢。包裹2Kg收費€38.27，所需時間10～15天。上限是30Kg。另有販售包裹用的紙箱。

## ● 怎麼打電話？

公共電話或郵局附設的電話局都可以撥打斯洛維尼亞國內及國際電話。公共電話則要購買電話卡Telefonska Kartica才能使用，分成25度€2.92、50度€4.18、100度€7.09及300度€14.61等4種，皆可在郵局或Kiosk（便利商店、販賣店）買得到。有支援國際漫遊的手機便可直接帶去使用（→參考p.199）。

## ● 度量衡

和台灣一樣，長度用公尺（m）、重量用公克（g）、容積用公升（L）表示。

## ● 電壓及插頭

電壓是220（V），周波數是50赫茲（Hz）。插頭的種類是2根圓柱的C型。台灣國內用的電氣製品由於無法直接使用，所以要記得帶變壓器及插頭轉接頭。

## ● 飲用水

雖自來水都是可以直接喝，但由於石灰成分較多，水質較硬，所以有些人會比較不適應。500ml的保特瓶礦泉水60～70¢（大概台幣27元）就買得到。其中又分成有加碳酸及沒有加碳酸2種，購買時請注意。

## ● 廁所

觀光勝地、車站、加油站及長途巴士總站等都設有公共廁所。門口有管理人員或打掃人員的話則要付50¢左右的清潔費。有些廁所採投幣式，投入硬幣門才會打開。餐廳、咖啡館及飯店的廁所唯有消費的客人才能免費使用，但只要知會一聲，通常也會讓一般旅客使用。

## ● 住宿設施

飯店有高級、中級飯店或商務型飯店、飯店式公寓、青年旅館等可選擇。其他還有入住一般家庭空房的私人型房間，斯洛維尼亞語叫作「SOBE」，觀光服務處或旅行社都有仲介服務。

## ● 喝酒吸煙及禮儀

喝酒、吸菸都得滿18歲。公共交通工具、劇院及餐廳等公共場所基本上禁菸。而餐飲店內是否能抽菸屆時向服務人員確認即可。前往視為神聖場所的教堂或寺院、修道院等最好還是穿著節制點的服裝，當然行為舉止也要合宜。進出餐廳或商店時若能和店員打聲招呼會給人家比較好的印象。

Ljubljana, Julijske Alpe

# 盧比雅那及尤里安阿爾卑斯

盧比雅那瀰漫著宛如混入中世紀街道般的氣氛，除尤里安阿爾卑斯山麓名勝的布萊德湖、渤興湖外，其他個性十足的城鎮之旅都很值得一走。

由古城及飛龍守護的可愛之都

# 盧比雅那

MAP p.6-E Ljubljana



●前往盧比雅那
●飛機
歐洲各主要都市都有直航班機前往盧比雅那。
●火車
有聯結札格雷布（克羅埃西亞）、布達佩斯（匈牙利）、維也納及薩爾斯堡（奧地利）、慕尼黑（德國）等都市的國際列車行駛。國內則是以盧比雅那為中心呈放射狀聯結各都市。週六、日減班。
●巴士
有聯結歐洲各主要都市的國際路線。而國內各都市間也已構成完整路線網。週六、日減班。

●從布萊德湖出發
火車：從Lesce Bled站出發所需時間40分鐘～1小時。1天17班
巴士：所需時間約1小時20分。1天18班
●從新戈里察出發
火車：所需時間約3～4小時。沒有直達車，需換車。1天12班左右
巴士：所需時間約2小時～2小時30分。1天10班
●從皮蘭出發
巴士：所需時間約3小時。
1天5班
●從波斯托伊那出發
火車：所需時間約1小時。
1天17班
巴士：所需時間約1小時。
1天20班

## 城市概略

首都盧比雅那位於國土大約中央位置、人口約29萬人。之前曾受到羅馬帝國、奧匈帝國、法蘭斯帝國及哈布斯堡王朝統治，儘管受盡歷史撥弄但仍走向繁榮，現在已是斯洛維尼亞的政治、經濟中心，持續發展中。另外，雖過去屢屢因地震而荒廢，但每每卻又能以文藝復興、巴洛克、新古典、新藝術等各時代樣式重建。城市本身分成山丘上以盧比雅那城為中心、殘留中世面貌的舊城區以及挾著盧布爾雅尼察河的新市區，其間由三橋相連。舊城區保存著歷史悠久的建築群，橘色的磚瓦屋頂綿延不斷，其街景更是美不勝收。新市區的街道如棋盤般整齊劃一，代表斯洛維尼亞的建築師Joze Plecnik（→p.154）巧妙揉合希臘及伊斯蘭等東方樣式的建築及橋在在營造出獨特的景觀。

盧比雅那是歐洲少數的小型首都。中世、文藝復興、巴洛克、新古典、新藝術等各樣式的建築巧妙地融合，徒步逛城都能看得很過癮。好好享受散步樂趣，走累的話不妨就在路旁或廣場裡咖啡店歇歇腿，或前往公園悠閒一下也不錯。由於這裡也是美術館、博物館、劇院、演奏廳及藝廊林立的藝術之都，所以一整年都有演唱會或活動。新銳藝術家正大展身手，建議您多多接觸這地方才有的音樂及文化。每週日中午前，盧布爾雅尼察河旁舉行的跳蚤市場也很推薦。

裝飾華麗的「銀行協會之家」

## 到達盧比雅那前往市區

### 搭飛機抵達

盧比雅那的尤傑普奇尼克國際機場Letališče Jozeta Pučnika，亦稱為盧比雅那機場Aerodrom Ljubljana-Brnik。這座機場位於距離盧比雅那市中心北邊約23公里、約30分鐘車程的地方。國內線、國際線、出入境都在1樓。

大廳裡設有銀行、郵局及支援國際金融卡的ATM，甚至可以兌幣。其他還有租車公司的受理櫃台、咖啡店等設施。

盧比雅那的小巧國際機場

**■路線巴士**

路線巴士負責聯結機場及盧比雅那旁的長途巴士總站Avtobusna Postaja之間的路程。一出入境大廳右手邊就有大型巴士待客，確認目的地後便可向司機購票。

5:00～20:00有班次從機場開到巴士總站；5:20～20:10則是從巴士總站開往機場，全都間隔1小時左右開出1班，1天16班。週六、日、假日減班，1天7班。所需時間約45分鐘，單程全票€4.10。

另有機場直達庫拉尼Kranj及卡姆尼克Kamnik的班次。而從庫拉尼還有巴士繼續開往布萊德湖及渤興湖。

**■私人接駁服務**

Prevozi Markun公司與MNJ Transfer公司的私人接駁公車，聯結機場與長距離巴士轉運站旁的私人接駁車站牌。所需時間約30分，費用€9，可以載到盧比雅那市區內指定的飯店，要前往機場的話，只要在前天預約也可以到飯店接送。

最近很受歡迎的GoOpti接送服務，除了從機場到盧比雅那市區內的接送(€12～)，也可以委託開到布萊德湖、亞得里亞海地區、克羅埃西亞的薩格勒布以及義大利的的里雅斯特等地。務必要事前於官網預約。

**■計程車**

一走出入境大廳正面出口便會發現計程車正在待客。車資採跳表制，起跳價是€2。到市中心所需時間約30分鐘，大約是€40。

### 搭火車抵達

開往盧比雅那的火車全都會停靠盧比雅那車站Železniška Postaja Ljubljana。這車站位於市中心北邊，車站南側就是長途巴士總站。車站裡面有售票處、兌幣處、ATM及麥當勞等。走路到市中心（三橋）大約7分鐘腳程。

●盧比雅那國際機場
☎ 04-2061981
HP http://www.lju-airport.si

●機場內的郵局
郵局Pošta Slovenije
營 8:00～18:00（週六～12:00）
休 週日

●路線巴士
從盧比雅那開往機場的巴士從長途巴士總站28號搭車處出發。
機場→庫拉尼
1天20班、週六4班、週日停駛
單程全票€1.80
機場→卡姆尼克
1天4班、週六、日停駛
單程全票€2.70

方便的私人接駁巴士

●私人接駁服務
Prevozi Markun公司
☎ 041-792865
HP http://www.prevozi-markun.com

MNJ Transter公司
☎ 040-771771
HP http://www.mnj.si

Go Opti
☎ 01-3204530
HP http://www.goopti.com

●盧比雅那車站
MAP p.151-G、●隨身地圖-14
☎ 01-2913332
HP http://www.slo-zeleznice.si

●盧比雅那火車站的寄物櫃
費 24小時€ 3

車站面向長途巴士總站

巴士總站出乎意料地小

●長途巴士總站
MAP p.150-F、●隨身地圖-14
☎ 01-2344606
HP http://www.ap-ljubljana.si

●盧比雅那公營旅客運輸公司(LPP)
MAP p.150-F、●隨身地圖-13
住 Slovenska Cesta 56
☎ 01-5822425
HP http://www.lpp.si
營 7:00～19:00

**ⓘInformation**

**盧比雅那觀光服務處**
**Turistični Informacijski Center Ljubljana - TIC**
MAP p.150-F、●隨身地圖-16
住 Adamič-Lundrovo Nabrežje 2
☎ 01-3061215
營 8:00～21:00（冬季～19:00）
休 無
HP http://www.visitljubljana.si



**斯洛維尼亞觀光服務處**
**Slovenski Turistični Informacijski Center - STIC**
MAP p.151-G、●隨身地圖-16
住 Krekov Trg 10
☎ 01-3064576
營 8:00～21:00（週六、日9:00～17:00、冬季8:00～19:00） 休 無

跑在舊城區的免費電動代步車

●盧比雅那卡
Ljubljana Card
可自由搭乘市巴士、電纜車、觀光小火車。並且幾乎市內所有的美術館、博物館都可免費參觀。可在觀光服務處及飯店購得。
費 24小時€20.70、48小時€27、72小時€31.50

## 搭巴士抵達

長途巴士會停靠市中心北邊的長途巴士總站Avtobusna Postaja。巴士停車場西邊的平房建築裡設有售票處、商店、ATM及網咖等設施。巴士時刻表及車資可向有人駐守的售票處或撥打專用服務電話查詢，另外，觸控式資訊機也提供查詢服務，而所查詢到的路線的車票也可以直接用信用卡購票。巴士的搭車處號碼及目的地都寫在停車場裡的標語牌上。

## 市內交通

**■市公車**

盧比雅那的市公車由LPP（Ljubljanski Potniški Promet）營運。共有40條主要路線及夜間公車。雖走路也可以逛完盧比雅那舊城區周邊，但要看遍遍布在市內的普雷丘尼克建築群，坐公車還是最方便。路線圖除了公布在主要公車站外，觀光服務處及LPP辦事處也可索取。

縱橫市內、四通八達的市民代步工具

公車票是一種名為Urbana的IC晶片卡。使用方法是，先在LPP的辦公室或長程巴士總站、Kiosk（販賣部）等處購買Urbana（保證金€2）；搭車一次80¢，購買時要先儲值需要搭乘次數的金額。上車時只要將Urbana碰觸讀卡機，之後的90分之間便可以自由上下車。

所購買的Urbana可以無數次儲值。若向LPP辦事處辦理退卡，則卡片內的餘額及保證金便悉數退回。若沒有買卡，也可以把錢先交給持卡人，再請他觸碰讀取機扣兩人分的車資。

碰一下讀取機

**■地軌式纜車、電動代步車**

要前往位於高處的盧比雅那城，最好的交通工具便是地軌式纜車和觀光小火車。地軌式纜車在此稱為Funicular，在克雷可夫廣場Krekov Trg南邊有搭乘處。盧比雅那舊城區中心禁止汽車進入，在此可使用免費的電動代步車。

**■計程車**

隨處載客的計程車很少，不妨請飯店或餐廳代為叫車。車資採跳表制，起跳價€2。盧比雅那車站及高級飯店前都有計程車隨時等候載客。

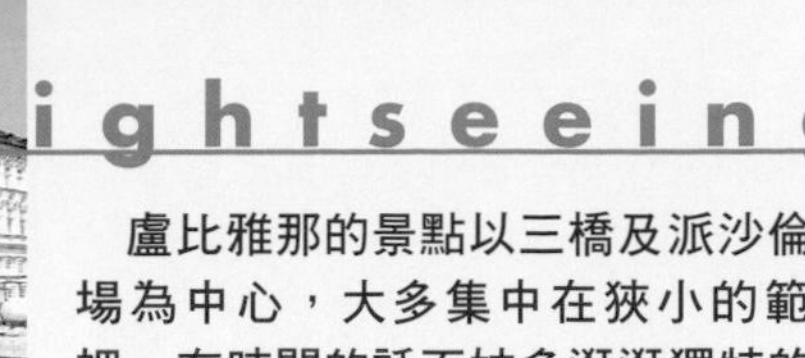

# 盧比雅那遊逛的經典路線

盧比雅那的景點以三橋及派沙倫廣場為中心，大多集中在狹小的範圍裡。有時間的話不妨多逛逛獨特的博物館、美術館及其他多種建築。

**SRART**

- 三橋
- 步行1分
- 派沙倫廣場
- 步行1分
- 聖方濟會報喜教堂
- 步行5分
- 龍橋
- 步行1分
- 中央水果市場
- 搭電纜車1分
- 盧比雅那城
- 步行10分
- 三橋

架設在盧比雅那中心地區的三橋舊城區旁就是觀光服務處。過了橋便來到派沙倫廣場。

派沙倫廣場的粉紅色教堂，堪稱市景地標。教堂天井的印象派壁畫千萬別錯過。

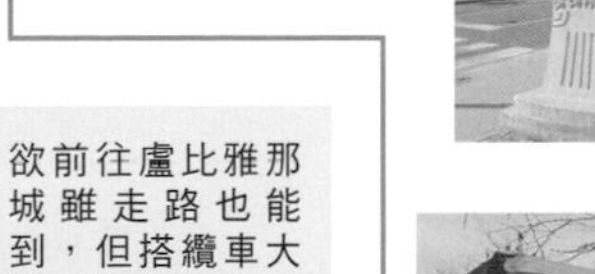

從派沙倫廣場沿著河往東邊前進便來到盧比雅那的守護象徵——飛龍及其坐鎮的龍橋。

盧比雅那城裡的博物館娓娓訴說城市歷史，餐廳評價也很高。從塔頂或城牆便能將盧比雅那市景一覽無遺。

欲前往盧比雅那城雖走路也能到，但搭纜車大約1分鐘即達。

走過龍橋便看到中央水果市場。面對廣場的聖尼可拉斯大教堂也是著名景點。

Drenikova Ul.
Samova Ul.
A
B
Bežigrad
Parmova Ul.
Trstenjakova
Dunajska Cesta
鐵道博物館
Železniški Muzej
Jakšičeva
Smoletova
Livarska
Likozarjeva
Celovška Cesta
翠基諾夫城(國立現代史博物館)
往機場的28路巴士搭乘處
長途巴士總站
Restaurant JB
Trg Osvobodilne Fronte
Pražakova Ul.
Hotel Lev Ljubljana
Tivolska Cesta
Gosposvetska Cesta
盧比雅那公營旅客運輸公司(LPP)
Miklošičeva Cesta
Trdinova Ul.
Central Hotel
E
F
蒂沃利城
蒂沃利公園
Tivoli Park
聖方濟會報喜教堂
Frančiškanska Cerkev
Tavčarjeva Ul.
Zmajski M
派沙倫廣場
Prešernov Trg
國立美術館
Narodna Galerija
Dalmatinova Ul.
City Hot
Ljubljar
聖尼可拉斯大教堂
Ljubljanska Stolnica Sv. Nikolaja
Nebotičnik Skyscraper
近代美術館
Moderna Galerija
Cankarjeva Cesta
Tresor Hostel
Best Western Premier Hotel Slon
歌劇院
SNG Opera in Balet
Grand Hotel Union
Čopova Ul.
Cesta 27 Aprila
國立博物館
Narodni Muzej
Tomšičeva Ul.
中央郵局
肉店橋
Mesarski Most
國會議事堂
Restaurant/Gostilna AS
Šubičeva Ul.
三橋
Toromostovje
盧比雅那觀光服務處
Cacao
Ciril Metodov Trg
Maxi
Emonec
船隻搭乘處
Čokoladni Atelje Dobnik
日本大使館
Zvazda
Kraševi
Skrabčeva Ul.
Slaščičarna Lolita
Rustika
拱街
Tržnice
Wolfova Ul.
Gostilna Sok
市政廳
Vander Urbani Resort
盧比雅那·蒂沃利車站
Ljubljana Tivoli
Erjavčeva Cesta
電纜車搭乘處
Cesta v Rožno Dolino
Prešernova Cesta
斯洛維尼亞音樂廳
Slovenska Filharmonija
Movia
Gostilna Gujžina
Galerija Idrijske Čip
Mestni Trg
斯洛文斯卡街
Slovenska Cesta
鞋店橋
Čevljarski Most
盧比雅那城
Ljubljanski Grad
Antiq Palace
Vegova Ul.
國立大學圖書館
Rustika
Le Petit Café
Gostilna na Gradu
Rimska Cesta
Hotel Pri Mraku
Gosposka Ul.
Stari Trg
Piranske Soline
法國革命廣場
Trg Francoske Revolucije
Antiq Hotel
Lesar Hotel Angel
Tržaška Cesta
I
J
Aškerčeva Cesta
聖雅各教堂
Krizanke戶外劇院
Zoisova Cesta
市立博物館
Mestni Muzej Ljubljana
Karlovška Cesta
Grohanjeva Cesta
Restaurant Špajza
Karkovska Ul.
盧比雅那人偶劇
Lutkovno Gledališče Ljublja
Bariarska Cesta
Emonska Cesta
Karunova Ul.
普雷丘尼克之家
Plečnik Hiša v Trnovem

盧比雅那廣域
Ljubljana
0
200m
151
加列墓園
Plečnikove Žale
Žalska Ul.
Topniška Ul.
Volkova Cesta
Linhartova Cesta
Savska Cesta
Šmartinska Cesta
Rožičeva Ul.
Pokopališka Ul.
Železna Cesta
Topniške Ul.
Kavčičeva Ul.
Vilharjeva Cesta
月台
比雅那車站
Masarykova Cesta
Bolgarska Ul.
馬特庫瓦藝術村
AKC Metelkova Mesto
Metelkova Ul.
Celica
Njegoševa Cesta
Proletarska
Slomškova Ul.
Maistrova Ul.
盧比雅那·沃德瑪特車站
Ljubljana Vodmat
民俗博物館
Slovenski Etnografski Muzej
國立博物館(分館)
Narodni Muzej, Metelkova
Kotnikova Ul.
Vidovdanska Cesta
中央果菜市場
Glavna Tržnica
Hotel Park
Zaloška Cesta
德尼可大廣場
Ilirska Ul.
Ob Ljubljanici
Petkovškovo Nabrežje
Koblarjeva
斯洛維尼亞觀光服務處
Rozmanova Trg
盧布爾雅尼察河
Povšetova Ul.
Poljanska Cesta
Kopitarjeva
Poljanski Nasip
克雷可夫廣場
Krekov Trg
Mencigar
Strossmayerjeva Ul.
Gortanova Ul.
Poljanska Cesta
Zrinjskega Ul.
Zarnikova Ul.
Streliška Ul.
Litijska Cesta
Cesta Slovenskih Upornikov
Roška Cesta
Hradeckega Cesta
Janežičeva Cesta
Dolenjska
往盧比雅那植物園
Botanični Vrt Ljubljana
C
D
G
H
K
L
N

# Sight Seeing 景點

## 派沙倫廣場
Prešernov Trg　MAP p.150-F　●隨身地圖-15

交 盧比雅那車站步行12分　住 Prešernov Trg

這座廣場位於盧比雅那市中心。由於和三橋及Ulica Čopova這條行人徒步區相通，所以人潮總是絡繹不絕。廣場上矗立著斯洛維尼亞的代表詩人普列舍仁France Prešeren（1800-1849）的雕像。普列舍仁視線的盡頭就是他朝思暮想的女性尤莉亞Julija的雕像，他倆相互凝視。

國民詩人的雕像

尤莉亞的雕像



## 聖方濟會報喜教堂
Frančiškanska Cerkev
MAP p.150-F　●隨身地圖-16

交 派沙倫廣場步行 1 分
住 Prešernov Trg　☎ 01-4253007　營 8:30～12:30、13:30～20:00　休 無　費 免費

這座教堂的粉紅色外觀讓人印象深刻。建造期間從1646年一路進行到1660年，整體走巴洛克風格。雕刻家法蘭奇斯柯．羅伯於1736年建造祭壇，後來在19世紀中葉時由畫家馬泰晤斯．蘭格斯施以內部裝飾。20世紀的印象派畫家所描繪之天井壁畫相當漂亮。

面對廣場，一定要進來參觀

## 三橋
Toromostovje　MAP p.150-F　●隨身地圖-15

交 派沙倫廣場步行 1 分

架在盧布爾雅尼察河上、由三座橋所構成的一座橋。建於1280年的木橋因火災而燒毀，1842年時新架了座石橋加以取代。而為配合增加來往流量，斯洛維尼亞建築家尤傑．普雷丘尼克於是在行人徒步區用的橋樑兩側添加設計，於1932年竣工。自此以來，舊城區及新市區之間有了聯結的主要橋樑，為大部分的居民及觀光客帶來無限方便。

象徵盧比雅那的獨特建築——三橋

## 龍橋
Zmajski Most　MAP p.150-F　●隨身地圖-16

住 派沙倫廣場步行 1 分

架在盧布爾雅尼察河上的橋樑之一。位於三橋東邊300公尺左右。欄杆上有4尊飛龍坐鎮，氣勢磅礴。傳說描述希臘神話裡的英雄伊阿頌從多納夫河好不容易到達盧布爾雅尼察河源流附近，擊退住在那裡的飛龍後建造了盧比雅那，所以盧比雅那市的市徽裡也看得到飛龍身影。

盧比雅那的守護龍

三橋和龍橋之間於2010年新築一座橋樑，名喚「肉店橋Mesarski Most」，年輕情侶之間流行在欄杆上鎖。

## 盧比雅那城

Ljubljanski Grad

MAP p.150-J
●隨身地圖-16

交 派沙倫廣場步行15分
住 Ljubljanski Grad ☎ 01-2329994 營 9:00～23:00（10～3月10:00～21:00） 休 無 費 博物館全票€6、導覽行程全票€8

城堡的中庭會舉辦各種活動

位於小山丘上的城堡。自9世紀左右建造碉堡以來，就作為哈布斯堡王朝及歷代領主的城邸使用。從城堡可將盧比雅那的市區一覽無遺。城內有城堡歷史相關的博物館、廣受好評的餐廳、伴手禮店等。建於1489年的哥德式禮拜堂為市民夢想中的結婚典禮會場。參加導覽行程則可重點遊逛一圈。要前往城堡可選擇步行、搭乘電纜車，或是搭乘在市政廳前出發的觀光小火車。

## 聖尼可拉斯大教堂

Ljubljanska Stolnica Sv. Nikolaja

MAP p.150-F
●隨身地圖-16

交 派沙倫廣場步行3分
住 Dolničar Jeva 1 營6:30～12:30、13:30～18:30
休 無 費免費

建於街上的大教堂，屬於佛德尼克廣場Vodnik Square的一部分。為獻給聖尼可拉斯而於13世紀中葉建造的教堂。18世紀巴洛克風的裝潢以及也經手聖方濟會報喜教堂裝潢工作的馬泰晤斯・蘭格斯所繪的天井畫相當有看頭。教堂入口處厚重銅門上的雕刻也很值得一看。該雕刻是為紀念1996年、前羅馬教宗若望保羅二世造訪教堂時所獻上的祝禱，是斯洛維尼亞雕刻家米爾薩德・貝基奇的作品。

大教堂內金碧輝煌的裝飾

## 中央果菜市場

Glavna Tržnica

MAP p.151-G
●隨身地圖-16

交 派沙倫廣場步行7分
住 Vodnikov Trg 營6:00～18:00（冬季～15:00）
休 週日

佛德尼克夫廣場上每週一到週六都有露天市場開市。蔬菜、水果到各種花卉、衣物及日常用品等全都應有盡有，價格更是平易近人，很適合前來採買伴手禮。由於多數店家下午很早就關門，所以盡量在上午去。廣場西北邊的建築是處理加工肉品及起司的室內市場。河畔由普雷丘尼克所設計的拱街裡還有麵包店及飲食店進駐。

食材從國內各地匯集而來，可謂是盧比雅那市民的廚房

## 法國革命廣場

Trg Francoske Revolucije

MAP p.150-J
●隨身地圖-17

交 派沙倫廣場步行7分
住 Trg Francoske Revolucije

刻著拿破崙肖像的石柱就矗立在這廣場上。廣場南邊有間用修道院改建的戶外劇院Križanke，每年7～8月都會在這舉行夏季慶典「盧比雅那嘉年華」。廣場北邊一個街角遠的就是國立大學圖書館，其呈現出書本形狀的窗子及橘色的建築令人印象深刻，外國觀光客也可以進去。石柱、Krizanke戶外劇院及國立大學圖書館全都出自於建築家尤傑・普雷丘尼克之手。

普雷丘尼克的作品──國立大學圖書館

## 蒂沃利公園
Tivoli Park
MAP p.150-E

交 派沙倫廣場步行20分

這座公園位於市中心西邊，綠意盎然。公園中央座落著17世紀時由耶穌會所建造的蒂沃利城Tivolski Grad。公園內還有室內外運動設施。而公園北邊的翠基諾夫城Cekinov Grad裡有座國立現代史博物館Muzej Novejše Zgodovine，展出從第一次世界大戰到1991年的10日戰爭、獨立為止，斯洛維尼亞的動盪時代史料。

公園的室外展室。盡頭處就是蒂沃利城

## 馬特庫瓦藝術村
AKC Metelkova Mesto
MAP p.151-G

交 派沙倫廣場步行15分
住 Metelkova 8

此藝術村建於前南斯拉夫軍隊的駐紮地。據說是進行反戰運動的年輕人們在獨立後佔據軍營，在此展開了藝術活動。現在這裡聚集了約30位畫家、雕刻家的工作室，已是藝術創作活動的場地。在晚上有夜店營業，環境會不太安全，建議在白天來此參觀。馬特庫瓦地區還有監獄改裝成的青年旅館「Celica」，裝潢獨特且人氣超高（→p.159）。

建築前的前衛塗鴉與立體作品



## MORE ABOUT SLOVENIA

### 盧比雅那之普雷丘尼克作品之旅

尤傑・普雷丘尼克Jože Plečnik（1872-1957）是斯洛維尼亞代表性的建築家。他曾在奧地利維也納分離派巨匠奧特・華格納Otto Wagner旗下學習建築，在維也納及布拉格活躍一時。1921年，他回到祖國斯洛維尼亞並開始從事盧比雅那的都市計劃。普雷丘尼克的建築常可見到圓柱及拱門裝飾，賦予盧比雅那獨一無二的個性之美。

創造出無數的著名建築

可以看到位在盧比雅那中心的三橋、鞋店橋Čevljarski Most和拱街等作品。盧比雅那的托爾諾瓦地區Trnovo裡至今仍保存著普雷丘尼克從1921年到去世時所居住的「普雷丘尼克之家」。現在則是盧比雅那建築博物館的普雷丘尼克收藏展，對外開放參觀。

**盧比雅那市內主要的普雷丘尼克建築作品**

拱街
Tržnice
MAP p.150-J
●隨身地圖-16

The Iron
MAP p.151-G
●隨身地圖-16

加列墓園
Plečnikove Žale
MAP p.151-D

# Shopping 購物

## Kraševka

食品

V M A　MAP p.150-J ●隨身地圖-16

**美食區、喀斯特地區的名產品琳瑯滿目**

以葡萄酒、生火腿及食用油產地聞名的喀斯特地區其名產真是多不勝數。店家推薦Teran紅酒及橄欖油等。Kocbek公司出品的南瓜子油也很受歡迎。其他像松露及蜂蜜等食品也是種類豐富。

住 Vodnikov trg 4　☎ 01-2321445　營 9:00～19:00（週六～15:00）　休 週日、假日

## Gelerija Idrijske Čipke

蕾絲

V M A　MAP p.150-J ●隨身地圖-15

**販售精緻蕾絲作品的藝廊**

盧比雅那近郊城鎮伊德利亞（→p.170）的傳統工藝——棒槌蕾絲專賣店。勾勒著花卉、心型圖案的裝飾。用金線、銀線編織而成的首飾等也很受歡迎，也有桌巾技法複雜的蕾絲十分賞心悅目。

住 Mestni Trg 17　☎ 01-4250051　營 10:00～19:00（週六～15:00）　休 週日、假日

## Piranske Soline

鹽

V M A　MAP p.150-J ●隨身地圖-16

**以傳統製法製作的天然鹽**

販售製作於皮蘭近郊塞喬里耶鹽田、富含礦物質的鹽巴及加工品。以及細分運用在肉類、魚類、沙拉上的鹽巴，不管是哪一種都十分美味。融入鹽巴的巧克力也很受歡迎，板狀巧克力€2.60～。還有鹽皂和泥巴面膜等美容用品。

住 Mestni Trg 8　☎ 01-4250190　營 9:00～20:00（週日～15:00）　休 無

## Rustika

雜貨

V M A D J　MAP p.150-J ●隨身地圖-15

**斯洛維尼亞的工藝品都在這裡**

心型裝飾「裡脆塔」、蕾絲及木刻的鳥等手工製的工藝品讓人覺得好溫暖。蜂巢壁板€27～、有畫上圖案的小盒子€15～等都很熱銷。盧比雅那城內也有系列店家。

住 Stritarjeva Ul. 9　☎ 01-2511718　營 9:00～21:00
休 無

# Restaurant 餐廳

盧比雅那從傳統菜色到現代美食全都吃得到，餐廳真是琳瑯滿目，水準也都很高。盧布爾雅尼察河畔的露天咖啡座相當舒適怡人。

## Gostilna na Gradu

斯洛維尼亞菜

V M　MAP p.150-J　●隨身地圖-18

### 在山丘上的古城品嘗傳統佳餚

盧比雅那城裡的2家餐廳之一。在這裡能品嘗到使用當季食材，改良過的摩登版斯洛維尼亞鄉土佳餚。一定要試試使用蕎麥粉製作的傳統菜餚——žganci（麵疙瘩）。全餐包含前菜、沙拉、主菜，並附有甜點，餐點內容會隨季節變化。

住 Grajska Planota 1　☎ 082-051930　營 9:00～24:00（週日10:00～16:00）　休 無　預算 €20～

## Restaurant/Gostilna AS

義大利菜

V M A　MAP p.150-F　●隨身地圖-15

### 流淌著古典氛圍的高級餐廳

位於接近中央郵局的中庭。以義大利菜為主。在此能享受到一流的美味與服務。Tagliata——五分熟烤牛肉€25為本店招牌。一併設有氛圍休閒輕鬆的新店「Aperitivo」。

住 Čopova Ul. 5a　☎ 01-4258822　營 12:00～翌2:00　休 無　預算 €30～

## Restaurant Špajza

斯洛維尼亞菜

V M A D J　MAP p.150-J　●隨身地圖-18

### 盡情享用斯洛維尼亞附近的山珍海味

這家餐廳主要提供斯洛維尼亞家鄉菜及亞得里亞海、地中海海鮮。燉飯、義大利麵€9～。也是以馬菲力等馬肉菜色聞名的餐廳。

住 Gornji Trg 28　☎ 01-4253094　營 12:00～22:00　休 無　預算 €15～

## Gostilna Sokol

斯洛維尼亞菜

V M J　MAP p.150-J　●隨身地圖-16

### 穿著民族服飾服務客人的家鄉菜餐廳

起司派Štrukli及血腸等斯洛維尼亞傳統美食是應有盡有。蘑菇湯也是招牌菜。穿著民族服裝的服務人員待客很親切、友善。位置極佳，深受觀光客歡迎。

住 Ciril Metodov Trg 18　☎ 01-4396855　營 7:00～23:00（週六日、假日10:00～）　休 無　預算 €14～

## Gostilna Güjžina

斯洛維尼亞菜

V M A J　MAP p.150-J　●隨身地圖-16

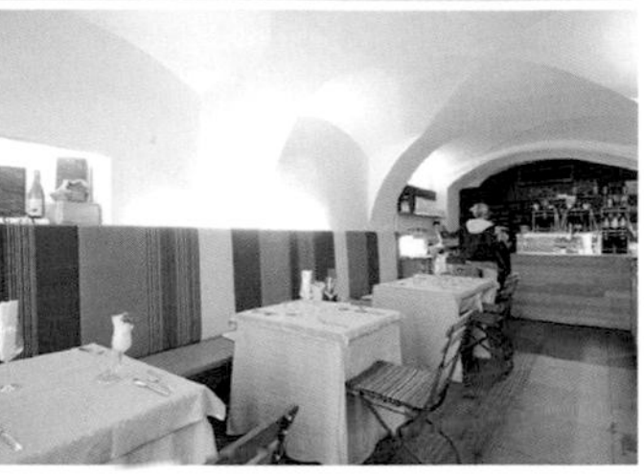

**普雷姆克列地區的傳統佳餚讓人讚不絕口**

斯洛維尼亞最東邊的普雷姆克列地區鄉土佳餚餐廳。這裡的特色美食是燉豬、牛、鹿肉，燉菜肉湯Bograč和使用蕎麥的佳餚。

住 Mestni Trg 19　☎ 083-806446　營 8:00～24:00（7、8、12月為～翌1:00）　休 無　預算 €10～30

## Nebotičnik Skyscraper

咖啡酒吧

V M　MAP p.150-F　●隨身地圖-15

**從高樓大廈的露天座位俯看舊城區**

位於大樓12層樓的咖啡&餐廳。從建築物北邊的大門搭電梯上來。是個可將舊城區及盧比雅那城美景盡收眼底的隱藏版景點。咖啡歐蕾€1.50等。

住 Štefanova Ul. 1　☎ 040-668800　營 9:00～翌1:00（週四～週六為～翌3:00）、餐廳為12:00～16:00、18:00～22:00（週六營業）　休 週六日、假日　預算 €3～

## Slaščičarna Lolita

咖啡廳

不接受刷卡　MAP p.150-J　●隨身地圖-16

**可品嘗到斯洛維尼亞獨有的甜點**

位於盧布爾雅尼察河旁的咖啡廳。一定要看看裡頭榮獲歐洲設計獎項的裝潢。有馬卡龍、派等甜點，種類豐富。蛋糕1片€3.80～。

住 Cankarjevo Nabrežje 1　☎ 05-9016299　營 8:00～22:00（週五、六～22:00、週日、假日9:00～21:00）　休 無　預算 €6～

## Čokoladni Atelje Dobnik

咖啡廳

V M A　MAP p.150-E　●隨身地圖-15

**人氣攀升中的高級巧克力店**

位於購物中心Maxi裡的巧克力店兼咖啡廳。這裡最有名的是加了國產無花果的巧克力Fige Prešernove 1顆€2～。蛋糕為1片€3.50～。

住 Trg Republike 1　☎ 01-4253141
營 9:00～21:00（週六8:00～17:00）
休 週日、假日　預算 €5～

## Zvazda

咖啡廳

V M　MAP p.150-F　●隨身地圖-15

**叫份絕品甜點小小奢華一下★**

玻璃櫃裡盡是大量使用水果的水果塔及濃郁巧克力蛋糕，是家極有人氣的西點店。店內氣氛很有質感，深受盧比雅那女性歡迎。

住 Wolfova 14　☎ 01-4219090　營 7:00～23:00（週日10:00～14:00、17:00～22:00）　休 無　預算 €3.50～

# Hotel 飯店

## Hotel Lev Ljubljana

V M A D　MAP p.150-F　●隨身地圖-13

**相當有格調的飯店**

位於舊城區西北邊的14層樓大廈型飯店。大廳氣氛雖古典，但客房設備卻很現代化，商務旅客因此也不少。距盧比雅那車站、長途巴士總站約10分鐘腳程。

住 Vošnjakova 1　☎ 01-3087000　FAX 01-3087500
費 S/€74～、T/€90～　173間
HP http://www.union-hotels.eu

## Grand Hotel Union

V M A J　MAP p.150-F　●隨身地圖-16

**新藝術派樣式的優雅飯店**

竣工於1905年、採新藝術派樣式打造的高格調飯店。位於市中心位置，距離派沙倫廣場走路只要1分鐘，觀光相當方便。泳池、三溫暖及健身房等設備都很完善。

住 Miklošičeva 1　☎ 01-3081270　FAX 01-3081015
費 S/€115～、T/€140～　194間
HP http://www.union-hotels.eu



## Best Western Premier Hotel Slon

V M A D　MAP p.150-F　●隨身地圖-15

**面向斯洛文斯卡街，位置極佳**

Slon意謂大象，飯店內有相當多的大象造型擺設。位於鬧區中心，購物超方便。比經濟房等級高的客房全都有浴缸。可Wi-Fi無線上網。種類豐富的早餐備受好評。

住 Slovenska Cesta 34　☎ 01-4701100　FAX 01-4701170
費 S/€81～、T/€100　174間　HP http://www.hotelslon.com

## City Hotel Ljubuljana

V M A D J　MAP p.150-F　●隨身地圖-16

**模倣舊城區街區的床好時髦**

1907年開幕的老字號。距車站、舊城區都只要5分鐘腳程。從標準房等部分客房還看得到盧比雅那城。房價會依有無空調而不同。可免費使用公共區的電腦設備及腳踏車。

住 Dalmatinova 15　☎ 01-2390000　FAX 01-2390001
費 S/€80～、T/€85～　200間
HP http://www.cityhotel.si

## Vander Urbani Resort

V M D A　MAP p.150-J　●隨身地圖-15

### 舒適度堪比小型度假村

開幕於2012年。位於舊城區中心，在屋頂上有可眺望盧比雅那城的露臺和泳池。飄盪著近未來感的摩登風情，設於飯店內的餐廳由法國主廚掌廚，風評頗優。

住 Krojaška Ul. 6-8　☎ 01-2009000　FAX 01-2009001
費 S、T/€120～　16間　HP http://www.vanderhotel.com

## Central Hotel

V M A　MAP p.150-F　●隨身地圖-14

### 可使用高級飯店的設備

距車站及舊城區走路都只要大約5分鐘。雖和Grad hotel Union飯店同系列但卻便宜2成左右。這裡的住客可以使用Grad Hotel Union飯店的泳池及健身房等設備。

住 Miklošičeva 9　☎ 01-3084300　FAX 01-2301181
費 S/€79～、T/€89～　74間
HP http://www.union-hotels.eu

## Hotel Pri Murak

V M A D　MAP p.150-J　●隨身地圖-17

### 在葡萄樹下喝晨間咖啡

位於法國革命廣場附近，地理位置完美。客房簡約乾淨。夏天可在葡萄葉繁茂的露天座位上享用早餐。

住 Rimska Cesta 4　☎ 01-4219600　FAX 01-4219655
費 S/€59～、T/€88　34間　HP http://www.daj-dam.si

## Tresor Hostel

V M　MAP p.150-F　●隨身地圖-15

### 運用銀行舊地打造的獨特旅館

於2013年開幕。位置絕佳，派沙倫廣場步行即到。個人房與多人房皆共用浴室及廁所。多人房相當寬敞，很受年輕人好評。

住 Čopova Ul. 38　☎ 01-2009060　FAX 01-2009069
費 T/€45.6、多人房/€13.3～　28間、132床
HP http://www.hostel-tresor.si

## Celica

V M　MAP p.151-G

### 馬特庫瓦地區最獨特的飯店

改建前南斯拉夫軍監獄而成。經過各種藝術家巧手改造，牢房竟搖身一變成為客房，且每間裝潢都不同，讓人印象深刻。由於是人氣飯店，所以敬請事先訂房。

住 Metelkova 8　☎ FAX 01-2309700
費 T/€39～、多人房/€18～　29間、19床
HP http://www.hostelcelica.com

## 尤里安阿爾卑斯山麓上的閃亮眼眸
# 布萊德湖
MAP p.6-A **Blejsko Jezero**

●前往布萊德湖
●火車
從盧比雅那方面開來的班次會停靠在布萊德湖東邊約4公里處的小鎮車站——萊斯翠布萊德站Lesce-Bled。從該車站到布萊德湖搭巴士即達，相當方便。白天每小時有1～3班。而從其他城市開來的班次則是停靠湖西邊的布萊德湖站Bred Jezero。
●巴士
從國內各地出發的巴士會停靠在湖泊東側的總站，並由此再發車。

●從盧比雅那出發
火車：到萊斯翠布萊德站所需時間45～1小時。1天20班左右
巴士：所需時間1小時20分鐘。1天20班（週六．日減班）
●從渤興湖出發
火車：從渤興斯卡比斯托利察站到布萊德湖站所需時間約20分鐘。1天7班
巴士：所需時間約40分鐘。1天15班左右
●從新戈里察出發
火車：到布萊德湖站所需時間約1小時50分鐘。1天7班

萊斯翠布萊德火車站



## 城市概略

這座湖位於斯洛維尼亞北部、和奧地利及義大利接壤不遠處。由尤里安阿爾卑斯山冰河所造就，最深約達30公尺。閃耀碧綠色光芒的湖泊對岸聳立著尤里安阿爾卑斯山最高峰——海拔2864公尺的特里格拉夫峰，雄偉巍峨。基於這無可復加的美麗而有「阿爾卑斯之眸」的美譽，自17世紀左右開始便是歐洲屈指可數的風光明媚之地，名聞遐邇，甚至連塞爾維亞皇室及哈布斯堡王朝等貴族都讚不絕口，遂以度假勝地之姿蓬勃發展。湖畔有好幾家景觀不錯的飯店及餐廳。1981年時這一帶列為國家公園，世界各地的觀光客絡繹不絕來此享受大自然，悠閒度假。

提到布萊德湖的大小，東西2120公尺、南北1380公尺、湖周約有6公里。湖畔的觀光步道十分完善，慢慢走約3小時便能繞湖一圈。繞湖邊而行的觀光馬車或觀光小火車等交通工具也不妨搭搭看，很好玩的。不管從哪個方向眺望，布萊德湖都會有不同風貌；春天群樹嫩芽萬分耀眼、夏天則是享受湖水浴的人玩得不亦樂乎、秋天楓葉美艷動人，甚至淡季冬天都有皚白的尤里安阿爾卑斯山及凍結的湖面相輝映，美不勝收；四季更迭的景色永遠看不膩！另外，晚秋到初春是稱為「冬季貴婦」的聖誕玫瑰花期，而布萊湖周邊有數種聖誕玫瑰生長，有不少人是衝著賞花而來。

主要景點是蓋在斷崖峭壁上的布萊德城以及湖裡的、斯洛維尼亞唯一島嶼——布萊德島。當然島上的巴洛克式聖母蒙召升天教堂也千萬別錯過。欲前往布萊德島有手搖船可搭，船上清晰可見湖裡的游魚身影。湖周圍還可從

野生的聖誕玫瑰

事騎腳踏車、騎馬、釣魚等活動。只要租輛腳踏車或汽車就可輕鬆前往近郊的文特加爾峽谷及拉多烏利查。冬天則是高山滑雪及越野滑雪等活動最受歡迎，而由於湖長2公里以上，所以這裡也經常舉辦划船競賽。

名產是稱為Blejska Kremšnita的蛋糕，是德國奶油蛋糕演變而來。烤鱒魚當然也是招牌菜之一。

冬季時，銀白色的布萊德湖也很美

**布萊德湖**
**Blejsko Jezero**

0 500m

往萊斯翠布萊德車站、拉多烏利查
里格拉夫國家公園辦公處
Ribenska Cesta
Ljubljanska Cesta
郵局
Hotel Lovec
Cankarjeva Cesta
購物中心
Mladinska Cesta
Prešernova Cesta
Zakiadi Slovenije
Hotel Kompas
Hotel Golf
Hotel Park Bled
A
觀光馬車搭乘處
Hotel Trst
Gostilna Pri Planincu
布萊德觀光服務處
觀光小火車停靠暨發車處
Hotel Jadran
往布萊德島的船隻搭乘處
Grand Hotel Toplice
Restavracija Kavarna Park
Vila Prešeren
Cesta Svobode
長途巴士總站
聖馬爾提努斯教堂
**布萊德城**
Blejski Grad
Pletna
往布萊德島的船隻搭乘處
布萊德湖
Garden Village
Hotel Vila Bled
往布萊德島的船隻搭乘處
布萊德島
**聖母蒙召升天教堂**
Cerkev Sv. Marijnega Vnebovzetja
Potičnica
B
Hotel Triglav
布萊德湖車站

布萊德湖裡的手搖船

**Information**

**布萊德觀光服務處**
**Turistično Informacijski Center Bled**
MAP p.161-A
住 Cesta Svobode 10
☎ 04-5741122
營 4～6月、9～10月8:00～19:00（週日9:00～17:00）
7～8月8:00～21:00（週日9:00～17:00）
1～3月8:00～18:00（週日9:00～16:00）
休 無 HP http://www.bled.si

**●租腳踏車**
觀光服務處及主要飯店都有提供租借服務。收費基準是1小時€50～、半天€15～等。

**●搭共乘船到布萊德島**
乘船處位於湖東岸及南岸，乘客到達一定數量便開船。來回全票€12。

**●觀光小火車**
從Hotel Park Bled旁出發。繞湖一圈€3.50。所需時間約40分。冬季停駛。

**●觀光馬車**
從位於湖東岸的觀光馬車搭車處出發。繞湖一周€40～、到布萊德城€40～等。

坐觀光馬車繞繞湖畔如何？

# Sight Seeing 景點

## 布萊德城

Blejski Grad

MAP p.161-A

交 長途巴士總站步行15分
☎ 04-5729782　營 8:00～20:00（夏季～21:00、冬季～18:00）　休 無　費 全票€8

國內最古老的城

這座古城聳立於湖畔、高約130公尺的斷崖上。據說1004年時由神聖羅馬帝國亨利二世所建，並將它給予布雷薩諾內主教。城裡有餐廳、酒廠、活版印刷廠及博物館等設施，而博物館則主要展出布萊德周邊出土的石器、陶器、中世武器等及近代湖泊觀光開發相關資料。站上城堡露台便可將布萊德湖及周邊街景盡收眼底。

塔樓左側有印刷工廠，專為觀光客印製到此一遊的紀念品

使用中世紀的印刷技術

挑選紙張並請師傅印上自己的名字€14

## 聖母蒙召升天教堂

Cerkev Sv. Marijnega Vnebovzetja

MAP p.161-B

交 船隻搭乘處乘船10分
營 9:00～17:00（冬季10:00～16:00）　休 無
費 門票€3、門票＋鐘樓€5

位於布萊德島上的教堂。布萊德湖有阿爾卑斯之瞳之稱，更令人為此地著迷。據說愛之女神基娃自古便居住在布萊德島上，而這座教堂建於8～9世紀，於17世紀時改建為現在的巴洛克風格建築。還可登上1534年建造的鐘樓。傳說只要敲響教堂的鐘，願望就會實現。從島嶼岸邊到教堂有99階的樓梯，在此舉辦婚禮的新郎依習俗要抱著新娘走完整段樓梯。歷史悠久的教堂裡雖然樸素卻又很美，祭壇上裝飾著膚色的瑪利亞像。要前往布萊德島必須要搭乘名為Pletna的木製搖櫓渡船，這是瑪麗亞・特蕾莎女王特准僅由23位村民的子孫，方可行駛的23艘船。

抱著新娘往上爬完這段樓梯

搭乘傳統的搖櫓渡船　©Aleš Fevžer

## Shopping 購物

### Zakladi Slovenije

雜貨

V M

MAP p.161-A

**斯洛維尼亞伴手禮應有盡有**

位在觀光服務處旁，販售葡萄酒、起司、蜂蜜、巧克力、民俗工藝品與雜貨等斯洛維尼亞獨有的逸品，商品相當內容廣泛齊全。冰葡萄酒為€15～。

住 Cesta Svobode 15　☎ 386-83824180
營 9:00～22:00　休 無

## Restaurant 餐廳

### Potičnica

咖啡廳

V M A

**來塊現烤的波提察（potica）吧？**

位於布萊德島上的咖啡廳兼伴手禮店。自家烘培的點心波提察1片€3.60，也是很受歡迎的伴手禮。

住 Blejski Otok　☎ 04-5767979　營 9:00～19:00（冬季～16:00）　休 無　預算 €5.50

### 小旅行

## 文特加爾峽谷

Soteska Vintgar

MAP p.6-A

**急湍處處的美麗峽谷**

森冷的峽谷觀光步道

這座峽谷位於布萊德湖西北邊約4公里。流經峽谷的拉多烏納河其透明度和布萊德湖不相上下，清澈見底。全長1.6公里的觀光步道相當完善，可邊欣賞急湍、瀑布邊散步。由於路面較滑，所以請穿著好走的鞋子；夏天氣溫依然偏低，也敬請攜帶對襟羊毛衫等衣物前往。

交 從布萊德湖出發的巴士僅夏季1天1班。所需時間約30分。還有另一個方法是租借腳踏車自行騎車前往。

## 拉多烏利查

Radovljica

MAP p.6-A

**傳統文化尚存的可愛小鎮**

這小鎮位於布萊德湖東南方約6公里處，舊城區裡的養蜂博物館Čebelarski Muzej展示這地區傳統產業養蜂業的相關資訊，而蜂巢壁板畫作也相當多。舊城區裡的傳統美食餐廳「Gostilna Lectar」其工房每天製作、販售心型傳統甜點「裡脆塔Lectar」，事先預約的話還可親身體驗著色樂趣，深受遊客歡迎。

交 從布萊德湖、萊斯翠布萊德車站出發的巴士班次頗多。從布萊德湖出發，所需時間約15分。

挑戰製作傳統糕點

## Vila Prešeren

斯洛維尼亞菜

V M D A

MAP p.161-A

### 面向湖泊的摩登餐廳

將斯洛維尼亞傳統菜餚改良為摩登佳餚。是布萊德湖第一名呼聲最高的餐廳。也可在露天座位休息一下。推薦布萊德湖產的烤鱒魚。肥美鱒魚配炸薯條。

住 Veslaška Promenada 14 ☎ 04-5752510 營 9:00～22:00
休 無 預算 €12～

## Restavracija Kavarna Park

咖啡廳

V M D A

MAP p.161-A

### Blejska Kremšnita的元祖

1953年時第一家在布萊德湖推出Kremšnita蛋糕的餐廳，自此聲名大噪。Kremšnita1個€3.70，也可外帶。近看布萊德湖的靠窗座位相當受歡迎，請務必前往。

住 Cesta Svobode 15 ☎ 04-5791818 營 9:00～23:00
休 無 預算 €5～



## Gostilna Pri Planincu

斯洛維尼亞菜

V M D A

MAP p.161-A

### 山間小屋風格的田園鄉土菜餐廳

為舊城區布萊德湖周邊最古老的餐廳。在這裡能品嘗到傳統的斯洛維尼亞佳餚、牛排、炸肉排等。還有披薩。

住 Grajska Cesta 8 ☎ 04-5741613 營 9:00～23:00 休 無
預算 €10～

## Garden Village

斯洛維尼亞菜

V M D

MAP p.161-B

### 豪華露營設施裡的綠色餐廳

餐廳位在從布萊德湖坡道上方閑靜的地點。以環保為主題的餐廳，菜單以當地蔬菜為主，煙燻鱒魚沙拉€9，使用唐檜或薰衣草的糖漿所製作的飲品€2～等。此外也設有住宿設施。4床的木屋有露天浴池和空調等設備完善1棟1泊€260～。

烤蔬菜沙拉€6

住 Cesta Gorenjskega odreda 16 ☎ 386 838 99220
營 12:00～16:00（早午餐）、16:00～18:00（咖啡）、18:00～22:00（晚餐） 休 11月～3月

# Hotel 飯店

湖東邊有好幾家度假飯店。公寓式等小規模的飯店也是遍布四處。

## Hotel Vila Bled

V M D A　MAP p.161-B

### 名人經常入住的古典飯店

這裡是前南斯拉夫國父──奇托總統以往的別墅。豪華的客房及頂級的服務皆獲好評，是國內數一數二的飯店。從露天座位望見的布萊德湖景真是美不勝收。也經常當作結婚典禮會場使用。4～10月底營業。

住 Cesta Svobode 26　☎ 04-5753710　FAX 04-5753711
費 S/€145～、T/€175～　30間
HP http://www.brdo.si/vila_bled

## Grand Hotel Toplice

V M D A　MAP p.161-A

### 布萊德湖唯一的五星級飯店

可眺望布萊德湖及布萊德城，地理位置極佳。外觀雖攀爬著常春藤，有些許的老舊，但客房卻極新穎、寬敞又舒適。飯店內及客房皆以古董裝飾，相當時尚，天然溫泉泳池等設備也很完善。11月停業。

住 Cesta Svobode 12　☎ 04-5791600　FAX 04-5741841
費 S/€98～、T/€119～　87間
HP http://www.hotel-toplice.com

## Hotel Park Bled

V M D A　MAP p.161-A

### 位於湖畔、陽台很有魅力的老字號飯店

1848年創業。離長途巴士總站近，又位於城鎮中心，地點十分方便。客房現代又舒適。房客可使用同體系飯店──Golf Hotel Bled的健身中心。飯店前的咖啡廳Restavracija Kavarna Park（p.164）為同體系店家。

住 Cesta Svobode 15　☎ 04-5791600　FAX 04-5791801
費 S/€83～、T/€94～　217間
HP http://www.sava-hotels-resorts.com

## Hotel Jelovica

V M D　MAP p.161-A

### 想要地點方便、價格合理的話，就選這裡

飯店位於布萊德湖長途巴士總站旁，步行即到湖邊。設備雖然稍舊，但價格相當划算。還有可眺望布萊德湖的湖景房。

住 Cesta Svobode 8　☎ 04-5796000　FAX 04-5796010
費 S/€71～、T/€102～　100間
HP http://www.hotel-jelovica.si

## 許多文人雅士喜愛的碧綠之湖

# 渤興湖

MAP p.6-A **Bohinjsko Jezero**

●前往渤興湖

●火車

距渤興湖最近的火車站是渤興斯卡比斯托利察站Bohinjska Bistrica。位於湖東邊約6公里處，車站與湖之間有巴士往返。

●巴士

前往渤興湖的巴士行經渤興斯卡比斯托利察、利布切夫拉茲停靠烏坎茲。利布切夫拉茲設有觀光服務處。站牌就在「4位登山者銅像」前。

●從盧比雅那出發

火車：到渤興斯卡比斯托利察站所需時間約2小時30分。沒有直達車，須換車。1天6班左右

巴士：所需時間約2小時。1天16班（週六・日減班）

●從布萊德湖出發

火車：從布萊德湖站到渤興斯卡比斯托利察站所需時間約20分。1天7班

巴士：所需時間約40分。1天15班左右



### ⓘInformation

**渤興觀光服務處**

**Turistično Društvo Bohinj**

MAP p.166

住 Ribčev Laz 48

☎ 04-5746010

營 8:00～20:00（週日～18:00、冬季9:00～15:00）

休 無

HP http://www.bohinj-info.com

●遊船

利布切夫拉茲及坎普茲拉特洛格之間有遊船往返載客，4～9月每天出航，10～12月僅週六日運行。從湖上飽覽渤興湖又是另一番情趣。單程全票€9。

遊船是湖上交通工具

## 城市概略

從弗蓋爾滑雪中心眺望渤興湖及利布切夫拉茲

渤興湖位於布萊德湖西南約30Km處，是斯洛維尼亞最大的冰河湖。湖周約12Km，擁有比布萊德湖大上3倍左右的寬廣面積。湖的西邊有標高1535m的弗蓋爾滑雪中心，搭空中纜車往上到滑雪中心，便可將渤興湖美景盡收眼底。地處於特里格拉夫國家公園的雄偉自然之中，也可眺望到包含國內最高峰——特里格拉夫峰在內的朱利安阿爾卑斯山山脈。

鬱綠的樹林環繞湖泊，白色的細砂覆蓋湖岸，兩者形成的對比之景十分美麗。湖水的透明度也很高，可透過清澈的湖水看見魚兒的泳姿。棲息在此湖泊的大量鱒魚因為腹部擁有金色的斑點，而被稱為「黃金鱒魚」，據說是在第二次世界大戰時，駐紮在此的德軍帶進此處繁殖的，可在湖畔的餐廳品嘗到。

飯店及露營區則散布在湖畔東岸的利布切夫拉茲Ribčev Laz和西岸的烏坎茲Ukanc地區。西岸有斯洛維尼亞詩人普列舍仁在詩中歌頌的華麗瀑布——薩維查瀑布。散步走到瀑布，或是參加四季不同的戶外運動，在這裡能依個人喜好度過旅遊時光，非常吸引人。

# Hotel 飯店

## Hotel Jezero

V M D MAP p.166

**在湖畔飯店大啖名物——鱒魚佳餚**

飯店就位在利布切夫拉茲巴士站前。2008年曾作過部分改裝。飯店內的餐廳以能品嘗到棲息於渤興湖的「黃金鱒魚」燒烤而蔚為名店。

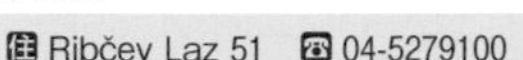

住 Ribčev Laz 51　☎ 04-5279100　FAX 04-5279039
費 S/€57～、T/€94～　76間
HP http://www.bohinj.si/alpinum/jezero

## Hotel Zlatorog

V M D A MAP p.166

**座落在渤興湖西岸的森林裡**

位於湖西岸的烏坎茲地區裡的大型飯店。山莊風格且質樸的飯店內部裝飾著一整排的動物標本。泳池及三溫暖等設備相當完善。夏天還會開放網球場。

住 Ukanc 65　☎ 04-5723381　FAX 04-5723384
費 S/€70～、T/€110～　43間

## MORE ABOUT SLOVENIA

**渤興鐵路SL之旅**

斯洛維尼亞國鐵因屈指可數的美景路線而人氣飆升，要從耶塞尼翠Jesenice經過布萊德湖、渤興斯卡比斯托利察前往新戈里察，大家都還是會搭渤興鐵路。沿著碧綠色的索查河溪谷行駛的摩斯特納索奇Most na Soči～新戈里察之間路段以及位於新戈里察近郊的鐵路用石造拱橋（長220公尺，長度傲視全球）——索爾坎橋Solkanski Most等都是不可錯過的景點。

夏天時，還會有由蒸氣火車頭（SL）所拖行的博物館列車Muzejski Vlak營運行駛。打扮古典的站務員及演奏者在車廂及車站把遊客逗得樂不可支。

SL冒著白煙緩緩前進
照片提供／©斯洛維尼亞觀光局

目前有2家旅行社有出團，加上搭SL，內容大概都是搭配布萊德城觀光及參觀酒廠等行程。行駛時刻表每年不同，敬請事先確認。

推出博物館列車旅遊團的旅行社

●**Turistična Agencija Club**
**(往返新戈里察～布萊德湖間)**
☎ 05-3813050
HP http://www.club.si
費 跟團全票€89

●**ABC Tourism**
**(往返耶塞尼翠～新戈里察間)**
☎ 05-9070510
HP http://www.abc-tourism.si
費 跟團全票€75、只往返€41

# 曾遭人用鐵幕分開的城市
# 新戈里察
## Nova Gorica

MAP p.6-E

在斯洛維尼亞及義大利邊境上
有座如同柏林一般被分開
您不可不知道的城市

●前往新戈里察
●從盧比雅那出發
火車：由於沒有直達車所以得中途換車。所需時間3～4小時。1天10班左右
巴士：所需時間2小時～2小時30分。1天13班（週六、日減班）
●從布萊德湖出發
火車：從布萊德湖站出發所需時間1小時30分～2小時。1天7班左右



**ⓘInformation**

**新戈里察觀光服務處**
**Turistični Informacijski Center Nova Gorica**
住 Delpinova 18b
☎ 05-3304600
營 8:00～20:00(週六、日9:00～13:00)
休 無
HP http://www.novagorica-turizem.com

**分裂博物館**
**Muzej Državna Meja na Goriškem**
住 Kolodvorska Pot 8
營 12:00～19:00（週六、日～17:00）
休 冬季不定期關閉
費 免費

分裂城市的鐵柵欄也是展覽品

## 一座城市因戰爭一分為二

位於斯洛維尼亞及義大利邊境上的城市——新戈里察，其實原本是和義大利的戈里察共同形成一個城，但二次大戰後，基於1947年所締結的巴黎和約，城中央竟劃起了國界線。而當冷戰一開始，兩座城市又用鐵網隔開，往來的自由於焉遭到剝奪。冷戰終結，斯洛維尼亞透過加入EU，終於2007年把隔開兩國的鐵網拆除。新戈里察站前的國界線則命名為歐洲廣場，兩國經常連袂舉辦活動。火車站裡的分裂博物館展出國界警員的制服及人們於冷戰時還保持交流的紀錄等史料。

國境檢查哨遺址，現在可自由通行

## 玫瑰庭園城鎮

周邊遍布遺跡，在在訴說著這城市及這地區的歷史。城市東邊約3公里處的克洛姆貝爾克城Grsd Kromberk原是17世紀所建的貴族宅邸，目前則改成市立博物館開放參觀。修道院Kostanjeviški Samostan聳立於火車站南邊的柯斯塔尼埃維查山丘上，其地底下保存著查理十世等法蘭西王國波旁王朝末裔墳墓，吸引許多巡禮者前來瞻仰。

美麗城堡和周圍庭園極為和諧

要造訪新戈里察，最好的季節是5～6月，此時各處都有玫瑰綻放爭艷，整座城市洋溢著爽朗的花香。

蓋在柯斯塔尼埃維查山丘上的修道院

## 近郊還有釀酒廠

距離新戈里察約15Km的多布羅沃地區Dobrovo有許多釀酒廠。綠色的丘陵地帶延伸超過與義大利之間的國界，這片擁有田園風情美景的地方又被稱為「斯洛維尼亞的托斯卡納」，因鄰近義大利這裡盛產葡萄酒、橄欖、帕馬火腿及莎樂美腸。在斯洛維尼亞國外也評價甚高的釀酒廠——Movia內附設葡萄酒商店，只要時間與人數合適的話，也有可能提供試飲。走出露臺，還能欣賞到葡萄棚蔓延丘陵的景觀。在盧比雅那也有Movia的酒吧＆商店。

也有生產氣泡葡萄酒

Movia創業於1820年

使用講究的容器醒酒

Movia（釀酒廠）
住 Ceglo 18, 5212 Dobrovo　205 3959510
營 8:00～12:00　休 無

Vinoteka Movia（葡萄酒酒吧＆商店）
住 Mestnitrg 2　☎ 01 4255448
營 12:00～23:00　休 週六、日

## 山丘上的中世紀村莊

距離Movia釀酒廠車程10分左右的地方，是仍保存著數間成排的中世紀房屋的村落——斯馬特諾Smartno。這裡將中世紀國界軍事要塞之姿流傳至今，可說是斯洛維尼亞最美的文化財產之一，據聞此村莊的歷史可追溯至羅馬時代。威尼斯共和國與哈布斯堡王朝的勢力交錯下，村莊裡建造的城牆上有7個崗哨塔，據說是肩負起監視下方的布爾達河之作用。村莊中心有為村莊之名由來的聖馬丁教堂。

城牆內的房屋排列緊密

城內成排的房屋

莊嚴的城門

### Hotel　飯店

## San Martin

V M A

位於村莊城牆外旁，小巧又現代的飯店。靠村莊或山谷的房屋視野景觀也很優。

住 Šmartno 11, 5211 Šmartno　☎ 05 330 56 60
費 S/€50～、T/€80～　18間
HP http://en.sanmartin.si/home/

# 因水銀繁盛的
# 伊德利亞
## Idrija
MAP p.6-E

在曾採掘水銀
且文化繁盛的小城鎮，
接觸數處水銀遺產

●前往伊德利亞
●從盧比雅那出發
巴士：所需時間約1小時15分。
1天12班（週六、日為1天7班）

**ⓘInformation**

**TIC Idrija**
住 Mestni trg 2
☎ 05-3743916
營 9:00～19:00（週六、日～18:00）、10月與４月～17:00（週日～16:00）、11～３月～16:00（週六、日～15:00）
休 11月１日、12月25日、１月１日
HP http://www.visit-idrija.si

**安東尼坑道**
**Antonijev Rov**
住 Kosovelova 3
☎ 05-3771142
營 僅供導覽行程參觀10:00～、15:00～（週六日、假日有16:00～的場次）所需時間約１小時30分
休 無
費 全票€９、學生票€７

坑道參觀導覽行程報名櫃台的所在建築

**伊德利亞市立博物館**
**Mestni Muzej Idrija**
住 Prelovčeva 9
☎ 05-3726600
營 9:00～18:00　休 無
費 全票€3.50、學生票€1.70

## 體驗礦工的心情，參觀水銀礦道

伊德利亞是位於盧比雅那近郊山谷的城鎮。15世紀末發現水銀礦脈以來，約500年之間，以採掘水銀而繁盛一時。伊德利亞的水銀因精煉金銀而傳遞到全世界，這裡的坑道及舊城區作為向現代闡述礦業發展和大陸間貿易情況的遺跡，於2012年與西班牙阿爾馬登一同登錄為世界遺產。

參觀留存在城鎮地下、最古老的坑道

舊城區裡有16世紀挖掘的安東尼坑道之部分（約1.5Km）可參加導覽行程進入參觀。穿上仿造礦工服的防寒、防護外套，戴上安全帽，遙想當時的情形，進入坑道內探索吧。

## 水銀留下的絢爛文化

建造在舊城區山丘的吉維爾克耐格城Grad Gewerkenegg為世代管理水銀採掘場管理者的城邸。現在則成了伊德利亞市立博物館，主要進行水銀相關的展覽。博物館的另一項主要展覽則是傳統工藝的蕾絲。據說是在17世紀後半，因水銀交易而到此來訪的歐洲各國女性將蕾絲帶進來的。城鎮裡有以約150年歷史為傲的蕾絲學校，將傳統承襲至今。

傳統的棒槌蕾絲

來到伊德利亞，就請一定要試試這道鄉土佳餚——伊德利亞餛飩Idrijski žlikrofi。依照傳統食譜製作，是近似義大利餃的一種包餡菜餚，在伊德利亞幾乎每間餐廳都吃得到這道美食。

私藏的經典美味・伊德利亞餛飩

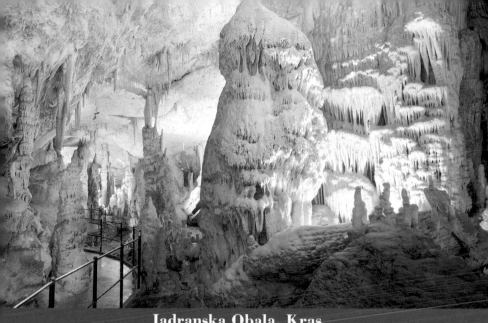

Jadranska Obala, Kras

# 亞得里亞海海岸地區及
## 喀斯特地區、修太耶爾斯卡地區

面對亞得里亞海、全長46.6Km的海岸地區，此處的城市至今仍留存著中世紀的風貌。由石灰岩形成的喀斯特地區裡散布著無數的鐘乳石洞。而修太耶爾斯卡地區則是以白葡萄酒產地聞名。

歷史性建築林立的港都

# 皮蘭

MAP p.6-E **Piran**



●前往皮蘭

●火車

離皮蘭最近的站是科佩爾站Koper。稱為taxi bus的小型巴士會經過科佩爾、伊佐拉、玫瑰港後前往皮蘭。到科佩爾的火車請參考p.176。

●巴士

只有夏天才有班次開往克羅埃西亞的波雷奇或羅維尼等地。

●從盧比雅那出發

巴士：所需時間2小時30分～3小時。1天4班。夏季增班

●從科佩爾出發

巴士：所需時間約45分。

1小時2～3班（週六、日減班）

●從伊佐拉出發

巴士：所需時間約30分。

1天2～3班（週六、日減班）

●從波斯托伊那出發

火車：所需時間約1小時50分。1天5班左右（週六、日減班）

**ⓘInformation**

**皮蘭觀光服務處**

**Turistične Informacije Piran**

MAP p.173-B

住 Tartinijev Trg 2

☎ 05-6734440

營 9:00～17:00（週六、日10:00～13:00、7～8月～19:00）

休 無

HP http://www.portoroz.si

## 城市概略

這港都位在斯洛維尼亞西南邊。亞得里亞海的第里雅斯特灣及皮蘭灣之間形成一座等腰三角形，而突出於這類似三角形的半島先端上的正是皮蘭。城市南邊是和克羅埃西亞的邊境，而北邊則是和義大利相鄰。由於附近有鹽田，所以自古以來便以鹽的交易而蓬勃發展，13～18世紀之間，被追求鹽田利益的威尼斯共和國併吞。舊城區裡的狹窄石板路如網般往四方延伸，而用石頭砌成的牆及橘色屋頂的民宅則蓋得相當緊密。大多數的珍貴歷史建築都和美麗的海岸線調和，營造出風光明媚的景色。爬上聖尤里教堂聳立的小山丘，就可以鳥瞰舊城區全景。

幾乎位於市中心的圓形塔爾堤尼埃夫廣場其名稱是取自出生皮蘭、18世紀紅極一時的巴洛克音樂作曲家兼小提琴家喬柴培·塔爾堤尼Giuseppe Tartini（1692－1770）。廣場上佇立著他的銅像，手上還拿著琴弓呢。海邊的派沙倫街Prešernovo Nabrežje裡有好幾家餐廳及咖啡店。餐廳提供名產沼蝦等海鮮。這地方雖沒有沙灘，但夏天到此享受戲水及日光浴的人們總是熱鬧滾滾。

矗立在廣場上的音樂家鑄像

皮蘭東南邊約2.5公里處有個著名的度假勝地玫瑰港Portorož，可搭巴士前往。住宿設施相當完善，所以不少遊客選擇在此過夜。從玫瑰港再往南走、接近克羅埃西亞邊境的地方就是廣大的瑟切烏列鹽田Sečovljske Soline。

## 聖尤里教堂

Cerkev Sv. Jurija

MAP p.173-B

交 塔爾提尼埃夫廣場步行３分
住 Adamiceva Ul. 1 營 鐘樓11:00～13:00、17:00～20:00 休 不定休 費 鐘樓全票€１

蓋在山丘上的皮蘭市地標聖尤里教堂

這教堂於1344年便蓋在此地的小山丘上，從這裡就可以俯看舊城區。1637年改建時，由於採取不同樣式進而形成現在這樣獨特的外觀。聳立在教堂旁邊的就是擁有4座鐘樓的聖尤里鐘樓，每隔15分鐘便會敲鐘報時。鐘樓只要是開放參觀時間都可以上去。

## 海洋博物館

Pomorski Muzej

MAP p.173-B

交 塔爾提尼埃夫廣場步行２分
住 Cankarjevo Nabrežje 3 ☎ 05-6710040 營 鐘樓9:00～12:00、17:00～21:00（冬季15:00～17:00）
休 週一 費 全票€3.50、學生票€2.50

這座博物館主要展出在威尼斯共和國影響下以港都之姿發展起來的皮蘭其海洋史及製鹽歷史等。對岸就是於2010年甫重新開幕的皮蘭小水族館Akvarij。

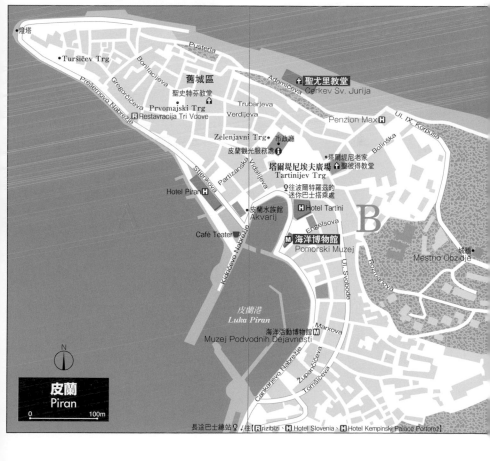

皮蘭
Piran
0 100m

燈塔
Turšičev Trg
Pusterla
Bonifacijeva
Prešernovo Nabrežje
Gregorčičeva
舊城區
聖史特芬教堂
Prvomajski Trg
Restavracija Tri Vdove
Adamičeva
聖尤里教堂
Cerkev Sv. Jurija
Trubarjeva
Verdijeva
Penzion Max
Ul. IX. Korpusa
Bolinska
Zelenjavni Trg
市政廳
皮蘭觀光服務處
塔爾提尼老家
塔爾堤尼埃夫廣場
聖彼得教堂
Tartinijev Trg
Partizanska
Vidalijeva
Stjenkova
Hotel Piran
往波爾特羅茲的迷你巴士搭乘處
皮蘭水族館
Akvarij
Hotel Tartini
B
Engelsova
Café Teater
Kidričevo Nabrežje
海洋博物館
Pomorski Muzej
城牆
Mestno Obzidje
Ul. Svobode
Rozmanova
皮蘭港
Luka Piran
海洋活動博物館
Muzej Podvodnih Dejavnosti
Marxova
Cankarjevo Nabrežje
Župančičeva
Tomšičeva
長途巴士總站 往【Rizibizi、Hotel Slovenia、Hotel Kempinski Palace Portorož】

## 城牆
Mestno Obzidje

MAP p.173-B

交 塔爾堤尼埃夫廣場步行10分
住 Ulica IX korpusa
☎ 05 6734440　營 8:00～21:00
休 無　費 全票€2

位於皮蘭的海角靠陸地側。為守護城市抵禦鄂圖曼帝國入侵而建造的城牆，至今仍聳立於此。從設置在城牆上的塔樓能俯瞰皮蘭街區，天氣好時還能越過亞得里亞海望見義大利。

底下的聖尤里教堂、塔爾堤尼埃夫廣場盡收眼底

## 瑟切烏列鹽田
Secovljske Soline

MAP p.6-E

交 皮蘭車程20分　住 Parecag
☎ 05 6721350
營 9:00～19:00（4、5月與9、10月為10:00～13:00）
休 11月～3月　費 全票€3.50

擁有記載於9世紀古文書上，如此古老歷史的天然鹽田。超過1200年以上，到現在皮蘭居民仍是以手工採鹽。製鹽的季節為4～9月。距離皮蘭約10Km，建有工作用的小屋，會與家人住進裡頭在那裡工作。利用漲潮、退潮將海水引進鹽田，而鹽田底部被稱為佩脫拉的部分有細菌層，因此能取得純白的鹽巴。從中世紀起鹽巴便是這個地域的特產。

至今仍採人工手作製鹽

鹽田裡有博物館



## 小旅行

### 波爾特羅札
Portoroz

MAP p.6-E

#### 海邊的度假城鎮

從皮蘭搭巴士15分，由奧匈帝國貴族開發的度假勝地，這裡有多家大型飯店、美容院＆SPA──讓人期待近海鹽田的負離子所帶來的放鬆效果。

雖說是海灘，但其實是護岸上的人工沙灘

從皮蘭可選擇搭乘巴士、渡船或騎自行車

### Restaurant 餐廳

#### rizibizi

MAP p.173-A外

皮蘭灣的景觀最棒。製作出摩登風格佳餚的主廚獲米其林選為斯洛維尼亞最受矚目的12名年輕主廚之一。

住 Vilanova 10　☎ 05-9935320
營 12:00～23:00　休 無

### Hotel 飯店

#### Hotel Slovenia

泳池、客房備品、健康護理，設備完善的摩登飯店。

住 Obala 33　☎ 05-6925010

#### Hotel Kempinski Palace Portorož

融合新舊、氛圍舒適，為國內數一數二的高級飯店。

住 Obala 45　☎ 05-6927000

# Restaurant 餐廳

## Restavracija Tri Vdove 海鮮

V M　MAP p.173-A

### 面海的海鮮名店

是皮蘭舊城區海岸道路上多家餐廳其中一家。超群的地理位置，海鮮義大利麵€8.20、烤魚€19～等菜色都很值得推薦。

住 Prešernovo Nabrežje 4　☎ 05-6730290　營 11:00～24:00
休 無　預算 €15～

## Café Teater 咖啡酒吧

不接受刷卡　MAP p.173-A

### 達官顯要悄悄造訪

位於劇場隔壁。店走懷舊古董風，而面海的露天座位也和店內一樣氣氛極佳，經常可以看得到斯洛維尼亞藝人光臨。咖啡拿鐵€1.70。

住 Stienkova 1　☎ 041-685423　營 8:00～翌3:00（週六、日9:00～）　休 無　預算 €2～

# Hotel 飯店

皮蘭的舊城區裡有數家飯店及青年旅館。夏天一定得先訂房。位於搭巴士15分鐘車程外的波爾特羅茲不管是飯店數量、品質都很充實。

## Hotel Tartini

V M　MAP p.173-B

### 面向塔爾堤尼埃夫廣場的飯店

位於舊城區中心，靠廣場的客房還能看得見廣場及聖尤里教堂。早餐在1樓的餐廳享用。夏天才開放的露天座位超受歡迎。

住 Tartinijev Trg 15　☎ 05-6711000　FAX 05-6711665
費 S/€76～、T/€102～　45間
HP http://www.hotel-tartini-piran.com

## Hotel Piran

V M D A　MAP p.173-A

### 飯店位置可眺望大海

位於皮蘭舊城區的大型飯店。靠海的客房因可望見明亮海景而十分受歡迎。有露臺餐廳等設施十分豐富。

住 Stjenkova 1　☎ 05 6762100　FAX 05 6762522
費 S/€70～、T/€110～　89間
HP http://www.hotel-piran.si/

亞得里亞海海岸地區的

# 魅力之都

●前往科佩爾
●從盧比雅那出發
火車：所需時間約2小時30分。直達、配合轉乘1天5班左右
巴士：所需時間約2小時。1天10班左右
●從皮蘭出發
巴士：所需時間約45分鐘。1小時2～3班（週六、日減班）
●從伊佐拉出發
巴士：所需時間約20分。1小時2～3班（週六、日減班）
●從波斯托伊那出發
火車：所需時間約1小時30分。直達、搭配轉乘1天5班
巴士：所需時間約1小時20分。1天8班（週六、日減班）

ⓘInformation

**科佩爾觀光服務處**
**Turistično Informativni Center Koper**
住 Titov Trg 3
☎ 05-6646403
營 9:00～17:00
休 無
HP http://www.koper.si



## 科佩爾 Koper

MAP p.6-E

位於狄托廣場的聖母蒙召大教堂

這都市位於亞得里亞海東北岸、伊斯特拉半島根部，原本是座島，和本土之間隔著一道海峽。1278年以後大約500年間都是威尼斯共和國的領土。後於1797年時變成哈布斯堡王朝的一部分。第一次世界大戰時歸為義大利領土，二次大戰時又由南斯拉夫占領，不久，在巴黎條約簽屬之下終編入南斯拉夫領土。之後，到了1991年，斯洛維尼亞獨立，她又成為斯洛維尼亞唯一的商港，搖身一變成為貿易據點，名聞天下。自1825年開始在四周圍填海，目前已和本土相連。

曾是島嶼的舊城區裡仍殘留著威尼斯共和國時代的都市氣氛，而蓋在舊市中心的狄托廣場Titov Trg裡的執政官宮殿及聖母蒙召大教堂等都是具代表性的建築。大教堂旁高54公尺的鐘樓其樓梯有200多階，在上面可將城市全景盡收眼底。

●前往伊佐拉
●從盧比雅那出發
巴士：所需時間約2小時30分。1天4班左右（週六、日減班）
●從皮蘭出發
巴士：所需時間約20分。1小時2～3班（週六、日減班）
●從科佩爾出發
巴士：所需時間約20分。1小時2～3班（週六、日減班）

ⓘInformation

**伊佐拉觀光服務處**
**Turistični Informacijski Center Izola**
住 Sončno Nabrežje
☎ 05-6401050
營 9:00～17:00（週日10:00～）
休 冬季的週日
HP http://www.izola.eu

## 伊佐拉 Izola

MAP p.6-E

這港都位於皮蘭及科佩爾之間。所謂伊佐拉，義大利文意謂「島嶼」，表示這裡原本是座海島。一開始是由羅馬人著手建設，中世時則受到威尼斯共和國統治。16世紀時，當奧地利的外港第里雅斯特開始變成這地區的主要港口，伊佐拉的重要性便每況愈下。19世紀時城牆遭破壞，而瓦礫就拿來填在和本土之間的海洋裡。

伊佐拉的舊城區及其港口

現在，伊佐拉已經是海濱的度假勝地，人氣也不斷的攀昇。舊城區裡的聖馬爾斯教堂Cerkev Sv. Mavra等歷史性建築還殘留著濃濃威尼斯共和國餘味，而鐵道博物館Muzej Parenžana則展出以往的蒸氣火車頭到近代的列車等各種鐵道模型。

歐洲最大的鐘乳石洞

# 波斯托伊那

MAP p.6-E

## Postojna

### 城市概略

這城市位於斯洛維尼亞西南的喀斯特地區。周邊由中生代的石灰岩構成，據說地底存在著無數座鐘乳石洞。城市西邊的波斯托伊那鐘乳石洞全長20公里，其規模之大，歐洲排名第一，全世界則排名第二。自1818年Luka Čeč等的調查隊首次進入以來，這裡已變成著名的觀光勝地，名聞遐爾，現在每年有多達50萬人以上的觀光客造訪。

從波斯托伊那的長途巴士總站到波斯托伊那鐘乳石洞徒步約10分鐘。火車站則位在城市東南邊，到鐘乳石洞約莫20分鐘。由於鐘乳石洞是不接受散客入內參觀的，所以得參加旅遊團，配合出團時間才能進入。花費數十萬年、時間長到快令人傻眼的歲月才創造出來的鐘乳石及石筍，其構築出來的驚奇地底世界，正等著您來一趟探險之旅！

若時間允許的話，也不妨順道造訪已註冊為世界遺產的什科茨揚鐘乳石洞及外觀獨特的洞窟城。由於從波斯托伊那前往其他觀光勝地的交通工具較少，所以租車或搭計程車等方法也可以列入考慮。

波斯托伊那鐘乳石洞的入口

波斯托伊那鐘乳石洞
Postojnska Jama
往洞窟城
•生態動物園
Vivarij Proteus
ヤマ
Hotel Jama
波斯托伊那
Postojna
0 200m
N
Pivka
雅姆斯卡街
Čukovca
Jamska Cesta
Hotel Sport
狄托廣場
Titov Trg
觀光服務處
(Kompas Tours)
Vilharjeva Ul.
波斯托伊那鐘乳石洞服務處
Restauracija Proteus
聖斯泰帕諾教堂
Ljubljanska Cesta
Storja Pod Stopničami
Hotel Kras
郵局
Cankarjeva Ul.
Vojkova Ul.
Grerorčičev Drevored
Prešernova Ul.
往波斯托伊那車站
Tržaška Cesta
長途巴士總站
Cesta na Kremenco

●前往波斯托伊那

●從盧比雅那出發

火車：所需時間約1小時。

1天20班左右（週六、日減班）

巴士：所需時間約1小時。

1天20班左右（週六、日減班）

●從新戈里察出發

巴士：所需時間約1小時30分。

1天10班左右（週六、日減班）

●從皮蘭出發

巴士：所需時間約1小時45分。

1天5班（週六、日減班）

●從科佩爾出發

火車：所需時間約1小時30分。

1天4班

巴士：所需時間約1小時10分。

1天7班（週六、日減班）

波斯托伊那的巴士總站

#### Information

**波斯托伊那鐘乳石洞觀光服務處**
**TIC Postojna**
MAP p.177
住 Jamska cesta 9
☎ 05-7201610
營 8:00～16:00
休 週六日、假日
HP http://www.tdpostojna.si

**觀光服務處（Kompas Tours）**
**Kompas Tours Postojna**
MAP p.177
住 Titov Trg 2a　☎ 05-7211480
營 8:00～17:00（週六9:00～13:00）
休 週日、假日
HP http://www.kompas-postojna.si

狄托廣場裡的觀光服務處

# Sight Seeing 景點

## 波斯托伊那鐘乳石洞
Postojnska Jama

MAP p.177

交 波斯托伊那車站搭巴士7分　營 團體參觀僅5月9:00～17:00整點、6～9月9:00～18:00整點、4、10月10:00、12:00、14:00、16:00、11～3月10:00、12:00、15:00
休 無　費 全票€23.90、學生票€19.10（與洞窟城通用的門票為全票€37.90、學生票€30.3）

鐘乳石洞的入口

這裡堪稱是歐洲最大、最美的鐘乳石洞。全長20公里的其中一部份區域開放參觀，大約是90分鐘的導覽團。導覽說明是用英文、德文等4種語言。從洞窟入口到導覽團出發點要搭1872年開通的小火車移動。極快速度下，在打上燈光後的狹窄鐘乳石洞疾走穿梭，真是驚險刺激。能徒步參觀的行程是洞內大約1.7公里的長度。一個接一個現身的鐘乳石上都有自然雕刻，有的甚至被取名為「義大利麵」「窗簾」「諾亞方舟」等。皎白、表面平滑的「Brilliant」（石筍）儼然是代表波斯托伊那鐘乳石洞的鐘乳石。洞內還有眼睛完全退化的兩棲類動物洞螈（又稱盲螈）棲息。而洞螈也可以在附設於鐘乳石洞的生態動物園「Vivarij Proteus」裡看得到。洞內的年均溫由於只有8度，所以入內參觀時得準備禦寒衣物。

搭小火車在洞窟內急駛

也可租借防寒衣

第一次大戰時俄羅斯戰俘建造的橋

鐘乳石洞的象徵──石筍

棲息於洞內的洞螈

洞窟內還有商店

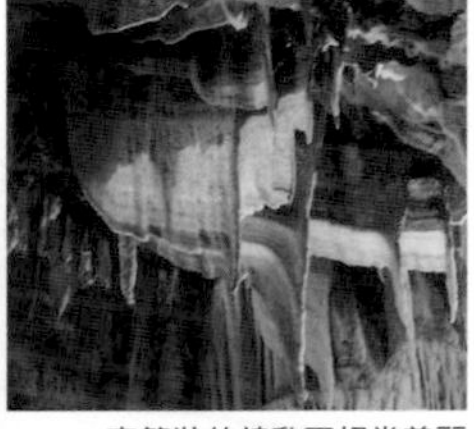
窗簾狀的鐘乳石相當美麗

## 洞窟城
Predjamski Grad

MAP p.6-E

交 波斯托伊那搭計程車約10分　營 9:00～18:00（冬季10:00～16:00）　費 全票€11.90、學生票€9.50（與波斯托伊那鐘乳石洞通用的門票為全票€37.90、學生票€30.3）

距離斯托伊那鐘乳石洞9Km，緊貼在高

123m斷崖峭壁上的城堡。流傳的建造紀錄為12世紀左右，並且據說是在16世紀時修整為現在的模樣。城堡內部現為展覽室，陳列著16～19世紀的家具、武器、美術品。城堡的背後是鐘乳石洞，傳說過去這裡的城主在抵抗皇帝的包圍時，打通鐘乳石洞，從旁邊的山谷運進糧食等補給。可自由進入至鐘乳石洞入口，而石洞內部則要參加夏季限定的導覽行程方可入內參觀。城堡地下有全長13Km的洞窟，5～9月時可進入參觀。

城堡背後的鐘乳石洞

城內還有展出武器，盔甲

## 什科茨揚鐘乳石洞
Škocjanske Jame

MAP p.6-E

交 波斯托伊那搭計程車約25分
營 僅提供導覽行程參觀（視季節而異）
休 無　費 全票€16、學生票€12

距離波斯托伊那鐘乳石洞約30Km。於1986年獲認定為世界遺產，為歐洲最大的地下溪谷，導覽長約5Km洞窟的行程會花上約90分。此鐘乳石洞的名稱來自中世紀聖人的名字，洞裡有無數的鐘乳石、被稱作「沉默的洞窟」的地底湖和深250m的大溪谷，溪谷上還架了座橋。洞窟出口附近還留存著西元前14世紀——青銅時代的人類遺跡，述說著此鐘乳石洞和人類自古以來的關聯。要前往什科茨揚鐘乳石洞，可從波斯托伊那搭火車或巴士到迪瓦查Divača，再轉搭前往鐘乳石洞遊客中心所在地——馬塔弗Matavun的免費巴士。

導覽人員為大家解說關於鐘乳石洞的事情

擁有比波斯托伊那鐘乳石洞更加濃厚的探險氣氛

上下起伏的夢幻洞窟

出口處呈現的綠色對比令人印象深刻

## MORE ABOUT SLOVENIA

### 斯洛維尼亞名駒Lipizzaner

Lipizzaner靠著品種改良於是從1580年開始生產。擁有柔軟又健壯的身體及優越的感受性，16～18世紀時受哈布斯堡王朝喜愛而擢升為皇家馬匹，近年來和南斯拉夫代表隊在奧運會馬術競賽項目中大展身手。還是小馬時毛色呈咖啡色，但隨著成長，會漸漸變成白色，這也是其特徵。喀斯特地區的利皮查Lipica這地方小鎮就是Lipizzaner的原產地。在市內的飼育場「名駒農場Stud Farm」可參觀飼育中心、馬術學校及馬藝秀。由於是斯洛維尼亞名駒，所以該國20¢的硬幣背面就是她的身影。

在草原上奔跑的Lipizzaner馬

交 波斯托伊那搭巴士到塞札那Sežana，再換搭計程車。所需時間約1小時，1天2～4班。
名駒農場 Stud Farm
HP http://www.lipica.org

20¢硬幣背面的Lipizzaner

# Restaurant 餐廳

## Storja Pod StopniČami

斯洛維尼亞菜

V M

MAP p.177

### 以義式手法創新喀斯特地方菜

這裡可品嘗到使用松露、香菇等喀斯特地區名產製作的義大利麵及燉飯。分量滿滿的午餐也很受歡迎。

住 Ul. 1 Maja 1　☎ 05-9927898　營 7:00～23:00（週五～24:00、週六8:00～24:00、週日8:00～）　休 無　預算 €14～

## Restauracija Proteus

斯洛維尼亞菜

V M

MAP p.177

### 優雅呈現摩登的斯洛維尼亞菜

主廚推薦的全餐加入了義大利菜的風格，含開胃小點、前菜、湯、主餐、甜點€35。主餐可以選擇海鮮或肉類。

住 Titov trg 1　☎ 06 816 10300
營 8:00～23:00　休 無　預算 €20～

# Hotel 飯店



## Hotel Kras

V M D

MAP p.177

### 位於市中心的嶄新飯店

位處城鎮中心，面對狄托廣場的現代飯店。前往長途巴士總站或鐘乳石洞都非常方便，寬敞的客房也整理得很乾淨。

住 Tržaška Cesta 1　☎ 05-7002300　FAX 05-7002356
費 S/€65～、T/€75～　27間　HP http://www.hotelkras.si

## Hotel Sport

V M A

MAP p.177

### 愛好運動者的聚集處

在被自然環繞的土地被自行車遊客愛用的飯店。也提供租借自行車服務。客房寬敞、舒適。也有4人房。

住 Kolodvorska Ul. 1　☎ 05-7202244　FAX 05-7202240
費 S/€58～、T/€75～　38間　HP http://www.hotel-sport.si

## Hotel Jama

V M D A

MAP p.177

### 位於鐘乳石洞旁的大型飯店

館內整修完畢，裝潢摩登令人印象深刻，客房也十分寬敞。床鋪很大，寬敞的浴室，使用起來十分舒適。也有能吃晚餐的餐廳。

住 Jamska Cesta 30　☎ 05 7000200　費 S/€160～、T/€190～　80間　HP www.postojnska-jama.eu/

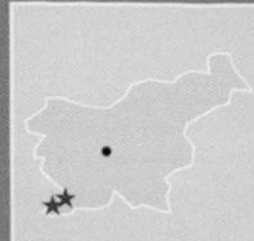

修太耶爾斯卡地區的
# 魅力之都

## 馬里博爾 Maribor

MAP p.6-B

斯洛維尼亞的第二大都市，據說此城市之名是來自神聖羅馬帝國的邊疆伯爵所築的城堡要塞Burg an der Mark。1164年的古文書中便有提到馬里博爾，13世紀時為猶太人社會，爾後德意志人社會形成，由哈布斯堡王朝長期統治著這座城市。

市政廳廣場

### ●世界最古老的葡萄樹 Stara trta v Mariboru

獲得金氏紀錄認定最古老的葡萄樹。此葡萄樹出現在收藏於奧地利博物館的馬里博爾畫（繪於1657～1681年左右）之中，經過調查結果發現樹齡為450年，因而被認定是世界上最古老的葡萄樹。

### ●市政廳廣場 trg Rotovz

廣場周圍林立著明亮色彩的建築，中央立有宣告曾於16～17世紀流行的黑死病已終止之紀念柱。紅色牆壁的建築是城市裡的第一家藥局。市政廳的塔樓偏離正門，據說這是因為吝嗇建築費用所造成的。

### ●施洗者聖約翰大教堂 Stolna Cerkev Sv. Janeza Krstnika

興建於12世紀，於14世紀增建，並在16世紀時內部整設完成的馬里博爾大教堂。高57m的鐘樓兼具崗哨作用，而由於居住在此的監視者為女性，所以從用水至廁所都整設完善。

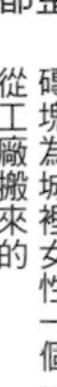

磚塊為城裡女性一個一個從工廠搬來的

### ●方濟各教堂

Frančiškanska Cerkev

建於19～20世紀。鐘樓高63m，為城裡最高的建築，綠色的尖塔處十分具象徵性。

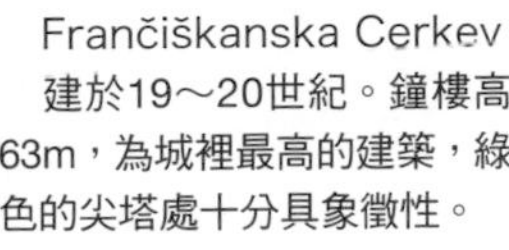

●前往馬里博爾

●從盧比雅那出發

火車：所需時間2～3小時。直達與轉乘總計1天約30班（週六、日會減班）

巴士：所需時間2小時30分～3小時。1天3班左右（週六、日會減班）

●從普圖伊出發

火車：所需時間約1小時。直達與轉乘總計1天約12班左右（週六、日會減班）

**ⓘInformation**

**馬里博爾觀光服務處**
**Zavod za Turizem Maribor**
住 Partizanska Cesta 6a
☎ 02 2346611
營 9:00～19:00（週六日、假日為～18:00）
休 無

馬里博爾為泰格霍夫提督的出身地

**Restaurant** 餐廳

**Stajerc**

在這間餐廳能喝到罕見的綠色啤酒Zeleno pivo。鮮綠顏色來自天然植物──忽布，風味爽口。
住 Vetrinjska ulica 30
☎ 02-2344234
營 6:30～24:00（週五～翌1:00、週六8:00～翌1:00、週日9:00～22:30）
休 無

有明亮的露臺座位

啤酒0.5ℓ為€2.30

# 普圖伊 Ptuj

MAP p.6-B

為斯洛維尼亞最古老的城市，起源可追溯至石器時代，是擁有悠長歷史的城市。鐵器時代時期凱爾特人定居於此，不久羅馬帝國的力量拓展至此，也在皇帝的推舉下發展成有力的城市。由於位置鄰近匈牙利國界，也有經歷受到匈奴侵襲的荒廢時期，8世紀時斯拉夫人在此定居，直至今日。

美麗的普圖伊城　©Jost Gantar

城市的主要景點有建造於9～10世紀左右的普圖伊城Pokrajinski musej Ptuj、聖尤里教堂Cerkev Sv.Jurija等。教堂前仍留有數座述說著城市古老歷史的羅馬時代之石碑。以文藝復興及巴洛克風格建造在山丘上的普圖伊城，現在是座博物館，也有展出名為卡倫圖（Kurent），會讓人聯想到日本秋田生剝鬼節的嘉年華會服飾。

卡倫圖節的裝扮

流過舊城區旁的德拉瓦河對岸，有普圖伊溫泉，有泳池等設施。

聖尤里教堂前的紀念碑

●前往普圖伊
●從盧比雅那出發
火車：所需時間約2小時30分。直達與轉乘總計1天9班左右
●從馬里博爾出發
火車：所需時間約40分。直達與轉乘總計1天13班左右（週六、日會減班）
巴士：所需時間約50分。1小時4班左右（週六、日會減班）

**ⓘInformation**

**普圖伊觀光服務處**
**Turisticne Informacije**
住 Slovenski trg 5
☎ 02 7796011
營 9:00～20:00（冬季～18:00）
休 1/1、11/1、12/25

**Restaurant 餐廳**

**Gostilna Ribic**
以位於河邊的地點自豪。有露臺座位。
住 Dravska ulica 9
☎ 02-7490635
營 10:00～23:00　休 無
預算 €20



# 穆爾斯卡索博塔 Murska Sobota

MAP p.6-B

位於斯洛維尼亞最北邊。被奧地利與匈牙利國界包圍的波穆爾地區的中心都市，與斯洛維尼亞的其他地區中間隔著穆爾河，因此當地有著濃厚的匈牙利色彩。這裡有現在已是地區博物館的穆爾斯卡索博塔城、哥德復興式建築的福音教堂、白大理石的戰勝紀念塔等景點。此外，因為位置接近擁有諸多溫泉的匈牙利，所以這裡和普圖伊一樣以溫泉聞名。

位於鄰鎮的福音教堂鐘樓

大型飯店裡的溫泉設施為歐洲式的，要穿著泳裝才能進入使用。裡頭會有大泳池、滑水道、SPA等豐富的設備。

擁有天然溫泉SPA及泳池，設備豐富的Hotel Livada Prestige

●前往普圖伊
●從盧比雅那出發
火車：所需時間約3小時15分。1天2班左右
●從馬里博爾出發
火車：所需時間約1小時50分。1天4班左右

**ⓘInformation**

**穆爾斯卡索博塔觀光服務處**
**Turisticne informacijski center**
住 Slovenska ulica 41
☎ 02 5341130

**Hotel 飯店**

**Hotel Livada Prestige**
住 Kranjčeva ulica 12
☎ 02-5122280

# Travel Information

## 旅遊情報

# 依停留天數及目的挑選 經典旅遊行程

克羅埃西亞及斯洛維尼亞裡有的是美麗的大海、雄偉的群山及歷史悠久的街景，景點相當多。何時去？跟誰去？目的為何？停留多久？等因素都會讓這趟旅程呈現不同風貌。有時間的話，也不妨把行程拉遠到周邊其他國家。且參考這些經典行程訂定自己的旅遊計劃吧！

## 克羅埃西亞觀光王道行程

基本 8天7夜

●札格雷布（住1晚）➡●普萊維斯十六湖國家公園（行經）➡●斯普利特（住1晚）➡●赫瓦爾島（住2晚）➡●斯普利特（行經）➡●杜布羅夫尼克（住2晚）➡●札格雷布（住1晚）

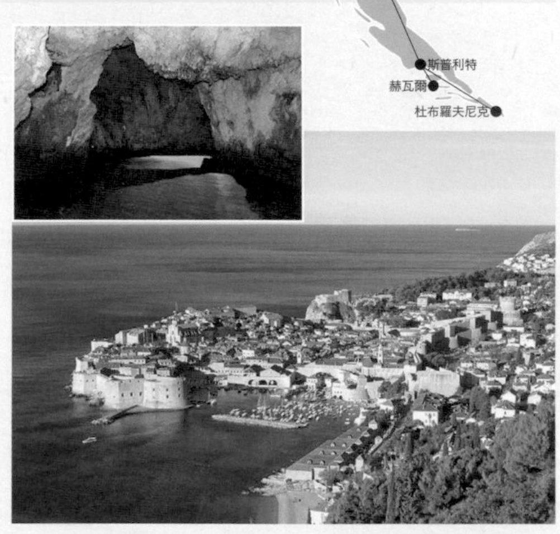


札格雷布、普萊維斯十六湖國家公園、斯普利特、杜布羅夫尼克等4個地方再加上赫瓦爾島便是這觀光王道行程。斯普利特～赫瓦爾島之間由船隻聯結。如果在赫瓦爾住2夜，則夏季時也可以前往藍洞旅遊。若日程上還有餘裕，建議在普萊維斯十六湖國家公園住1晚或從札格雷布、斯普利特前往近郊城鎮走走。扣掉前往赫瓦爾島的來回時間，雖有點趕，但一個禮拜就可把克羅埃西亞走透透。從杜布羅夫尼克回札格雷布時搭飛機可省下不少時間。



## 克羅埃西亞內陸地區及伊斯特拉半島 8 日遊

基本 8天7夜

●札格雷布（住2晚）➡●瓦拉日丁（當天來回）➡●歐協克（住1晚）➡●里耶卡（住1晚）➡●普拉（住2晚）➡●札格雷布（住1晚）

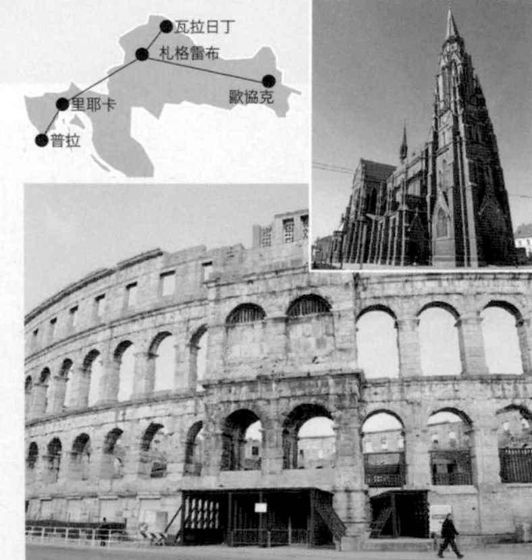


適合非第一次造訪克羅埃西亞的玩家級旅客。內陸部分以札格雷布、伊斯特拉半島則以里耶卡或普拉為據點前往各地當天來回玩上一天。雖歐協克也是札格雷布可當天來回的點之一，但有時間的話建議留宿1晚，隔天前往札可沃或科帕丘基利特自然公園走一走。伊斯特拉半島上雖有許多魅力十足的小鎮，但像是蒙特文那種交通較不便的地方則建議租車前往，如此一來行動範圍變廣，也同時省去不少時間。這行程的優點是可以見識到克羅埃西亞的多面性，這是觀光王道行程裡所欠缺的。

## 斯洛維尼亞重點之旅

基本 6天5夜

●盧比雅那（住1晚）➡●布萊德湖（住1晚）➡●波斯托伊那（住1晚）➡●皮蘭（住1晚）➡●盧比雅那（住1晚）

以斯洛維尼亞最重要的機場所在城市——盧比雅那為起點及終點有效率地遊逛國內景點。從布萊德湖到波斯托伊那即使要先回盧比雅那一趟也只要2小時左右。班次雖少，但從布萊德湖搭渤興鐵道經由新戈里查前往也可以享受到旅遊的氛圍。從盧比雅那前往被登錄為世界遺產的水銀礦山都市——伊德利亞也可以當天來回，可依日程增減目的地。

## 克羅埃西亞&斯洛維尼亞全覽10遊

基本 10天9夜

●盧比雅那（住2晚）➡●札格雷布（住1晚）➡●普萊維斯十六湖國家公園（住1晚）➡●斯普利特（住2晚）➡●杜布羅夫尼克（住2晚）➡●札格雷布（住1晚）

組合斯洛維尼亞及克羅埃西亞重要景點的經典行程。停留盧比雅那時可當天來回的景點包括布萊德湖及波斯托伊那鐘乳石洞，是探索斯洛維尼亞大自然之美的最佳去處。從盧比雅那可搭火車或巴士向克羅埃西亞首都札格雷布方向移動。之後再去逛普萊維斯十六湖國家公園、斯普利特及杜布羅夫尼克等王道行程。若想從斯普利特或杜布羅夫尼克出發造訪近郊的城鎮或島嶼，時間上能多個1～2天的話較安心。

## 前南斯拉夫 4 國周遊之旅

基本 11天10夜

●盧比雅那（住2晚）➡●札格雷布（住1晚）➡●斯普利特（住3晚）➡●莫斯塔爾（行經）➡●杜布羅夫尼克（住3晚）➡●科托（當天來回）➡●札格雷布（住1晚）

周遊前南斯拉夫組成國：斯洛維尼亞、克羅埃西亞、波士尼亞與赫塞哥維納及蒙特內哥羅等4國。欲前往洋溢遠東氣氛的人氣之城——波士尼亞與赫塞哥維納的莫斯塔爾，可從斯普利特搭巴士或參加當地的旅遊團。而由於巴士也會從莫斯塔爾開往杜布羅夫尼克，所以也可以不要返回斯普利特就直接前往杜布羅夫尼克。要去蒙特內哥羅的世界遺產科托古城，建議從杜布羅夫尼克參加當地旅遊團較為方便。也有途中順道前往布德瓦或采蒂涅。

# 出發日參考用行程曆

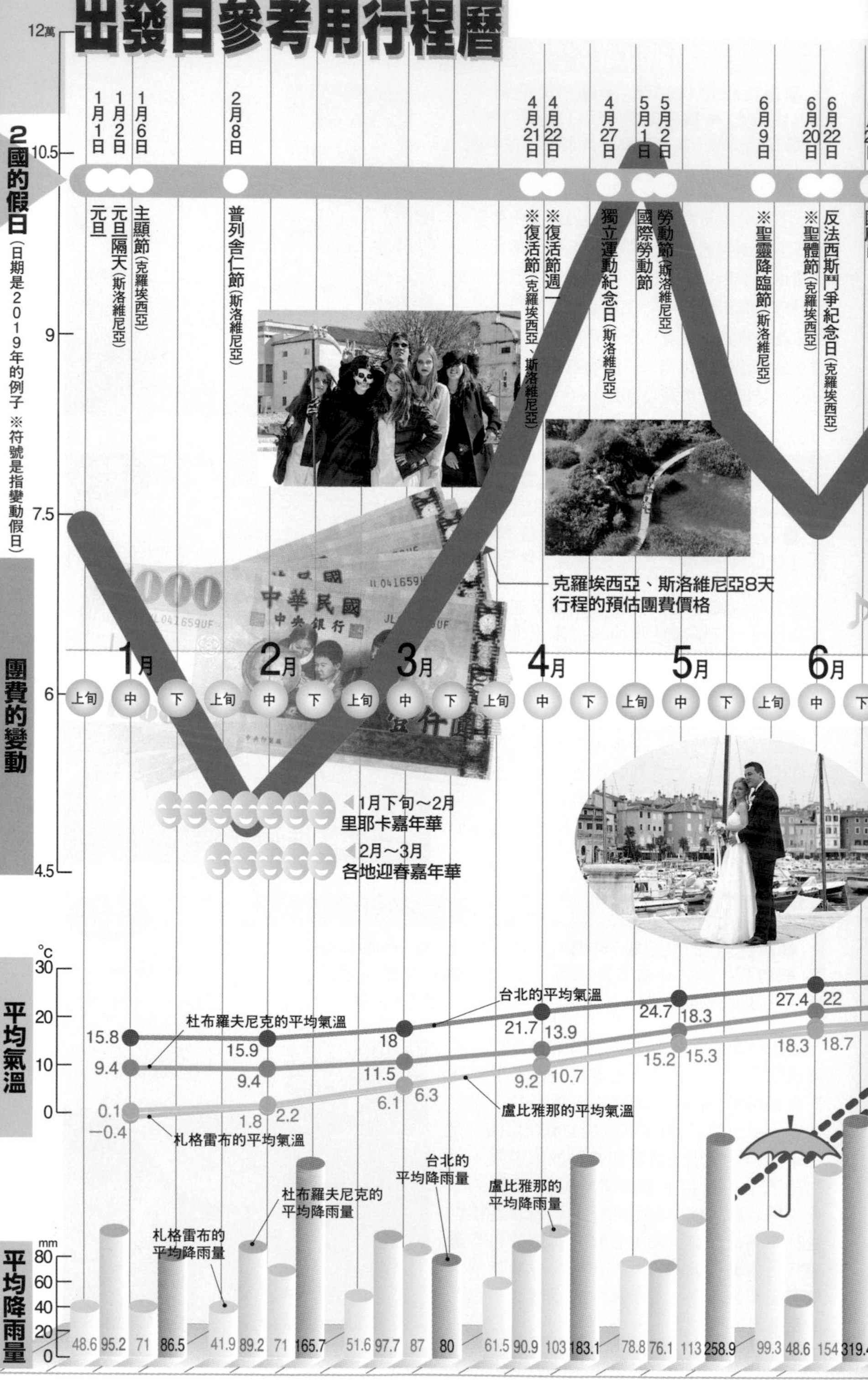

2國的假日（日期是2019年的例子 ※符號是指變動假日）
1月1日 元旦
1月2日 元旦隔天（斯洛維尼亞）
1月6日 主顯節（克羅埃西亞）
2月8日 普列舍仁節（斯洛維尼亞）
4月21日 ※復活節（克羅埃西亞、斯洛維尼亞）
4月22日 ※復活節週一
4月27日 獨立運動紀念日（斯洛維尼亞）
5月1日 國際勞動節
5月2日 勞動節（斯洛維尼亞）
6月9日 ※聖靈降臨節（斯洛維尼亞）
6月20日 ※聖體節（克羅埃西亞）
6月22日 反法西斯鬥爭紀念日（克羅埃西亞）
團費的變動
12萬
10.5
9
7.5
6
4.5
克羅埃西亞、斯洛維尼亞8天行程的預估團費價格
1月 2月 3月 4月 5月 6月
上旬 中 下
1月下旬～2月 里耶卡嘉年華
2月～3月 各地迎春嘉年華
平均氣溫
°c
30
20
10
0
台北的平均氣溫
杜布羅夫尼克的平均氣溫
盧比雅那的平均氣溫
札格雷布的平均氣溫
15.8 15.9 18 21.7 24.7 27.4
9.4 9.4 11.5 13.9 18.3 22
0.1 -0.4 1.8 2.2 6.1 6.3 9.2 10.7 15.2 15.3 18.3 18.7
平均降雨量
mm
80
60
40
20
0
札格雷布的平均降雨量
杜布羅夫尼克的平均降雨量
台北的平均降雨量
盧比雅那的平均降雨量
48.6 95.2 71 86.5 41.9 89.2 71 165.7 51.6 97.7 87 80 61.5 90.9 103 183.1 78.8 76.1 113 258.9 99.3 48.6 154 319.4

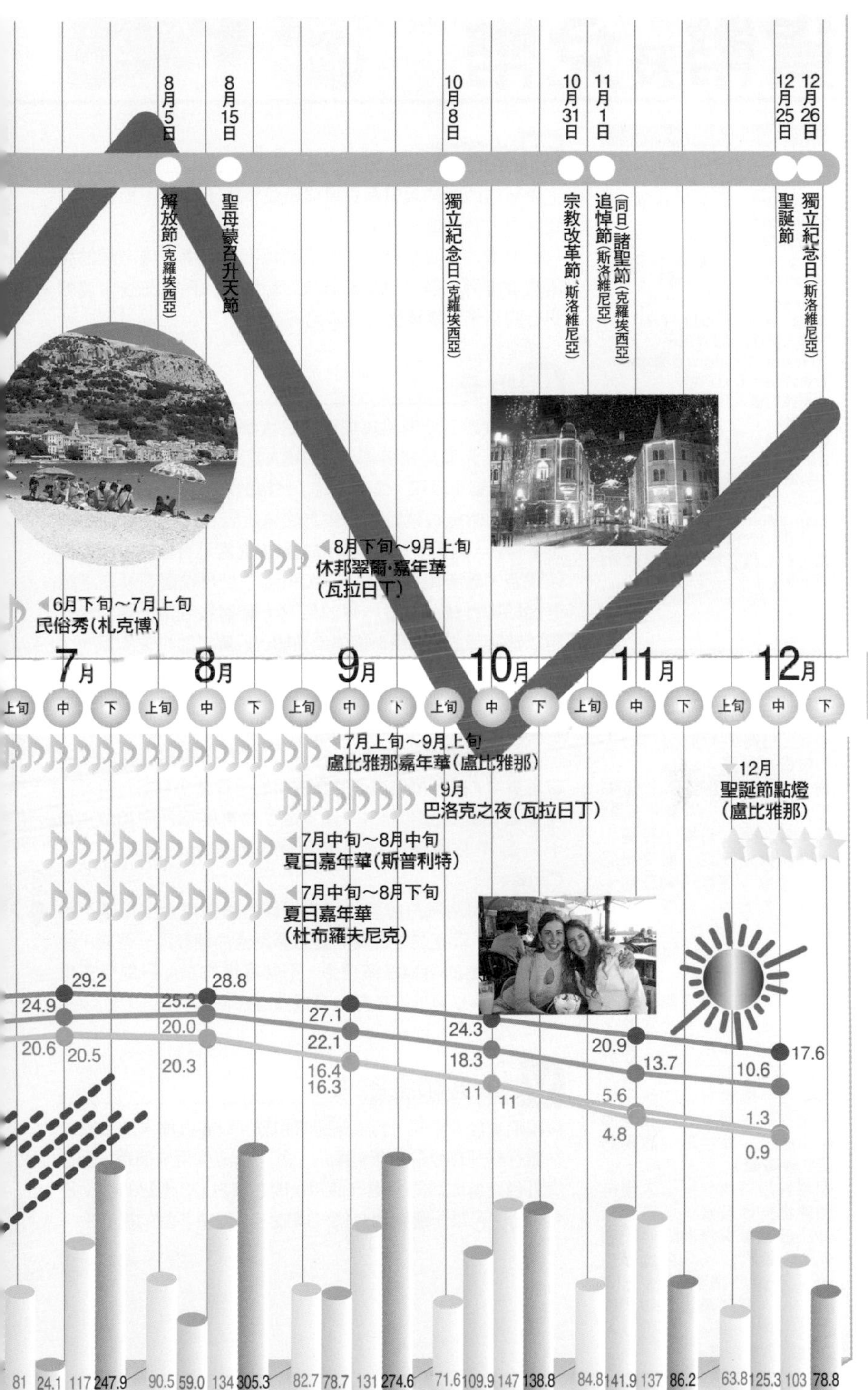
8月5日 解放節(克羅埃西亞)
8月15日 聖母蒙召升天節
10月8日 獨立紀念日(克羅埃西亞)
10月31日 宗教改革節、斯洛維尼亞
11月1日 (同日)諸聖節(克羅埃西亞) 追悼節(斯洛維尼亞)
12月25日 聖誕節
12月26日 獨立紀念日(斯洛維尼亞)
8月下旬～9月上旬
休邦翠爾‧嘉年華
(瓦拉日丁)
6月下旬～7月上旬
民俗秀(札克博)
7月
8月
9月
10月
11月
12月
上旬 中 下 上旬 中 下 上旬 中 下 上旬 中 下 上旬 中 下 上旬 中 下
7月上旬～9月上旬
盧比雅那嘉年華(盧比雅那)
9月
巴洛克之夜(瓦拉日丁)
12月
聖誕節點燈
(盧比雅那)
7月中旬～8月中旬
夏日嘉年華(斯普利特)
7月中旬～8月下旬
夏日嘉年華
(杜布羅夫尼克)
29.2 24.9 20.6 20.5
28.8 25.2 20.0 20.3
27.1 22.1 16.4 16.3
24.3 18.3 11 11
20.9 13.7 5.6 4.8
17.6 10.6 1.3 0.9
81 24.1 117 247.9 90.5 59.0 134 305.3 82.7 78.7 131 274.6 71.6 109.9 147 138.8 84.8 141.9 137 86.2 63.8 125.3 103 78.8

# 貨幣及兌幣

**如何使用ATM？**

①Insert Your Card.
→插入信用卡或國際金融卡。
②Please select your language for a withdrawal.
→選擇English，若是信用卡則點Credit card，國際金融卡的話就選Cash out（Saving）。
③Enter Your PIN（Secret Code）and Press ENTER.
→鍵入密碼，按ENTER。
④Select Withdrawal Amount. Then Press ENTER
→選擇或鍵入想提領的金額，按ENTER。
⑤Please Take Cash and Receipt.
→收取現金及收據。
⑥Would You Like Another Transaction?
→若要結束交易請按CLEAR/NO鍵，要繼續交易則按ENTER/YES鍵。
⑦Take（Remove）Your Card.
→拿出卡片。

**【赴歐免簽】**

自2011年1月起歐盟同意我為免申根簽證國家，以免申根簽證待遇可入境：

1.申根公約國（26國）：法國、德國、西班牙、葡萄牙、奧地利、荷蘭、比利時、盧森堡、丹麥、芬蘭、瑞典、斯洛伐克、斯洛維尼亞、波蘭、捷克、匈牙利、希臘、義大利、馬爾他、愛沙尼亞、拉脫維亞、立陶宛、冰島、挪威、瑞士及列支敦斯登。

2.但亦有部分國家屬已簽署申根公約惟仍未完全生效：羅馬尼亞、保加利亞、賽普勒斯、克羅埃西亞。

3.或者非屬申根公約國，但接受我國人適用者，其他國家：教廷、摩納哥、聖馬利諾、安道爾。

實際簽證待遇狀況、入境各國應備文件及條件，可參考外交部領事事務局網站「旅外安全資訊」=>「各國暨各地區旅遊及消費者保護資訊」=>「選擇國家」=>「簽證及入境須知」，惟仍以各該國之法令為準。



## 當地貨幣

克羅埃西亞的貨幣是克羅埃西亞庫納（Kn），斯洛維尼亞則引入歐洲單一貨幣歐元（€）。

台灣國內無法兌幣，得到克羅埃西亞機場或城市裡的兌幣處從美元或歐元兌成克羅埃西亞庫納。所以先在台灣的銀行將台幣兌換成美元或歐元。

## 信用卡

克羅埃西亞及斯洛維尼亞裡的大都市、飯店、中級以上的餐廳、大型超市等都可刷VISA或Master卡，AMEX和Diners也都可以用。信用卡除了付錢的功能外也有證明身分的作用，常會被暫時收取作為住宿飯店和租賃汽車時的押金。另外，信用卡也可以當成金融卡從當地有合作的ATM提領現金，最常見的是PLUS及Cirrus，克羅埃西亞及斯洛維尼亞的銀行或公共設施裡的ATM大概都看得到上述字樣，所以都能用。若信用卡遺失或被偷，只要立即掛失即可。

## 國際金融卡

一卡在手便可以透過國外的ATM從自己的銀行帳戶提領當地貨幣。雖不像信用卡的金融功能一樣會生利息，但滙兌時還是會被加上3～4%，換算成台幣再從帳戶中扣款。和卡片合作的機構與信用卡一樣，最常見的是PLUS及Cirrus。

此外，可用帳戶餘額購物或提錢的預借現金卡則是不用開新帳戶，而是先在台灣開立的專用帳戶裡存入一些錢，便可以在當地的ATM提領現金。不管哪種方法都只能存多少花多少，所以可以避免花太多或擔心被偷。

## Visa簽帳金融卡

與國際金融卡不同，特徵是即時扣款。只要欲刷卡的金額是在銀行帳戶存款的金額範圍內，就可當成信用卡使用，而在海外也可當成國際金融卡使用，能在有PLUS標記的ATM提領現金。可以一邊管理金錢一邊旅遊，無須多餘的擔心。

# 服裝及攜帶物品

## 旅行當地的服裝

由於會比在台灣時有更多走路的機會，所以穿些配合季節且穿慣的服裝或鞋子是比較合適的。即使是夏天，一入夜有時還是蠻冷的，所以最好帶一件長袖襯衫，同時也可以在移動奔波時或預防餐廳裡的冷氣太冷時穿。亞得里亞海沿岸冬天比內陸還要冷上許多，由於也會積雪，所以冬天出門時千萬要做好禦寒動作。若預定要上館子，請記得穿著正常服裝及搭配得宜的鞋子及包包。短褲及T袖等隨便的穿著有時是會拒於門外的。

## 最好要帶的東西

要迅速輕便地移動，行李就得少帶一些。大家都會不小心東塞西塞地帶一堆東西，但其實最要帶的是在當地不易購買的東西。敬請參考下述的檢查表。

●常備藥…旅行時很容易因為疲勞或不適應而累垮身體。克羅埃西亞或斯洛維尼亞雖也買得到藥，但不見得買得到有在台灣上市的。而即便買到具有相當療效的，身體也不見得適應，敬請留意。感冒藥或胃藥等最低限度的藥品還是自備較安心啦！

●變壓器及插頭轉接器…克羅埃西亞及斯洛維尼亞的電壓和台灣不同，是220V。大部分在台販售的電器產品都是110V，並不支援220V。不過，為了能在國外使用，電氣製品也開始支援100～240V。萬一帶去的不支援220V，那就只能使用變壓器了，敬請小心。另外，接頭的形狀也和台灣的不一樣，所以也得帶插頭轉接器。全都可以在家電量販店買得到。

●生理用品、防曬用品…雖克羅埃西亞及斯洛維尼亞也買得到，但還是帶平常就用慣的比較好。

### 預防萬一

為防止竊盜或遺失，請備妥下列事項且和實物分開保管。

- 護照影本
- 信用卡號碼的副本及緊急聯絡人
- T/C號碼副本
- 國外旅行意外保險緊急聯絡人及保險證號

### 手持行李的托運限制

寄放在航空公司裡的行李都稱為托運手持行李。都可以免費寄放，但依據各家航空公司其件數或每件重量、大小等都有設限，超過的話便要另外付費。

例（以華航為例）

頭等艙、商務艙…2件、32kg／件，長寬高合計158公分之內／件

經濟艙…2件、23kg／件，長寬高合計158公分之內／件，2件合計273公分之內

### 攜液體登機

超過100ml的所有液體（包含凝膠、牙膏及隱形眼鏡清洗液等。但醫藥品除外）都不准攜帶。若想攜帶，得裝入100ml以下的容器內並裝在1公升以下附拉鍊的透明塑膠袋裡。

### 攜帶物品檢查清單

□護照…有沒有過期？
□現金（歐元）…有€5、€10等會較方便
□現金（台幣）…回國後總要交通費回家吧？
□信用卡…可以證明身份的好用卡片
□e ticket存根（機票）…有影本較安心
□旅行意外保險證書…副本自家用
□貼身衣物類…帶三套就夠了
□衣物…能替換及調節溫度的
□洗臉用具…洗髮精及牙膏等一定要帶
□旅遊書…方便拿出來看的時候
□變壓器．插頭…視需要因應
□折傘…晴雨兩用的較方便

# 克羅埃西亞入境指南

**入境時的免稅範圍**

香菸…200支

香水…50g

酒類…葡萄酒2公升、烈酒1公升

現金…外幣無限制。歐元最高1萬

國人以免申根簽證方式赴歐洲36個國家及地區，申根公約國（26國）中雖不包括克羅埃西亞，但克羅埃西亞給予我國人免簽證待遇，國人可以免簽證方式前往，可停留天數90天。詳情請參閱外交部網站。而蒙特內哥羅和斯洛維尼亞屬申根國，則可以免申根簽證方式前往，可停留天數90天。

我外交部目前於克羅埃西亞、斯洛維尼亞未設處，負責轄管為駐奧地利台北經濟文化辦事處。而蒙特內哥羅、波士尼亞與赫塞哥維納，負責轄管則為駐匈牙利台北代表處。

先做上記號比較好認自己的行李

## 從機場入境

台灣沒有直達班機前往克羅埃西亞。因此，就得在歐洲各都市機場轉機入境。若單純只是轉機的話就不用接受該國的入境審查，接受克羅埃西亞的入境審查即可。

從德國的法蘭克福、慕尼黑以及奧地利的維也納轉機前往擁有國際機場的札格雷布或杜布羅夫尼克都很方便。航班多，所需時間短。若利用其他管道的話，有時會隔天才到。另外，札格雷布機場乃是克羅埃西亞航空的大本營，一降落，就先辦入境手續吧！

### ①排隊接受入境審查（Immigration）

下飛機後就先去入境手續櫃台。找寫有PASSPORT CONTROL的窗口。由於札格雷布、杜布羅夫尼克都不是大機場，所以只要跟著標示走就不用擔心會迷路。

入境審查時只要把護照拿給對方就OK。有時對方會用英文問停留天數或日程等，別慌張，問什麼答什麼就好。

### ②拿行李（Baggage claim）

辦完入境審查後就前往領取行李箱等托運手持行李。找到和航班名稱相同的行李運輸帶等自己的行李轉出來。萬一發現自己的行李沒有出來，那麼就把在寄行李時對方給的行李名牌（行李保管證）拿給機場人員告知來意即可。若還是沒辦法立刻找到，就先告知欲入住的飯店名稱便會幫旅客送到。

克羅埃西亞的機場規模不大，上下機時都用舷梯

坐火車入境時，夜車也是不錯選擇。夢周公同時也正向目的地前進，可省下不少住宿費用。順道一提，慕尼黑～札格雷布不需換車，大約9小時即到。

### ③通關（Customs）

在行李轉盤拿到行李後便前往通關。如果沒有特別需申報的東西，就可以直接走向出口。若持有超過免稅範圍的香菸及酒類等的話，敬請申報。此外，免稅範圍內的的人前往綠色門，需申報的人請走紅色門。

## 坐火車入境

儘管克羅埃西亞國內的火車品質不算十分優秀，但從鄰近的國家行駛而來的國際列車班次卻不少。國際列車都會停靠札格雷布中央車站。斯洛維尼亞、奧地利、匈牙利及德國等各都市都有直達班次。

各國的出境審查及克羅埃西亞的入境審查都在車上進行。旅客完全不用離開座位，只要接近國境時回到座位上備妥護照即可。不管是出境還是入境審查，都只要出示護照就好，超簡單。

## 搭巴士入境

以EuroLines為主，有多條長途巴士從歐洲各都市行駛到札格雷布。長途巴士會停靠距札格雷布中央站走路約20分鐘的長途巴士總站。

各國的出境審查及克羅埃西亞的入境審查都在巴士車上進行。官員就坐鎮在車上，所以要先備妥護照。不管是出境還是入境審查，都只要出示護照就好，超簡單。

## 乘船入境

從義大利也可以搭渡輪入境前往亞得里亞海沿岸諸城市。渡輪公司有Jadrolinija及Blue Line等可選擇。整年開航的是從安科納Ancona到斯普利特、札達爾或赫瓦爾的航線。3月下旬～12月也有航班從巴里Bari開往杜布羅夫尼克；4月下旬～10月上旬時，會有Venezia Lines的船連結威尼斯、波雷奇、羅維尼、普拉等伊斯特拉半島等城市。

出境審查是在義大利上船前，而入境審查則在到達克羅埃西亞各港口後進行。記得先備妥護照哦！

## 開車入境

由於克羅埃西亞國境設有檢查站，所以就在這裡辦完出境審查及克羅埃西亞入境審查。均需提出護照及國際駕照。

### 別忘了換錢

入境克羅埃西亞後就提早兌換庫納。人在機場的話就去機場的兌幣處；搭電車、巴士或船隻的話就去市裡的兌幣處或銀行；若是抵達時間太晚而兌幣處已關門，用信用卡也可以在市裡的ATM提錢，或許只能拿到一點點，先換好還是比較安心。

### 有列車從鄰近諸國開往克羅埃西亞的主要公司

●奧地利聯邦鐵道OBB
HP http://www.oebb.at/en（英語）
●義大利國鐵TRENITALIA
HP http://www.trenitalia.com（英語）
●德國鐵道DB
HP http://www.bahn.de（英語）

### 從鄰近諸國開往克羅埃西亞的主要客運公司

●EuroLines
HP http://www.eurolines.com（英語）

### 從義大利開往克羅埃西亞的主要渡輪公司

●Jadrolinija
HP http://www.jadrolinija.hr（英語）
●Blue Line
HP http://www.blueline-ferries.com（英語）
●Venezia Lines
HP http://www.venezialines.com（英語）

### 搭遊輪（定期船班以外）入境

從申根會員國搭船等入境時，只要是觀光為目的且為短期停留的話便可免除入境審查及通關。

# 克羅埃西亞國內交通

**克羅埃西亞的主要機場**

札格雷布
斯普利特
杜布羅夫尼克
札達爾
普拉、里耶卡

●克羅埃西亞航空
HP http://www.croatiaairlines.com（英語）

**購買火車通行證**

若事先知道會常常搭火車，那與其購買區間車票，倒不如買火車通行證還比較划算。克羅埃西亞的國內火車通行證如右下表。也有那種和鄰近他國成套販售的火車通行證，有這種通行證就能搭遍奧地利、斯洛維尼亞及克羅埃西亞國內的火車，暢行無阻。當地也買得到火車通行證，但價格較貴，不妨透過旅行社購買。

●RAILEUROPE
HP https://www.raileurope.com.tw/
●克羅埃西亞鐵道
HP http://www.hznet.hr（英語）

行駛札格雷布～斯普利特間的快車

Jadrolinija渡輪公司的大型可載車渡輪



## 搭飛機

欲以札格雷布為起點前往各地，例如去斯普利特及杜布羅夫尼克，搭飛機還是蠻方便的。克羅埃西亞航空從札格雷布出發前往斯普利特、杜布羅夫尼克的航班1天有3班（有時是4班），所需時間50～60分鐘。可以透過台灣的旅行社或上克羅埃西亞航空的網頁購買機票；有空位的話也可以在當地的機場櫃台購票。

### 克羅埃西亞航空主要路線時刻表

※2016年10月現在

| 札格雷布出發 | 斯普利特出發 |
|---|---|
| 7:50 | 6:15 |
| 14:00 | 13:10 |
| 22:00 | 19:45 |

1日3～4班
所需時間：約50分
※航班根據日期、時刻有變動

| 札格雷布出發 | 杜布羅夫尼克出發 |
|---|---|
| 6:00 | 6:25 |
| 10:45 | 13:20 |
| 14:45 | 16:40 |
| 21:10 | 21:10 |

1日3～4班
所需時間：約60分
※航班根據日期、時刻有變動

## 搭火車

國內的火車網不怎麼發達。還好，主要路線班次很多，有些甚至比巴士更便宜。主要路線有札格雷布～里耶卡（3小時50分～4小時40分）、札格雷布～斯普利特（6小時30分～8小時30分）等。購票請洽各車站窗口。另外，沒有通往最南端的杜布羅夫尼克的火車班次。

買一張「克羅埃西亞火車通行證」便可省去每次搭車每次買票的麻煩。這一張在手，依照購買天數，就可以在克羅埃西亞國內無限制乘坐火車！有效期限是啟用後1個月。對了，開始使用前得前往車站窗口辦理開票手續；把火車通行證和護照秀出來，對方就會自動辦理完成。另外，搭車前也得記好使用的日期，要是沒有記錄就被查票，便等同逃票。

**●克羅埃西亞火車通行證價目**

| | 頭等 | 次等 |
|---|---|---|
| | 全票 | 全票 |
| 3日 | 87元 | 66元 |
| 4日 | 111元 | 83元 |
| 5日 | 133元 | 100元 |
| 6日 | 156元 | 116元 |
| 8日 | 196元 | 148元 |

※1等通票可搭乘1等車及2等車，但2等通票僅能搭乘2等車。
※4歲以下孩童可免費搭乘，若人潮擁擠可能被要求坐在大人膝上。
※4～11歲的孩童可用小孩通票免費搭乘，但須有持成人通票的大人陪同，同行者須18歲以上。

（幣值以美金計算，參考2019年10月歐鐵資料）

巴士是旅遊克羅埃西亞的好夥伴。活用查詢時刻表的網站，規劃行程吧。雖然是英文網頁，但操作卻意外地簡單。

## 搭巴士

克羅埃西亞國內最發達的公共交通工具就是巴士，從都市到地方小鎮全在涵蓋範圍。儘管像克羅埃西亞巴士等民營客運公司有好幾家，但車資或設備都沒有太大差異。可先行估算一下到達當地的時間再挑選最適合的巴士。在各巴士總站窗口購票時，每張票會加上2～5Kn的手續費。若當天搭車時還有空位，則可以直接向司機或車掌購票。要寄放行李箱等大型行李的話，要另外加收7Kn左右的費用。

搭乘長途巴士時，會在中途經過的城鎮總站等處暫停休息一下。屆時就在此吃個飯、上個廁所吧。保險起見，在下巴士時記得要先向司機確認發車時間。

## 乘船

巡遊亞得里亞海諸島的郵輪是種可享受美食的交通工具，相當受歡迎。國內最大家航運公司就屬Jadrolinija。5月下旬～9月下旬，里耶卡～杜布羅夫尼克間的長途渡輪（參考右欄）每週有2班開航。而聯結亞得里亞海諸島的短程渡輪則是整年都開航，來趟島嶼巡禮也很不錯。船票除了可在Jadrolinija的窗口購買外，當地的旅行社也可代買。關於可購買的地點及營業時間等訊息請前往觀光服務處確認。

## 租車

對於不受時間及目的地拘束的旅客而言，租車是最佳選擇。當地就可以申租，但若是AVIS或Hertz等大型租車公司的話，在台灣便可以申租。克羅埃西亞的車種幾乎都是手排車，想開自排車的話請事先言明。

租車公司在機場或城市裡都找得到。申租的時候必需提出國際駕照及護照。另外，對方也會要求看信用卡。還有，25歲以下的駕駛一般而言不得申租，但某些公司雖可以申租但得另外付費。詳細情形請洽您預定要申租的租車公司。

克羅埃西亞乃是左側駕駛但靠右通行。儘管交通規則和台灣沒有太大出入，但「變換車道時不打方向信號燈」「緊急剎車」「急轉彎」等行車粗暴的人不少，故敬請留意。另外，除了夏令期間外，規定都得開大燈。

### 札格雷布～杜布羅夫尼克 時刻表範例（克羅埃西亞巴士）

| ↓ | | ↑ |
|---|---|---|
| 7:00 | 札格雷布 | 17:10 |
| 7:50 | 卡爾洛瓦茨 | 16:15 |
| 13:25 | 斯普利特 | 11:20 |
| 15:40 | 波雷奇 | 9:05 |
| 16:35 | 杜布羅夫尼克 | 7:15 |

※只刊載主要都市

●札格雷布巴士總站
HP http://www.akz.hr（英語）
●斯普利特巴士總站
HP http://www.ak-split.hr（英語）
●巴士時刻表查詢網站
HP http://www.autobusni-kolodvor.com（英語）

❗事先購買好巴士車票時，建議要確認一下車票上的發車時間、搭乘處編號、巴士公司名稱。如果搭錯巴士，會被視為違法搭乘，會被課以罰金或強制下車，因此請多加留意。

### 里耶卡～杜布羅夫尼克 時刻表範例（Jadrolinija）

| ↓ | | ↑ |
|---|---|---|
| 19:00 | 里耶卡 | 7:00 |
| 7:00 | 斯普利特 | 18:40 |
| 9:15 | 史塔利格拉德 | 16:40 |
| 13:30 | 普羅切 | 12:40 |
| 16:15 | 索埔拉 | 10:25 |
| 18:30 | 杜布羅夫尼克 | 8:30 |

※5月下旬～9月下旬運行

●Jadrolinija
HP http://www.jadrolinija.hr（英語）

### 在台灣便可申租的主要租車公司

●AVIS
☎0120-31-1911
HP http://www.avis.tw
●Hertz
☎0120-489-882
HP http://www.hertz.com

# 電話及郵務

如何從台灣撥號至克羅埃西亞？

（例）撥給01-1234567

中華 002 / 台灣大 006 / 遠傳 007

※任選一家使用

↓

385 克羅埃西亞國碼

↓

1 拿掉0後的區域號碼

↓

1234567 對方的電話號碼

## 撥打公共電話

公共電話無法投現，請先備妥專用電話卡Telefonska Kartica。電話卡有15、30、50Kn等種類，郵局或Kiosk（販賣店）都買得到。卡片一插進電話，就會立即顯示裡頭的餘額。線路狀態良好，不管是撥打國內、國外都沒問題。

## 撥打飯店內的電話

要使用飯店客房內的電話時，首先請先撥打外線號碼。外線號碼每家飯店不同，敬請詳閱飯店指南或向櫃台確認。由於會酌收手續費，所以電話費會比撥打公共電話來得貴。若要長時間通話的話，建議使用公共電話較划算。

## 撥打行動電話

即使是支援國際漫遊的手機，有時還是得在當地做設定，且設定方式又依電信公司及機種而有所不同，所以敬請在出發前先行確認。停留克羅埃西亞國內時其撥打方式和公共電話一樣。



## 撥打回台灣

例 要打到02-1234-5678時

00 ▶ 886 ▶ 2 ▶ 1234-5678

00：國際電話識別碼

886：台灣國碼

2：拿掉0的區域號碼※

1234-5678：對方的電話號碼

※行動電話亦同拿掉0的號碼

若從飯店撥打，請先撥指定的外線號碼

郵局營業時間

營 7:00～19:00（週六～12:00）

休 週日、假日

※札格雷布中央車站旁的郵局24小時營業

札格雷布中央車站旁的郵局

## 郵務

郵局稱為Hrvatska Pošta，略稱為HP。黃色郵筒及法國號標誌的招牌相當醒目。寄往台灣的明信片收費8.60Kn。請郵局辦理寄送手續會比直接投郵筒來得安全。一般來說大約4～7天就會寄達台灣，可是有時也會拖到2～3週才到。另外，收件人的住址用中文寫是沒問題的，但請註明Air Mail to Taiwan。

有2種方法可寄包裹到台灣，分別是國際快速郵件（EMS）及國際包裹。EMS大約5天就寄得到，到500g收費216Kn。國際包裹則又分成航運及船運，航運的話1～2週，船運就得花2個月才會到台灣了。費用當然是航運較貴。另外，地方的小郵局有時無法處理大型包裹，這點敬請留意。

# 當地生活基本資訊

## 購物

購物真的是旅行的樂趣之一。邊散步邊逛街雖也愜意，但看到喜歡的店家還是走進去看一下吧。進去、出來時都請儘量和店員打聲招呼，即使語言不相通，帶著笑容絕對沒問題。。

另外，前往街邊的攤販或市場、超市等當地居民經常去的地方瞧瞧也很不錯。不僅可窺見人們平常的生活，而且或許在轉角就會遇到美麗的邂逅！

**●逛市場及攤販**

就像是札格雷布舊城區裡的蔬果市場一般，克羅埃西亞國內有許多市場。沿岸及內陸地區的氣氛很不一樣，所賣的東西也差很遠，不妨來趟市場巡禮，比較比較。市場也賣麵包及蛋糕等簡餐，去吃個早餐也不錯。

另外，廣場及車站附近有多家賣速食的攤販，當地居民也經常惠顧。夏天賣烤玉米，秋天到冬天就賣烤栗子等，季節限定的攤販也不少呢。

**●逛超市**

許多台灣看不到的食物、忍不住想去拿的商品等等，這片土地才有的東西真是琳瑯滿目，超有趣。而水及點心等也比Kiosk（販賣店）賣得便宜。巧克力及葡萄酒等適合當伴手禮饋贈的商品也比專賣店划算許多，建議過來大量採買。

### 克羅埃西亞國內主要超市

**KONZUM**

城市到小鄉村全看得到這家店，是克羅埃西亞國內最受歡迎的超市。販售內容包括飲食品到日用品，範圍相當廣。

**Getro**

備有大型停車場，是座倉庫型的大型超市。有些城市的店面營業24小時。相當適合開車前往。

## 電壓及插頭

克羅埃西亞的電壓比台灣來得高，是220V。帶去的電器用品若不支援220V，那就得用變壓器（吹風機等較耗電的產品有些無法使用）。插座的形狀也和台灣不同，所以得先備妥插頭轉接器。插頭的形狀為C型，各電器行或大賣場都可以買到轉換插頭或萬用插頭以及變壓器等。

插座形狀和台灣不同

### 廁所前面有人！？

要上克羅埃西亞的公廁得付2～7Kn的清潔費。因此，難怪收費員就經常待在廁所附近。另外，有些廁所採投幣式，投幣後門才會開。不過，正因為有收費，所以大部分都很乾淨。

### 影像放映

克羅埃西亞的影像格式是PAL，這種訊號在歐亞都很常見。但由於和台灣或美國等常用的NTSC有所不同，所以當地的錄影帶或DVD便無法用台灣國內的錄放影裝置放映。不過，DVD倒是可以用電腦來看。

### 營業時間

銀行…7:00～19:00（週六～12:00）　休 週日、假日

一般商店…8:00～20:00（週六～13:00）　休 一般是週日、假日

餐廳…8:00～12:00開門營業。而21:00～23:00營業的店家也不少。

※8月中旬是夏季休假期間。札格雷布等都市的商店及餐廳等有時會暫停營業。

### 免稅品

在標示TAX FREE字樣的店家購買超過740Kn以上的東西便可免稅，請辦好手續！→p.200

# 斯洛維尼亞入境指南

我外交部目前於克羅埃西亞、斯洛維尼亞未設處，負責轄管為駐奧地利台北經濟文化辦事處。而蒙特內哥羅、波士尼亞與赫塞哥維納，負責轄管則為駐匈牙利台北代表處。

●駐奧地利台北經濟文化辦事處
Taipei Economic and Cultural Office in Austria
Wagramer Str. 19/11. OG, A-1220 Vienna, Austria
位於維也納市第22區，鄰近聯合國維也納分部（UNO City）
交 搭乘維也納地鐵U 1於Kaisermühlen/Vienna International Center站下車，經過聯合國大樓再步行約5分可到
☎ (43-1) 2124720
FAX (43-1) 212-472086
mail aut@mofa.gov.tw
HP www.taiwanembassy.org/AT及www.taipei.at
**急難救助**：☎ +43-6643450455
奧地利境內直撥：06643450455
上班時間：
（駐地時間）09:00-17:00，
（台灣時間）15:00-23:00

●駐匈牙利台北代表處
Taipei Representative Office, Budapest, Hungary
1088 Budapest, Rakoczi ut 1-3/II em Hungary
☎ (36-1) 2662884，2664817
FAX (36-1) 2664003
**急難救助**
行動電話：36-30-9641546
匈國境內直撥：06-30-9641546
mail hng@mofa.gov.tw
HP www.taiwanembassy.org/HU
受理領務申請案件時間：
週一～四：09:30～12:00 ；14:00～16:00
週五：09:30～12:00

※急難救助電話專供緊急求助之用（如車禍、搶劫、有關生命安危緊急情況等），非急難重大事件，請勿撥打；一般護照、簽證等事項，請於上班時間以辦公室電話查詢。

## 多注意申根公約！

斯洛維尼亞是申根會員國。所謂申根公約，是歐洲各國在審查入境時的相關協定。會員國之間來來去去時並不需要入境審查，但得接受最先進入的會員國的入境審查，而從會員國前往非會員國時也得進行出境審查。另外，從非會員國再次入境會員國時還是得接受入境審查。直至2016年10月，歐洲已有30國加入會員國，其中有26國執行或部分執行該措施。

該注意這項公約的地方是，會員國內的停留期間是6個月且最長90天。若停留在德國等會員國達60天，那麼就等於只能在斯洛維尼亞待30天。若打算長期停留歐洲，這點敬請留意。

## 從機場入境

台灣沒有直達班機前往斯洛維尼亞。因此，就得在歐洲各都市機場轉機入境。若在申根會員國轉機的話，那就在該國接受入境審查。而領取行李及通關則在最終目的地的機場辦理。

從德國的法蘭克福、慕尼黑以及奧地利的維也納轉機前往盧比雅那都很方便，航班多，所需時間短。若利用其他管道的話，有時會隔天才到。另外，盧比雅那機場乃是亞德里亞航空的大本營。

### ①排隊接受入境審查（Immigration）

在申根會員國轉機，就要在該國接受入境審查。若是從俄羅斯、英國等非申根會員國轉機入境的話，那就得在斯洛維尼亞辦理入境手續。找寫有PASSPORT CONTROL的窗口就對了。

入境審查時，只要把護照拿給對方就OK。有時對方會用英文問停留地點或日程等問題，別慌張，問什麼回答什麼就好。

### ②拿行李（Baggage claim）

行李箱等托運手持行李是在最終目的地的機場領取。找到和航班名稱相同的行李運輸帶等自己的行李轉出來。萬一發現自己的行李沒有出來，那麼就把在寄行李時對方給的行李名牌（行李保管證）拿給機場人員告知來意即可。若還是沒辦法立刻找到，就先告知欲入住的飯店名稱便會幫旅客送到。

歐洲主要國家中，非申根會員國的國家只有英國及俄羅斯。經由這兩國以外的國家入境斯洛維尼亞，只要在經由的國家接受入境審查即可。

③通關（Customs）

在行李轉盤拿到行李後便前往通關。如果沒有特別需申報的東西，就可以直接走向出口。若持有超過免稅範圍的香煙及酒類等的話，敬請申報。此外，免稅範圍內的的人前往綠色門，需申報的人請走紅色門。

## 坐火車入境

斯洛維尼亞的火車網相當發達，從鄰近的國家行駛而來的國際列車班次不少。克羅埃西亞、奧地利、義大利及德國等各都市都有直達班次。國際列車都會停靠盧比雅那車站。

斯洛維尼亞周邊的申根會員國很多，從會員國入境的話便不用接受入境審查。從克羅埃西亞入境的話則在邊境附近接受出境審查，而在斯洛維尼亞頭一個車站Dobova接受入境審查。不管是出境還是入境審查，都在座位上進行，乘客皆不需離開座位，只需在靠近國境時回到座位上備妥護照出示給官員檢查即可。

## 搭巴士入境

以EuroLine為主，有多條長途巴士從歐洲各都市行駛到盧比雅那。長途巴士會停靠盧比雅那車站旁步行可到的長途巴士總站。

各國的出境審查及斯洛維尼亞的入境審查其流程都和搭火車入境時一樣，是否為申根會員國便直接影響手續流程。若需要接受出境或入境審查，都只要向坐鎮在巴士裡的官員出示護照就好。

## 乘船入境

從義大利也可以搭渡輪入境。4月～10月有航班從威尼斯開往皮蘭。

另外，由於義大利是申根會員國，所以入境斯洛維尼亞時並不需要接受入境審查。

聯結伊佐拉及威尼斯的船隻

## 開車入境

由於和克羅埃西亞毗鄰的國境設有檢查站，所以就在這裡辦完出境審查及斯洛維亞入境審查。均需提出護照及國際駕照。有時也會要求看台灣的駕照。若申根會員國入境，則不需要接受入境審查。

**申根區國家**

(2019年10月資料)

申根公約國（26國）：法國、德國、西班牙、葡萄牙、奧地利、荷蘭、比利時、盧森堡、丹麥、芬蘭、瑞典、斯洛伐克、斯洛維尼亞、波蘭、捷克、匈牙利、希臘、義大利、馬爾他、愛沙尼亞、拉脫維亞、立陶宛、冰島、挪威、瑞士及列支敦斯登。

免簽證待遇並不代表可無條件入境申根區短期停留。國人以免簽證方式入境申根區時，除須出示內載有國民身分證統一編號之中華民國有效護照外，移民關通常可能要求提供：旅館訂房確認紀錄與付款證明、旅遊行程表及回程機票等證明文件，建議國人預先備妥並隨身攜帶。

**有列車從鄰近諸國開往斯洛維尼亞的主要公司**

●奧地利聯邦鐵道 OBB
HP http://www.oebb.at/en（英語）
●義大利國鐵 TRENITALIA
HP http://www.trenitalia.com（英語）
●德國鐵道 DB
HP http://www.bahn.de（英語）

連接德國～斯洛維尼亞～克羅埃西亞的歐洲特急火車

**從鄰近諸國開往斯洛維尼亞的主要巴士公司**

●Euro Lines
HP http://www.eurolines.com（英語）

**從義大利開往斯洛維尼亞的主要渡輪公司**

●KOMPAS
HP http://www.kompas-online.net（英語）

**兌幣處較少**

有諸多來自歐洲各地的旅客，街上的兌幣處不多。

# 斯洛維尼亞國內交通

### 斯洛維尼亞國內的機場

除了盧比雅那以外，東邊的馬里博爾及西南邊的玫瑰港Portroz雖都有機場，但航班較少。另外，2地均距離盧比雅那有2小時30分鐘的巴士或火車車程。台灣旅客應該會感到不大方便吧。

●歐鐵
HP http://www.raileurope-japan.com

●斯洛維尼亞鐵道
HP http://www.slo-zeleznice.si/en（英語）

●巴士時刻表查詢網站
HP http://www.ap-ljubljana.si（英語）

盧比雅那車站前的巴士總站。

### 可在台灣預約的主要租車公司

●AVIS
☎0120-31-1911
HP http://www.avis.tw
●Hertz
☎0120-489-882
HP http://www.hertz.com

上高速公路一定要有這張Vignette

## 搭火車

斯洛維尼亞的火車以首都盧比雅那為中心聯結著眾多都市。車廂很新，坐起來很舒適。主要路線有盧比雅那～布萊德（40分鐘～1小時）、盧比雅那～波斯特伊那（約1小時）等。購票請洽各車站窗口。

和克羅埃西亞一樣，買一張「斯洛維尼亞火車通行證」就可以在斯洛維尼亞國內自由乘坐火車無限制！另外還可選擇一種斯洛維尼亞及克羅埃西亞搭配奧地利或匈牙利的3國歐鐵通行證。使用方法等和「克羅埃西亞火車通行證」相同。（→p.192）

**●歐鐵（Eurail）斯洛維尼亞鐵路通票票價參考**

| | 頭等 | 次等 |
|---|---|---|
| | 全票 | 全票 |
| 3日 | 87元 | 66元 |
| 4日 | 111元 | 83元 |
| 5日 | 133元 | 100元 |
| 6日 | 156元 | 116元 |
| 8日 | 196元 | 148元 |

※1等通票可搭乘1等車及2等車，但2等通票僅能搭乘2等車。
※4歲以下孩童可免費搭乘，若人潮擁擠可能被要求坐在大人膝上。
※4～11歲的孩童可用小孩通票免費搭乘，但須有持成人通票的大人陪同，同行者須18歲以上。

（幣值以美金計算，參考2019年10月歐鐵資料）

## 搭巴士

巴士以盧比雅那為中心，路線遍及國內幾乎所有地區。巴士公司有好幾家，包括路線涵蓋斯洛維尼亞全國的Veolia、西北邊的Alpetour、西南邊的Avrigo等，各地區都有巴士公司營運。車票在各巴士總站窗口購買，也可以直接向司機購票。要注意的是寄放行李箱等大型行李，有些路線得另外加收車資。

安心又舒適的巴士之旅

## 租車

雖然當地就可以申租，但若是AVIS或Hertz等大型租車公司的話，在台灣便可以申租。斯洛維尼亞的車種幾乎都是手排車，想開自排車的話請事先言明。

斯洛維尼亞乃是左側駕駛但靠右通行。儘管交通規則和台灣沒有太大出入，但規定即使白天都得開大燈。另外，要上高速公路得在車上貼一張稱為Vignette的高速公路通行許可證。若租來的車子本來就有貼，那就沒問題，但若是沒貼，就得自行前往Kiosk（販賣店）、郵局及加油站購買。1週用的€15，1個月用的€30。

# 電話及郵務

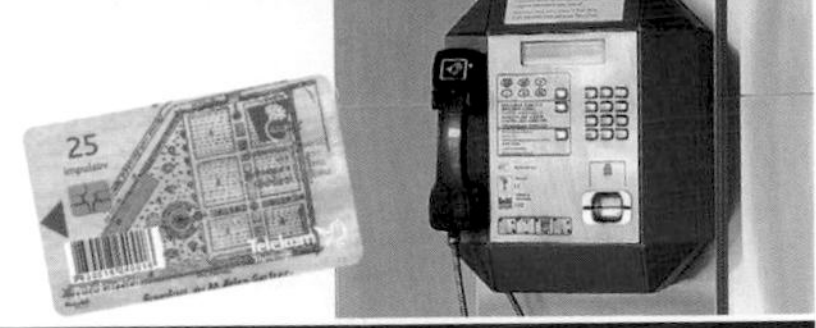

## 撥打公共電話

公共電話無法投現，請先備妥專用電話卡Telefonska Kartica。電話卡有25、50、100、300度等4種（€2.92～14.61），郵局或Kiosk（便利商店）都買得到。線路狀態良好，不管是撥打國內、國外都沒問題。市內通話只要撥7碼；市外通話就在前面加上2碼的區域號碼即可。

## 撥打飯店內的電話

要使用飯店客房內的電話時，首先請先撥打外線號碼。外線號碼每家飯店不同，敬請詳閱飯店指南或向櫃台確認。由於會酌收手續費，所以電話費會比撥打公共電話來得貴。若要長時間通話的話，建議使用公共電話較划算。

## 撥打行動電話

即使是支援國際漫遊的手機，有時還是得在當地做設定，且設定方式又依電信公司及機種而有所不同，所以敬請在出發前先行確認。停留斯洛維尼亞國內時其撥打方式和公共電話一樣。

## 撥打回台灣

例 要打到02-1234-5678時

00 ▶ 886 ▶ 2 ▶ 1234-5678

- 00：國際電話識別碼
- 886：台灣國碼
- 2：拿掉0的區域號碼※
- 1234-5678：對方的電話號碼

※行動電話亦同拿掉0的號碼

從飯店撥打電話，記得先撥指定的外線號碼

## 郵務

郵局Pošta Slovenije，簡稱PS。與克羅埃西亞一樣，黃色的郵筒及法國號標誌的看板十分醒目。寄往台灣的明信片為€1.17，信件50g以內為€1.31，在郵局寄送會比投遞郵筒保險。通常一週內可送到台灣。收件人住址可寫中文，但別忘了在上面寫上Air Mail to Taiwan。

寄包裹到台灣，2Kg以下為€38.27，重量上限為30Kg€98.35。約兩週左右可寄達台灣。

**如何從台灣撥號至斯洛維尼亞？**

（例）撥給01-1234567

中華 002　台灣大 006　遠傳 007

※任選一家使用

↓

386 斯洛維尼亞國碼

↓

1 拿掉0後的區域號碼

↓

1234567 對方的電話號碼

**郵局營業時間**

營 8:00～18:00（週六～12:00）

休 週日、假日　※都市裡的郵局有些週六下午或週日照常營業

盧比雅那的中央郵局

# 出境指南

## 託運行李的重量限制

各航空公司可免費託運的行李件數、重量及大小尺寸各有不同，超過標準的話，需另附託運費用。
以ANA為例：
頭等艙…3件、最重32kg／件，且長、寬、高三邊總長在158cm內。
經濟艙…2件、最重23kg，且長、寬、高三邊總長在158cm內。

## 登機的隨身行李

大多限制在55X40X25cm以內，最重7kg。
※視航空公司而異，德國漢莎航空則是55X40X23cm以內，最重8kg。

## 兌幣

回國前別忘了先將當地貨幣兌換完。尤其是庫納（Kn），無法直接在台灣兌換成台幣，因此機場就成了最後的兌幣處。當然，如果要留著下次再來時用，也可以帶回台灣。

## 增值稅是？

就好比是日本的消費稅。在克羅埃西亞、斯洛維尼亞稱為PDV。由於原本旅客就不需支付，所以是可免稅的。順道一提，克羅埃西亞的稅為25%，斯洛維尼亞為20%（食品等為8.5%）。



## 準備回國

### ●機位確認手續（再次確認預約）

克羅埃西亞、斯洛維尼亞等飛往歐洲的航空公司都是採用電子機票，因此不用特地這樣做。如果有需要的話，在購買機票時，應該就會有寫著關於機位確認手續的注意事項。通常這種情況，於抵達當地機場時，在航空公司櫃台確認就可以了。

### ●行李打包

將行李分成要在報到時，要託運航空公司的行李，以及要隨身帶上飛機的隨身行李。相機、攝影機、陶瓷器等易碎物品或貴重物品，請一定要放入隨身行李。液狀物品、打火機等不能隨身帶上飛機的東西，請放入託運行李內。紅酒等易碎物品要託運時，建議用衣服等包裹起來加強防護。裝了啤酒、碳酸飲料等的瓶罐，有可能會因為氣壓的關係導致破裂，須特別留意。

### ●再次確認前往機場的交通方式

這是自助旅行時相當重要的事情。尤其是一早巴士的行駛班次較少，所以要先確認好巴士發車的時刻表。還有，週六日、假日的行駛班次也會變少。建議也可以考慮是否要搭乘計程車或私人接駁車，如果有需要就先預約吧。請車子到飯店來接送也較安心。

## 在機場

### ●TAX REFUND（退還增值稅）

在海外，觀光客購買超過一定金額的商品時，可申請辦理退還部分增值稅（VAT、PDV）。要辦理退稅，需要進行以下手續。

#### ①在購買商品後，索取免稅用的退稅單

在有TAX FREE招牌或貼有標示貼紙等的免稅店，只要符合購買條件（克羅埃西亞：740Kn、斯洛維尼亞：€50以上），就能跟店員說「TAX FREE、Shopping、Check、Please」，並出示護照。這樣就能獲得免稅的退稅單，建議拿到時確認單據內容是否正確。由於還要記錄護照號碼等資訊，建議可請店員幫忙填寫。

#### ②在出境海關蓋章退稅

出境時，在機場海關要一併出示退稅單、免稅商品收據、購買的商品（僅限未開封、未使用）、護照及電子機票，通過查驗後海關人員會在退稅單上蓋章。而如果你想要將免稅商品放進託運行李的行李箱中，就請一定要在向航空公司櫃檯報到之前完成退稅手續。

法蘭克福的免稅手續辦理處

### ③取得退稅金額

海關在免稅單上蓋章後，就能領取退稅金額了。領取的方式視國家而異。

**◆在克羅埃西亞**

僅限一次購買740Kn以上的商品時方可退稅。因為克羅埃西亞是歐盟加盟國，所以只要在最後離開的歐盟加盟國（例：經由德國的法蘭克福回國時，就是法蘭克福機場）辦理退稅手續。向海關（Customs）出示已蓋好章的單據，就能辦理現金（€）退稅。

**◆在斯洛維尼亞**

僅限一次購買€50以上的商品時方可退稅。斯洛維尼亞為歐盟加盟國，因此與克羅埃西亞相同，可在最後離開的歐盟加盟國辦理退稅手續。

## ●報到（搭機手續）

可以在航空公司櫃檯或自助報到機報到。一併出示護照及電子機票，接著託運行李。領取寫有登機門、登機時間等的登機證和行李條（託運行李證明）。一般是2個小時前開始接受辦理，建議可提早到機場。離出發不到一小時才報到則可能會被取消預約。

自助報到機

## ●出境檢查

前往出境檢查櫃台，出示護照和登機證。國際航廈的出境檢查有分「持有歐盟國家護照者」及「非歐盟國家護照者（Non-EU Nationals）」的櫃台，請先確認後再排隊。為避免遇到人多擁擠的情況，建議盡量提早前往櫃台接受檢查。完成出境檢查後，若離登機還有時間，建議可逛逛免稅店，或到咖啡廳等。可在此處把還有的當地貨幣用掉。不過，請記得最晚要在出發30分前抵達登機門。

# 在飛機上

回台時，入境檢查分設為紅線（應申報）檯與綠線（免申報）檯通關檢查。如有攜帶管制或限制輸入之行李物品，以及有應申報事項者，可在機上先填寫「中華民國海關申報單」，以便下飛機時向海關申報，並經紅線檯通關。

**回國的入境流程**

**疾病檢疫**

旅途中或返國途中出現「高燒」、「腹瀉」等症狀者，請於返國時向機場檢疫人員通報。如無則免。

**入境檢查**

於證照查驗處出示護照。

**領取託運行李**

找到標有所搭乘飛航班次的行李轉盤處領取自己的行李。

▼

**海關檢查**

免申報者走綠線檯，而應申報者則走紅線檯。出示寫好申報品的申報單及護照。後送行李則需按一般貨物辦理報關進口。

**入境台灣時的免稅範圍**

菸品…捲菸200支、雪茄25支或菸絲1磅。
酒類…1公升
※其他物品在完稅價格總值在新臺幣2萬元以下者

# 旅遊安全及健康

### 外交部駐外辦事處

我外交部目前於克羅埃西亞、斯洛維尼亞未設處，負責轄管為駐奧地利台北經濟文化辦事處。

●駐奧地利台北經濟文化辦事處
Taipei Economic and Cultural Office in Austria
Wagramer Str. 19/11. OG, A-1220 Vienna, Austria
☎ (43-1) 2124720
FAX (43-1) 212-472086
mail aut@mofa.gov.tw
（→P.196）

### 遺失護照時的手續

向當地警察機關報案
↓
申領護照遺失報案證明文件
↓
駐奧地利台北經濟文化辦事處
↓
申請「入國證明書」

### 事先備妥！

若先把護照或信用卡影印留存，萬一碰到狀況時會比較好處理。且記得要和實物分開放。

### 遺失T/C時的緊急聯絡處（AMEX）

●克羅埃西亞
☎（0800）200111＋888 937 2639
●斯洛維尼亞
☎（44）20 7365 4846

斯普利特的警局

## 最忌粗心大意

在台灣認為是理所當然的事，到了國外反而不是這樣，這種情況得十分小心。例如，切勿帶著大筆金額走路、不要前往人少的地方、盡量避免一個人走夜路、即使離開座位一下下，貴重物品也不離身等，人在異國，得時時保持警戒。

## 護照遺失的時候

在國外旅遊時一旦掉了護照，最重要的是趕快辦手續。

### ●程序如下列：

向當地警察機關請求發給的護照遺失報案證明文件，如果當地警察機關不出具這類證明文件，您可以自已書寫一份遺失護照說明書來代替。

若在國外停留的時間很短，來不及在國外申請補發一本新護照，您可以向駐奧地利台北經濟文化辦事處申請一份「入國證明書」，待回到台灣以後，再到領務局或其分支機構申請補發一本新護照。

若在國外停留的時間長，需補辦申領新護照（一般需要5個工作天才能完成），此時就得準備：

・身分證影本
・或是戶籍謄本原件
・填寫遺失作廢申報表
・護照用彩色照片兩張（6個月內）
・報案證明

## 旅行支票遺失的時候

向發行T/C的機構申請補發。補發所需天數因國而異，一般都是2～3天。在當地的分店或代理店便可領取。進行補發的手續時，使用T/C應多加留意好幫助自己了解未使用的T/C編號及票面面額。

### ●申請補發T/C所需的資料

・遺失・竊盜受理證明書　一份
・護照
・申購存根（可獲悉T/C編號的東西）

切記!!護照或信用卡等旅行必備品絕對不離身。為預防萬一遺失或遭竊，出發前先影印好當作備份會比較安心。

## 信用卡遺失的時候

立刻打電話給所遺失的信用卡服務櫃台辦理掛失。此時，由於對方會問你卡號及有效期限，所以出門旅遊前先影印好還是比較安心。

接著，再請當地的警局核發一張遺失．竊盜證明書。拿著該證明再向發卡銀行的當地分行或辦事處辦理補發手續。每家發卡銀行不盡相同，但一般都是2～3個工作天便可補發完成。

不用掏出現金就可完成付款動作的信用卡其實很容易遭到盜刷或冒用。若遇到上述情形，被盜刷或冒用的金額通常都會由發卡銀行買單。不過，各家發卡銀行的規定不盡相同，出發前敬請加以確認。

## 手機遺失的時候

智慧型手機是為了獲得當地資訊、閱讀電子書籍，以及海外旅行不可欠缺的工具。因為是日常用慣的東西，容易大意而露白。遺失聯絡方式和旅遊的回憶照固然令人心痛，但最困擾的是行程、電子機票、預約飯店的入住憑證等資料都在裡面的時候。有可能會無法搭機、無法住宿。結果還很可能在不知情的時候，要負擔巨額的通話和網路費。

最重要的是如果發現不見的話，不管是弄丟，還是被偷，都要盡快與電信公司聯繫，掛失停用。

也非常推薦大家攜帶紙本的備份資料。

## 生病或受傷的時候

別慌張，先判斷狀況。緊急的話就叫救護車，人在飯店的話就向櫃台救助，人在城裡的話就向路人求助，請對方通報比較好。

治療費用的部分，若是個人處理，包含救護車在內通常是筆蠻高的費用，這點要先認知。若有參加海外旅行傷害意外險，那麼在醫院所支付的費用（有些醫院有和保險公司合作，提供免現金服務）當然就由保險公司出錢，回國後再申請理賠，所以診斷書、治療費用及領藥收據都得好好保管。

### 遺失信用卡時的緊急聯絡處

●Visa全球緊急服務中心
美國服務 對方付費（collect call）致電
+1-303-967-1090
克羅埃西亞免費電話
0-800-220-111
奧地利免費電話
0 800-200-288
台灣免費電話
00801-10-3008

●MasterCard 全球緊急服務中心
美國服務 對方付費（collect call）致電
+1-636-722-7111
奧地利免費電話
0800-07-06-138
台灣免費電話
00801-10-3400

### 安裝「旅外救助指南」APP，確認旅遊資訊

下載安裝外交部領事事務局的「旅外救助指南」APP，能隨時隨地瀏覽前往國家之基本資料、旅遊警示、遺失護照處理程序、簽證以及我駐外館處緊急聯絡電話號碼等資訊。

### 緊急聯絡處

**克羅埃西亞**

●警察 ☎192
●救護車 ☎194
●消防 ☎193
●急診醫院
Traumatologija
☎01-4697000（札格雷布）
Opca bolnica
☎020-431777（杜布羅夫尼克）

**斯洛維尼亞**

●警察 ☎113
●救護車 ☎112
●消防 ☎112
●醫學中心
☎01-2323060

# 遇到問題及解決之道

## 治安

克羅埃西亞及斯洛維尼亞在歐洲算是治安較好的國家。但即使如此，鎖定觀光客的犯罪事件還是層出不窮，不得不小心。斯洛維尼亞的犯罪發生率比台灣高出許多。外交部及各國台灣大使館或辦事處的網頁也都會提及當地情況，敬請於出發前加以確認。以下介紹給您具體實例。

## 遇到問題

### ●扒手／失竊／搶奪

東西被偷是觀光客最常遇到的犯罪案件。特別是每每到了觀光客劇增的夏天，在亞得里亞海沿岸的觀光勝地發生的扒手、失竊、搶奪事件便急劇增加。通常是3～4名外國人趁著靠過來講話的時扒走錢包或貼近身體趁著不注意時拿走包包。另外，在人多擁擠的巴士或火車裡也得小心扒手。人在機場或餐廳時請勿把東西扔著不管，別以為只讓行李離開自己的視線幾秒鐘不會有事，事實上事件發生都只在一瞬間。斯洛維尼亞還常發生腳踏車失竊事情。不管是自己的還是租來的，都得好好上鎖哦！

### ●信用卡遭冒用

刷卡付帳時都要盡量在視線範圍內完成。讓對方把卡拿到某處的話便有可能被瀏覽卡片資訊或亂刷金額。倘若一定要拿到別的地方刷，那也要仔細核對收據上的金額是否正確。不是自己國家的貨幣所以用不慣進而容易看漏，但多一個0可是差很多的，得小心！

用信用卡預借現金時也得小心，務必確認四周，是否有人躲在ATM後面偷看。

### ●假警察

包含克羅埃西亞及斯洛維尼亞在內的歐洲各地均發生那種沒穿制服的假警察向旅客說「給我看一下你的護照及所持有現金」，然後就把錢拿走的事情。雖正牌警察偶爾真的會檢查護照，但絕不會要求看你持有的現金。另外，還有另外一種情況是，假警察的同夥先假裝成觀光客，靠過來說話後，假警察便出現說要「確認你是否有在進行古柯鹼交易」。

不管是遇到哪種情況，不要理他就好。不然當場快速離開也可以。

### ●安眠藥強盜

在長途巴士或電車裡，看似親切的人會靠過來說話，請你喝已摻了藥的飲料，再趁你睡著時搶奪財物。不認識的人突然要請你吃、喝東西，最好還是小心為妙！

### 英語・克羅埃西亞語・斯洛維尼亞語／一句通

**●我迷路了**

英 I'm lost.

克 Pogriješili smo put.

斯 Izgubil/a sem se.

**●我發燒了**

英 I have a fever.

克 Imam groznicu.

斯 Imam vročino.

**●我肚子痛**

英 I have a pain in my stomach.

克 Boli me trbuh.

斯 Boli me trebuh.

**●請幫我叫救護車**

英 Please call an ambulance.

克 Zovite vozilo hitne pomoći.

斯 Pokličte rešilca.

### 在機場掉了行李（托運手持行李沒到）的話

把在寄行李時對方給的行李名牌（行李保管證）拿給機場人員告知來意即可。若還是沒辦法立刻找到，就先告知欲入住的飯店名稱便會幫旅客送到。若出發前所加入的保險內容裡有所謂的「航機寄托手持行李延遲等費用特約補償」的話，那6小時以上因行李遲延而造成當地生活負擔（衣服、生活必需品、隨身物品等）皆可申請理賠。不過，理賠也還是得等回到台灣後，所以航空公司所開立的事故證明及購買物品的發票皆得保管好。

海外旅行意外傷害保險是種自行保險。不妨配合信用卡裡附帶的保險再考慮要不要加保。

## 犯罪傾向及解決之道

只要掌握在國外有可能遇到的狀況便可以防患於未然。由於犯罪行為都會有一些固定模式，不妨參考下表思考一下解決之道。

| 傾　向 | 解決之道 |
|---|---|
| 兇惡＆暴力犯罪。突然遭襲 | 不去治安不好或陰暗隱密的地方且盡量避免一個人走夜路等，在台灣本土得小心的事到了國外一樣得小心。 |
| 調包偷竊等。發現時行李已被拿走 | 最重要的是別讓行李離開視線。在餐廳或咖啡店，要離開座位時特別要注意。在飯店check in時切勿把行李就這樣擺在腳邊。 |
| 街上的扒手及上下電車時被搶 | 盡量避免拿高價的精品包且不輕易離身。斜背包便不容易被搶。盡量避免在電車車門附近上車。 |
| 停車時遇搶 | 切勿把行李放在車內看得到的地方。車子也盡量避免停在人少的地方。 |

## 危險地帶

2016年10月，外交部的危險資訊提及：針對克羅埃西亞中央內陸地區到札格雷布附近（和波士尼亞．赫塞哥維納西北部的國境交界處）、東斯拉沃尼亞地區（和塞爾維亞的邊境地區）已發出「須十分小心」的警戒。因為上述區域屬舊紛爭地區，當時所使用的地雷尚未完全撤完的關係。雖沒有旅行團會去那裡，但要是租車欲通過上述區域時，請勿越過鋪好的道路以外地方。而山間的草叢等雖會標明小心地雷等招牌或警戒線，但切勿基於好奇而上前觀看。雖現已列入灰色級別，出發前不妨再確認一下。

另外，上述的國境附近基於警備關係通常會進行盤查。由於對方會要求查看國際駕照或護照等，所以千萬要記得帶。而為了避免瓜田李下之嫌，在檢查哨或國境周邊等設施也最好不要輕易拍照或攝影。

### 英語．克羅埃西亞語．斯洛維尼亞語／一句通

**●護照被偷了**

英 My passport has been stolen.

克 Ukraden mi je putovnica.

斯 Ukradil so mi potni list.

**●我頭痛**

英 I have a headache.

克 Boli me glava.

斯 Boli me glava.

**●請幫我報警**

英 Please call the police.

克 Zovite policija

斯 Pokličte policija.

**●有小偷！**

英 Thief !

克 Lopov !

斯 Ropar !

# 克羅埃西亞的歷史

## ■史前時代

巴爾幹半島出現人類足跡

克羅埃西亞所屬的巴爾幹半島推測從舊石器時代前期便開始有人類出現。在札格雷布近郊的庫拉皮納Krapina就有洞窟遺跡被挖掘出來，證明了這論點。西元前6500年左右自西亞傳入農耕、畜牧技術，整座半島進化至土器文化。

## ■希臘·羅馬時代

強國統治帶動文明發達

西元前12世紀，巴爾幹半島遭到當時在東歐握有強大勢力的亞歷山大大帝征服，因此托吉爾、維斯等南部沿海地區便都成了希臘的殖民地。赫瓦爾島的史塔利格拉德平原於焉開始農地計劃，就這樣，文明帶來了發展。大帝死後，古羅馬帝國開始入侵，伊斯特拉半島的普拉蓋起了圓型劇場及奧古斯都神殿等建築。284年，出身薩洛納的戴克里先稱帝。他為了遍及整個地中海域的帝國勢力，便將帝國一分為四，由正帝及副帝等4人進行分割統治，致力於安定帝國。305年，戴克里先退位，將皇宮建在斯普利特，過著隱遁生活。其後帝國經過內亂終至分裂，大部分克羅埃西亞土地被拜占庭帝國（東羅馬帝國）繼承。

戴克里先居住的斯普利特皇宮遺蹟

## ■拜占庭帝國時代

斯拉夫人的遷居

到了6世紀後半，拜占庭帝為預防蒙古民族來襲，遂延聘以黑海周邊為發祥地的斯拉夫人，於是這民族便開始定居在達爾馬提亞地區沿海及潘諾尼亞（現在克羅埃西亞中部及斯拉沃尼亞地區周邊）等地方，成為現在的克羅埃西亞人及塞爾維亞人的祖先。

9世紀時基督教開始廣泛普及。拜占庭帝國雖視正教會為國教，但住在達爾馬提亞及潘諾尼亞的人們卻接受了羅馬天主教。視為斯拉夫語圈最古老文字的格拉哥利次字母也隨著傳教者一起被傳入。

## ■中世

克羅埃西亞王國誕生

自9世紀起，亞得里亞海及地中海的海洋貿易重要性日漸提昇，達爾馬提亞地區的沿岸地區於焉成為拜占庭帝國及法蘭克王國等霸權領土。札達爾近郊的托米斯拉夫一世擊退法蘭克王國及馬札爾人（匈牙利人的祖先）等入侵，於924年統一達爾馬提亞及潘諾尼亞的斯拉夫人。925年時自稱克羅埃西亞王，建立了克羅埃西亞王國。

托米斯拉夫一世死後，爭奪王位的紛亂就此拉開序幕。為結束此亂象，1076年後便把統治權委讓給羅馬教皇。匈牙利國王拉斯洛一世協助統治，在札格雷布設置主教堂。之後，雖納入匈牙利的統治下，但克羅埃西亞仍獲承認自治，由領主擔任領導人角色。

## ■群雄割據的時代

威尼斯共和國及奧斯曼王朝的抬頭

統治克羅埃西亞的匈牙利國王貝拉三世擴大其勢力，於12世紀末將霸權版圖擴展至現在的塞爾維亞及波士尼亞．赫塞哥維納周邊。另一方面，隨著拜占庭帝國的衰敗而急劇成長的威尼斯共和國開始以海洋貿易為據點侵略亞得里亞海沿岸。15世紀初，獨留拉古薩共和國（現在的杜布羅夫尼克），掌握沿岸諸城。

15世紀時與西亞的歐斯曼王朝入侵歐洲，對波士尼亞與赫塞哥維納及克羅埃西亞的內陸地區展開快攻。被迫敗逃的克羅埃西亞於是向奧地利的哈布斯堡王朝尋求庇護，藉此，克羅埃西亞便遭威尼斯共和國、奧斯曼王朝及哈布斯堡王朝瓜分。

殘存於威尼斯共和國統治地區的獅子浮雕。

## ■抵抗時代

拿破崙登場亮相及民族意識的再起

19世紀初，拿破崙在征服各國過程中也把達爾馬提亞地區的沿岸部分納入其版圖；時至1808年，拉古薩共和國（＝杜布羅夫尼克）於焉滅亡。在法蘭斯帝國的拿破崙法典底下，克羅埃西亞開始進行解放農奴及整備道路，促使文化與經濟發展。自治之民族意識再度萌芽。而法蘭斯帝國解體後，遭到哈布斯堡王朝合併，可謂是「奧地利＝匈牙利＝克羅埃西亞三重帝國」的統治體制至此建構完成。

到了19世紀中半，歐洲興起革命氣勢，克羅埃西亞本身也產生了塞爾維亞．克羅埃西亞語等共用語制定以及由克羅埃西亞．斯拉沃尼亞．達爾馬提亞所建構的國家構想。1848年，克羅埃西亞的領主耶拉奇奇總督鎮壓住了企圖從奧地利獨立的匈牙利革命軍。回頭雖向奧地利要求自治卻遭拒 ，民眾不滿至極。克羅埃西亞於是和同樣謀求獨立之路的塞爾維亞簽定協議，經過巴爾幹戰爭及第一次世界大戰後提出由南斯拉夫民族建構統一國家的構想。

■戰爭的時代

南斯拉夫民族促使南斯拉夫王國誕生

第一次世界大戰終結後來到1918年，由南斯拉夫族建構的單一國家「塞爾維亞人．克羅埃西亞人．斯洛維尼亞人王國」儼然誕生，於1929年改稱南斯拉夫（意謂南邊的斯拉夫人國家）王國。可是，中央卻由塞爾維亞人掌控，於是克羅埃西亞反塞爾維亞的情緒愈演愈烈，要求擴大自治權及重新編制國家。而這也成為後來產生所謂烏斯塔沙的法西斯政黨的最大關鍵。

1939年，第二次世界大戰一觸即發，南斯拉夫王國雖一開始宣布中立，但於1941年宣布加入三國同盟，於是開始遭到周邊諸國侵略，僅僅數天便宣告投降。而就在周邊諸國實施分割統治的過程中，在納粹的後盾底下竟設立了「克羅埃西亞獨立國」。由烏斯塔沙的幹部就任元首，推進人種政策，迫害、流放其他民族。蓋在斯拉沃尼亞地區亞塞儂瓦茲Jasenovac這地方的收容所被稱為「巴爾幹的奧斯威辛Auschwitz」，據說多達8萬5千人在此遭到虐殺，其中又以塞爾維亞人所占人數最多。

■近代

南斯拉夫聯邦的誕生及崩解

1944年，與蘇連屬共同戰線、解放南斯拉夫首都貝爾格萊德的抵抗軍——狄托將軍於隔年1945年建立「南斯拉夫社會主義聯邦共和國」，成為第一屆總統。而當狄托於1980年去世時，聯邦再度淪為塞爾維亞集權體制，各共和國開始累積不滿。

克羅埃西亞乘著89年吹起的「東歐革命」之風於91年6月宣布獨立。這當然不符合留在克羅埃西亞的塞爾維亞系居民期望，於是和以塞爾維亞為中心的南斯拉夫聯邦軍展開激戰，是謂克羅埃西亞獨立戰爭。塞爾維亞系的居民得到聯邦軍的支持而宣布建立「塞爾維亞克拉伊納共和國」。斯拉沃尼亞地區及達爾馬提亞地區戰火仍熾，而杜布羅夫尼克及希貝尼克等沿岸美麗城市也處在槍林彈雨之中。95年8月，透過由克羅埃西亞所開啟的「暴風雨戰」，塞爾維亞科拉伊納共和國於是滅亡。最後，在簽定代頓和平協議之下，克羅埃西亞獨立戰爭終於結束。

獨立戰爭的激戰地——夫科瓦爾裡的慰靈碑

99年，克羅埃西亞共和國的首屆總統同時也是民族主義者的弗拉尼奧．圖季曼去世，克羅埃西亞快速民主化，開始扮演起新角色，朝著和巴爾幹半島的地區合作以及推進和解之路努力奔赴。

戴克里先Gaius Aurelius Valerius Diocletianus（244?-311）　古羅馬帝國皇帝。出生於斯普利特近郊的薩洛納（現在的索林）。他在位時將帝國一分為四，由4人進行分割統治，致力於安定帝國。由於他生前極力壓迫基督教，故死後有關於他的一切也幾乎被基督教徒破壞殆盡。

丘里洛斯Curillos（827-869）　據說斯拉夫語圈最古老文字——格拉哥利次字母就是他想出來的。是拜占庭帝國的基督教傳教師，同時也是精通好幾個國家語言的文獻學家。9世紀後半，他和弟弟梅特狄歐斯為傳教而周遊各地，用格拉哥利次字母把聖經譯成斯拉夫語。之後，格拉哥利次字母便在克羅埃西亞一直沿用至今。

托米斯拉夫一世Kralj Tomislav（?-928?）　出生於中世紀的克羅埃西亞王國首任國王。曾在札達爾近郊的寧市Nin當市長。他把主權在拜占庭帝國及法蘭克王國之間來回擺盪的達爾馬提亞及潘諾尼亞加以統一，於925年登基為王，擊退馬札爾人及葡萄牙人的侵略，展現優秀的軍事才能。

格魯格爾．寧斯基Grgur Ninski（?-9??）　寧市的主教。反對由教皇及官界所推行的拉丁語化而堅用斯拉夫語（克羅埃西亞語）。被奉為聖賢，在寧市、斯普利特及瓦拉日丁等城鎮都有其雕像（均出自克羅埃西亞代表性雕刻家伊凡．梅史托維奇之手）。

約西普．耶拉齊洽Josip Jelačić（1801-1859）　克羅埃西亞軍人。在哈布斯堡王朝統治下就任克羅埃西亞的領主。他在里耶卡及匈牙利發生動亂時以總督之姿率兵前往鎮壓。他最受評價的是向哈布斯堡王朝及匈牙利要求克羅埃西亞的自治權，被譽為民族運動的先驅，克羅埃西亞的20Kn紙幣上也繪有其肖像。

弗拉尼奧．圖季曼Franjo Tuđman（1922-1999）　克羅埃西亞共和國首任總統。第二次世界大戰中加入抵抗軍行列，在斯拉夫聯邦軍中任大將軍一職。退役後組織克羅埃西亞民主同盟，成為一名民族運動指導者。他於1990年獲選為克羅埃西亞首任總統，隔年便發表獨立宣言。他除了引導克羅埃西亞走向獨立之路而被稱為愛國者外，又因在獨立戰爭中採強硬態勢擴大戰火而評價偏向兩極。

# 斯洛維尼亞的歷史

## ■史前時代到古羅馬時代

斯洛維尼亞的歷史始於舊石器時代，盧比雅那已發現史前時代的住家遺蹟及土器。

伊利里亞人自西元前1400年左右便開始定居於現在的斯洛維尼亞周邊甚至建立了伊利里亞王國。到了西元前168年，古羅馬帝國征服此地，目前斯洛維尼亞國土一帶遂更名為伊利里庫姆Illyricum或諾里庫姆Noricum，成為羅馬帝國的屬地。此時，埃摩納Emona（現在的盧比雅那）及波埃特維奧Poetovio（現在的普圖伊）等斯洛維尼亞歷史最悠久的城市全被當作殖民都市加以建設。

## ■苦難時代

斯拉夫人定居及強國統治

6世紀時斯拉夫人開始流入並定居於伊利里庫姆及諾里庫姆等地。到了8～9世紀則開始受到法蘭克王國及匈牙利王國統治，斯拉夫人全淪為農奴，時運不濟。在10世紀神聖羅馬帝國統治下，伊利里庫姆及諾里庫姆又被重新編制為「Carinthia（斯洛維尼亞語稱為Koroška）」「Styria（斯洛維尼亞語稱為Štajerska）」「Carniola（斯洛維尼亞語稱為Kranjska）」等3個公國，13世紀威尼斯共和國勢力增大，公國的亞得里亞海沿岸又受其統治直至18世紀。

仍殘存威尼斯共和國時代影子的港都皮蘭

## ■抵抗時代

哈布斯堡王朝的登場及民族意識萌芽

時間來到14世紀，增加勢力的奧地利哈布斯堡王朝開始統治斯洛維尼亞3公國。行政上雖用德語，但斯洛維尼亞語卻沒有被禁，依然在農民間持續使用。而當15世紀奧斯曼大軍來襲，哈布斯堡王朝竟從農民那裡課徵更多的稅以充軍需。為反對此暴政，各地農民起義揭竿而起。16世紀，斯洛維尼亞主教普利蒙許．圖爾巴爾出版斯洛維尼亞語的基本文法書及斯洛維尼亞語版的新約聖經，而藉由這些書籍的問世，將民族的主體性深植在斯洛維尼亞人心中，擺脫統治的思維及民族團結意識開始萌芽。

18世紀中葉，奧地利大公──瑪麗亞．德利撒的時代底下的交通網愈臻完善，盧比雅那、馬里博爾及翠列等都市均蓬勃發展。不久，農奴制也遭廢止，斯洛維尼亞於是產生許多中產階級及知識份子。

## ■斯洛維尼亞黎明期

拿破崙的登場及民族運動高漲

矗立在盧比雅那的普列舍仁鑄像

1809年，由拿破崙所率領的法蘭斯帝國靠著維也納條約從哈布斯堡王朝那裡要到了斯洛維尼亞及部分克羅埃西亞。之後，將之命名為「法屬伊利里亞諸州」並將州都定於盧比雅那。文化及經濟雖在拿破崙法典底下蓬勃發展，但拿破崙於1815年戰敗，斯洛維尼亞遂再度淪為哈布斯堡王朝的領土。可是就在此時，許多政黨以統一斯洛維尼亞為目標集結起來，人們的自治意識及獨立氣勢亦愈發高漲。又，同一時間，19世紀詩人普列舍仁所出版的『十四行詩集』帶給斯洛維尼亞人極重大影響，儼然成為民族思想的根據。

## ■戰爭時代

二次大戰及南斯拉夫王國

第一次世界大戰終結後，當伊斯特拉半島等部分的亞得里亞海沿海地區落入義大利手裡，斯洛維尼亞無力抵抗其威脅，所以選擇加入由塞爾維亞及克羅埃西亞推行的「塞爾維亞．克羅埃西亞．斯洛維尼亞王國（即南斯拉夫王國前身）」。雖南斯拉夫王國是由南斯拉夫民族所組成的單一國家，但實際上卻是由塞爾維亞人執行中央集權，渴望聯邦制的斯洛維尼亞人其希望落空。可是，他們還是獲得某種程度的自治，讓此時期的文化及產業急速發展、成長。

1939年，第二次世界大戰爆發，當初宣布中立的南斯拉夫王國加入三國同盟陣營。當然斯洛維尼亞也只能患難與共。由於納粹德國認為，南斯拉夫王國內部步調的混亂是對三國同盟的反叛，因而進攻南斯拉夫，斯洛維尼亞的各個都市也盡入納粹掌中。隨後，義大利、匈牙利也攻進了斯洛維尼亞，德國和義大利、匈牙利各自分割占領了朱利安阿爾卑斯山、盧比安納到西南部、東部的普雷克穆列地方。在占領期間，斯洛維尼亞反抗軍展開了反抗運動。1943年義大利投降後，反抗軍內部勢力強盛的南斯拉夫共產黨便展露頭角，領導人狄托掌控軍隊。斯洛維尼亞的反抗勢力便配合南斯拉夫部隊奪回了國土。

## ■近代

參加南斯拉夫聯邦繼而獨立

1945年，當斯洛維尼亞共和國政府一在盧比雅那建立，便立刻加入同年誕生的「斯洛維尼

十日戰爭的展覽（翠基諾夫城）

亞社會主義聯邦共和國」。可是，塞爾維亞的民族主義急先峰——斯洛博丹·米洛塞維奇接著登場亮相，塞爾維亞的中央集權體制愈來愈強，以擴大自治權的斯洛維尼亞開始對聯邦感到不信任。在1990年5月的選舉當中，主張斯洛維尼亞要獨立的在野黨聯「國民黨」大獲全勝，獨立的腳步一加速，同年12月所舉行的斯洛維尼亞獨立公投也顯示出大部份的人贊成獨立。繼而隔年91年6月，斯洛維尼亞宣布獨立。對此，斯拉夫聯邦軍遂進軍斯洛維尼亞邊境地帶，各地戰火不斷，不過僅僅10天就結束（因此稱為十日戰爭）。短期間結束的原因主要是斯洛維尼亞國內民族的均一性、沒有和反對獨立的塞爾維亞國境直接接壤的地利之便等。聯邦軍撤退後，斯洛維尼亞發表勝立宣言，終於完成苦求多年的獨立美夢。

獨立後，由於是和南斯拉夫聯邦的市場切割，所以經濟一時陷入低迷，但透過和西邊諸國積極進行經濟交流而得以恢復。2004年加入EU（歐盟），2007年進一步把貨幣和歐元統整。2008年隨即擔任EU議長國，安定的政治及高經濟水準在在受到好評。

## 何謂南斯拉夫社會主義聯邦共和國？

第二次世界大戰後的1945年，為實現「南斯拉夫民族單一國家」而在巴爾幹半島上誕生了這聯邦國家，其國名便是取自南邊的斯拉夫民族國家之意。國家成立後便流放前南斯拉夫王國國王，而就任中央政府總統的狄托則選擇和建國當初結為盟友的蘇聯決裂，他開始建構土地改革、自主管理社會主義及非同盟運動等獨自的共產主義社會，受到國際矚目。可是，南斯拉夫由於是「由7個國境、6個共和國、5個民族、4種語言、3種宗教及2種文字所構成的1個國家」，所以非常複雜，但是靠著狄托的平衡力及眾望所歸的領導能力，終於統整了起來。

狄托死後，中央政府的向心力每況愈下，反對由塞爾維亞主導國家營運的運動於各共和國揭竿而起。到了1991年，斯洛維尼亞、克羅埃西亞、馬其頓共和國各自宣布獨立，克羅埃西亞及波士尼亞與赫塞哥維納則不斷爆發民族及宗教歸屬之類的紛爭，各地均陷入淒慘的戰鬥之中。92年時，南斯拉夫社會主義聯邦共和國解體，雖立刻由塞爾維亞及蒙特內哥羅的聯合國家接手，但蒙特內哥羅仍於2006年獨立。繼而塞爾維亞自治州科索沃也於2008年宣布獨立，至此，前南斯拉夫已完全解體。

南斯拉夫時代的國民車Zastava，現在偶爾還看得到

普利蒙許·圖爾巴爾Primož Trubar（1508-1586）　新教徒改革家。出版斯洛維尼亞語基本文法、斯洛維尼亞語版新約聖經等30冊斯洛維尼亞語書籍。對於斯洛維尼亞語的普及與斯洛維尼亞人的主體性形成有所貢獻。

弗蘭策·普列舍仁France Prešeren（1800-1849）　斯洛維尼亞第一詩人，也是歐洲最優秀的浪曼派作家之一。詩集『十四行詩集』、謳歌基督教傳教時代的『薩維查瀑布』、成為斯洛維尼亞國歌一部分的『祝酒辭』等都是他的成名代表作。他雖單戀名喚尤莉亞的女子，但由於年齡及身份都相距太遠，故最後無疾而終。外出時都會在口袋放進無花果果實請小朋友吃，因此也被稱為「無花果爺爺」。

安東·可洛歐茲Anton Korošec（1872-1940）在南斯拉夫王國擔任首相，是政治家也是個神父。1917時，他為統一南斯拉夫民族而站上民族會議舞台扮演議長，對於南斯拉夫建國做出偉大貢獻。建國後，他率領斯洛維尼亞人民黨擴大王國內的斯洛維尼亞自治權，甚至執行「1932宣言」只為整併居住在周邊諸國裡的斯洛維尼亞人居住地。

約瑟普·布羅茲·狄托Josip Broz Tito（1892-1980）　是南斯拉夫社會主義聯邦共和國的前總統；出生於克羅埃西亞，父親是克羅埃西亞人，母親則是斯洛維尼亞人。二次大戰時，納粹德國占領南斯拉夫，他搖身一變成為抵抗軍將軍，率領解放戰線大展身手。南斯拉夫社會主義聯邦共和國建國後，他以首相之姿揭櫫「友愛及統一」，統整由多民族組成的聯邦國家。「南斯拉夫國父」、「第三世界領袖」等都是他第二個稱呼。1980年時去世於盧比雅那的醫院。

伊凡·傳卡爾Ivan Cankar（1876-1918）　斯洛維尼亞劇作家。是近代斯洛維尼亞的偉大作家之一，訴求斯洛維尼亞語及斯洛維尼亞文化自主。他曾說過很多名言表達和西邊諸國的親愛，其中一句內容是：「我們和南斯拉夫是血緣上的親兄弟、語言上的表兄弟，文化則橫跨數個世紀結成不同的果實。可是，我們斯洛維尼亞人民和奧地利人們愈親近，便等於愈疏遠南斯拉夫民族」。

英語・克羅埃西亞語・斯洛維尼亞語

# 旅行會話

克羅埃西亞及斯洛維尼亞的官方語言各自是克羅埃西亞語及斯洛維尼亞語。由於這兩種語言均屬斯拉夫語系，所以用法相似的用字很多，而文字則都使用拉丁文。這兩國會說英語的人也不少，住在都市裡的人或從事觀光、服務業的人幾乎都會。另外，講德文、義大利文也會通哦！

## 〈超級基本單字〉

| | 英語 | 克羅埃西亞語 | 斯洛維尼亞語 |
|---|---|---|---|
| 早安 | Good morning | Dobro jutro | Dobro jutro |
| 你好 | Hello | Dobar dan | Dober dan |
| 晚安 | Good evning | Dobra večer | Dober večer |
| 再見 | Good bye | Doviđenja | Na svidenje |
| 初次見面 | Nice to me you | Drago mi je | Me veseli |
| 是／不是 | Yes/No | Da/Ne | Ja/Ne |
| 謝謝／不客氣 | Tahnk you/You're welcome | Hvala/Nema na ćemu | Hvala/Ni za kaj |
| 不好意思 | Excuse me | Izvinite | Oprostite |
| 抱歉 | I'm sorry | Oprostite | Oprostite |
| 我（我們）／你（你們） | I(We)/You(You) | Ja(Mi)/Ti(Vi) | Jaz(Mi)/Ti(Vi) |
| 男性／女性 | Man/Woman | Muški/Žena | Moški/Ženska |
| 開店／關門 | Open/Closed | Otvoreno/Zatvoreno | Odprto/Zaprto |
| 入口／出口 | Entrance/Exit | Uraz/Izlaz | Vhod/Izhod |
| 好的／不好的 | Good/Bad | Dobar/Loš | Dober/Slab |
| 洗手間 | Rest room(Toilet) | Toalet | Stranišče |
| 預約 | Reservation | Rezervacija | Rezervacija |
| 乾杯！ | Cheers! | Živjeli | Na zdravje! |
| 救救我！ | Help! | U pomoć! | Na pomoč! |

〈基本數字〉

| | 1 | 2 | 3 | 4 | 5 | 6 | 7 | 8 | 9 | 10 |
|---|---|---|---|---|---|---|---|---|---|---|
| 英 | one | two | three | four | five | six | seven | eight | nine | ten |
| 克 | jedan(jedna,jedno) | dva(dvije) | tri | ćetiri | pet | šest | sedam | osam | devet | deset |
| 斯 | en(ena,eno) | dva(dve) | tri | šetiri | pet | šest | sedem | osem | devet | deset |

## 〈旅行基本用語〉

**付錢**

- 英 pay
- 克 platiti
- 斯 plačati

**對號座位**

- 英 reserved(seat)
- 克 rezervirano mjesto
- 斯 rezerviran sedež

**空座位（空房）**

- 英 vacancies
- 克 dostupost
- 斯 prosto

**故障中**

- 英 out of order
- 克 neuspjeh
- 斯 neuspeh

**客滿**

- 英 no vacancies
- 克 nema raspoloživosti
- 斯 št razpoložljivost

**禁止進入**

- 英 no entry
- 克 nema smetanja posjeda.
- 斯 prepovedan vstop

## 〈旅行基本會話〉

**多少錢?**

- 英 How much is it?
- 克 koliko košta?
- 斯 koliko stane?

**我叫～**

- 英 My name is ○○.
- 克 Zovem se○○.
- 斯 Ime mi je○○.

**我可以拍張照嗎？**

- 英 Can I take a picture?
- 克 Mogu li slikati?
- 斯 Ali lahko slikam?

**你叫什麼名字?**

- 英 What's your name?
- 克 Kako se zovete?
- 斯 Kako vam je ime?

**我不清楚**

- 英 I don't understand.
- 克 Ne razumijem.
- 斯 Ne razumem.

**這是什麼?**

- 英 What's this?
- 克 Što je ovo?
- 斯 Kaj je to?

**〈星期〉**

| | | | | | | | |
|---|---|---|---|---|---|---|---|
| 英 | Monday | Tuesday | Wednesday | Thursday | Friday | Saturday | Sunday |
| | 星期一 | 星期二 | 星期三 | 星期四 | 星期五 | 星期六 | 星期日 |
| 克 | ponedjeljak | utorak | srijeda | ćetvrtak | petak | subota | nedjelja |
| 斯 | ponedeljek | torek | sreda | četrtek | petek | sobota | nedelja |

# 基礎會話

## 〈在機上〉

※＜在機上＞及＜在機場＞2部分只載明英語

**燈壞了**

英 My light isn't working.

**請借我一條毛巾**

英 Please lend me a blanket.

**我可以放下椅背嗎？**

英 May I put my seat back?

**您要魚還是牛肉？**

英 Which would you like, fish or beef?

**您要喝點什麼嗎？**

英 Would you like anything to drink?

**請給我咖啡**

英 Yes, coffee please.

## 〈在機場〉

**您這次旅行的目的是？**

英 What is the purpose of your trip?

**觀光**

英 Sightseeing.

**我找不到我的行李箱**

英 I can't find my luggage.

**我想換錢**

英 I would like to change some money.

**我想確認我的班機**

英 May I reconfirm my flight?

**計程車招呼站在哪裡？**

英 Could you tell me where the taxi stand is?



## 〈在計程車上〉

**請到〇〇飯店**

英 Please take me to the 〇〇 hotel.

克 Molim vas 〇〇hotel.

斯 〇〇hotel, prosim.

**請在這裡停車**

英 Stop here, please.

克 Stanite ovdje, molim.

斯 Tu se ustavite, prosim

## 〈在飯店裡〉

**我是塞德瑞克，我有訂房**

英 I have a reservation for Cedric.

克 Rezervirao/la sam sobu na ime Cedric.

斯 Rezerviral/a sem sobo na ime Cedric.

**我想Check in**

英 Can I check in?

克 Molim vas, prijavu.

斯 Prijavo, prosim

**[電話裡]我是123號房的塞德瑞克**

英 This is Cedric speaking in room 123.

克 Ja sam Cedric iz sobe 123.

斯 Jaz sem Cedric iz sobe 123.

**請給我100號房的鑰匙**

英 Can I have the key to room 100?

克 Dajte mi ključ za sobu 100.

斯 Dajte mi ključ za sobo 100.

### 請幫我叫計程車
英 Please call a taxi for me.
克 Molim Vas, pozovite taksi.
斯 Prosim, pokličite taksi.

### 我把鑰匙忘在房間裡了
英 I have left my key in my room.
克 Zaboravio/la sam ključ u sobi.
斯 Pozabil/a sem ključ v sobi.

### 請幫我把行李拿下來
英 Please take down my luggage.
克 Molim Vas da dođete i uzmite prtljagu.
斯 Prosim, pridite po prtljago.

### 電視打不開
英 The TV doesn't work.
克 Televizora ne radi.
斯 Televizija ne dela.

### 浴室堵住了
英 My bathroom has flooded.
克 Kupaonica je popravljena.
斯 Kopalnica je popravljena.

### 可以用旅行支票嗎?
英 Do you accept (take) traveller's checks?
克 Mogu li koristiti putničke čekove?
斯 Ali lahko uporabim potovalne čeke?.

### 我要退房
英 I would like to check out, please.
克 Molim vas, odjavu
斯 Odjavo, prosim

### [看著收據]這是哪筆金額?
英 What is this charge for?
克 Za što je ova cijena?
斯 Za kaj je ta cena?

## 〈逛街〉

### 〇〇在哪裡？
英 Where is the 〇〇?
克 Gdje je 〇〇?
斯 Kje je 〇〇?

### 這是往〇〇的巴士嗎？
英 Is this bus going to 〇〇?
克 Da li ide ovaj avtobus u 〇〇?
斯 Ali gre ta avtobus v 〇〇?

### 請在這裡讓我下車
英 I'll get off here.
克 Molimo vas da me neka od ovdje pustite.
斯 Prosim, me pustite tukaj.

### 我想參加這個團
英 I would like to take part in this tour.
克 Želim se pridružiti ovoj turi.
斯 Udeležil/a bi se te ture.

### 請給我 1 張往〇〇的車票
英 I'd like a ticket to〇〇
克 Molimo vas,jednu kartu za 〇〇.
斯 Eno karto za 〇〇, prosim.

### 非常美味
英 It was very delicious.
克 Vrlo ukusno je.
斯 Zelo dobro je.

※粉紅色字為女性用法。

**我可以拍照嗎？**

英 Can I take a picture?

克 Mogu li slikati?

斯 Ali lahko slikam?

**你能幫我拍張照嗎？**

英 Can you take a picture?

克 Možete li nas slikati?

斯 Ali nas lahko slikate?

## 〈在商店〉

**您需要幫忙嗎？**

英 May I help you?

克 Da li trebate pomoć?

斯 Ali vam lahko kaj pomagam?

**我只是看看。**

英 No, thanks. Just looking.

克 Samo gledam.

斯 Samo gledam.

**你能算我便宜一點嗎？**

英 Can you give me a discount?

克 Možete li još jeftinje?

斯 Ali lahko še spustite ceno?

**我可以試穿嗎？**

英 Can I try this one on?

克 Mogu li probati ovo?

斯 Ali lahko poskusim to?

**請給我看看那個手錶。**

英 Could you show me that watch?

克 Molim mi pokažite onaj sat.

斯 Prosim, mi pokažite tisto uro.

**有點小（大）。**

英 It's little small (big).

克 Je velik(mali).

斯 Je velik(majhen)

**請給我這個。**

英 This one please.

克 Uzet ću ovo.

斯 To bom vzel/vzela.

**我能退稅嗎？**

英 Can I get tax refund?

克 Mogu li dobiti povratak poreza?

斯 Ali lahko dobim vračilo davka?

## 〈在餐廳〉

**我想預約…**

英 Would you make a reservation for me.

克 Želio bih rezervirati.

斯 Rad/a bi rezerviral/rezervirala.

**今晚八點2位。**

英 For two people at 8p.m. tonight.

克 Večeras u 8:00 za dvije.

斯 Nocoj ob 8:00 za dve.

**有推薦菜色的嗎 ？**

英 What dish do you recommend?

克 Što možete preporučiti?

斯 Kaj lahko priporočate?

**請給我和那個人一樣的菜。**

英 I would like the same dish as those people.

克 Molim vas, dajte mi isto.

斯 Prosim, dajte mi isto.